玩转电商促销

创意、方法、技巧与实战

李改霞◎编著

清华大学出版社
北　京

内容简介

为了帮助商家快速学习促销知识，掌握促销攻略，本书围绕促销这一核心内容，全面阐述了促销活动的15种类型。它包括定价促销、纪念式促销、奖励促销、借力促销、临界点促销、另类促销、主题促销、时令促销、限定式促销、引用举例式促销、赠送类促销、指定促销、组合促销、附加值促销、回报促销。

本书全方位展示了促销的各种类型、详细方法以及注意事项，实用性和操作性非常强，既是商家开展促销活动的宝典，又是营销策划人员的工作准则和企业高级管理者的实用手册。

图书在版编目(CIP)数据

玩转电商促销：创意、方法、技巧与实战 / 李改霞编著. — 北京：清华大学出版社，2017

ISBN 978-7-302-46702-1

Ⅰ. ①玩… Ⅱ. ①李… Ⅲ. ①电子商务—促销 Ⅳ. ①F713.36

中国版本图书馆 CIP 数据核字(2017)第 038666 号

责任编辑：张立红
封面设计：邱晓俐
版式设计：方加青
责任校对：郭熙凤
责任印制：沈 露

出版发行：清华大学出版社
网 址：http://www.tup.com.cn，http://www.wqbook.com
地 址：北京清华大学学研大厦 A 座 **邮 编：**100084
社 总 机：010-62770175 **邮 购：**010-62786544
投稿与读者服务：010-62776969，c-service@tup.tsinghua.edu.cn
质 量 反 馈：010-62772015，zhiliang@tup.tsinghua.edu.cn
印 装 者：三河市铭诚印务有限公司
经 销：全国新华书店
开 本：170mm×240mm **印 张：**18.5 **字 数：**273 千字
版 次：2017 年 9 月第 1 版 **印 次：**2017 年 9 月第 1 次印刷
定 价：58.00 元

产品编号：073197-01

前言

商家对促销活动并不陌生，但怎样用促销分分钟打造爆款呢？本书就是促销活动的全攻略，通过“理论+方法”的方式为商家开展促销活动提供真正实用的战略指导。如何在一本书中既精简有效地传播促销的相关概念，又可以让读者快速上手，这是本书要解决的重点问题。

作者将多年的知识积累和实践经验浓缩于一书。本书抛开深奥的理论化条文，采用了大量的图表与案例分析，行文深入浅出，将枯燥生硬的理论知识用诙谐幽默、浅显直白的语言娓娓道来。除了必备的基础理论知识介绍外，绝不贪多求全，绝不囿于示意与演示，更注重实战展示——从如何为促销产品定价、制定促销规则，到依据时令以及引用举例开展促销、到促销产品组合，再到提供附加值、给予回报，你学到的是完全真实的、渐进式的促销活动全过程。相信跟随着本书的介绍，你的促销学习之旅一定会成为一种难忘的幸福体验。

本书内容及体系结构

第1章　定价促销：在价格中寻找机遇

本章从常见的价格入手，让读者了解统一价、特价以及满额促销，在价格中融入促销概念，体现促销隐含的消费心理学。生活中的统一价促销、特价促销、满1000元减100元等都是定价促销策略，商家对此要有比较清楚的认识，避免盲目定价损失利益。

第2章　纪念式促销：每一个特殊的日子都值得纪念

本章以纪念为核心，分别介绍了四种纪念式促销：节日、会员日、纪念日和特定周期，它们都强调在特殊的时间段或时间节点进行促销活动。基于人们对特殊日子都有纪念的习惯，延伸到营销活动中就是纪念式促销的来源。本章将为大家详细解读纪念式促销思维，帮助商家搞好节日促销。

第3章　奖励促销：没有消费者会拒绝充满诱惑力的奖品

本章以购物抽奖、签到有礼、优惠券这三种促销方式为切入点，重点讲述了奖励对消费者的吸引力。无论是抽奖式奖励，还是引导重复性购物的优惠券、现金券，或者是签到有好礼，都是以奖品为磁场，吸引消费者的注意力。因此，促销之奖励篇也一定对商家开展促销活动有启发性。

第4~5章　借力与临界点促销：借势引爆促销燃点

这两章的核心就是教授商家如何运用借力与临界点两种促销方法引爆促销燃点。借助社会热点事件宣传自己的产品，是商家最常运用的营销爆发点，借势打造促销高潮。另外，也可以在最低或最高临界点搞促销活动，商家将最高的优惠给消费者，自然能够吸引消费者购买。

第6~7章　另类、主题促销：引领行业潮流，不走寻常路

这两章重点讲述另类促销和主题促销，内容非常多，共有25个小节。另类促销就是不按常规促销套路出牌。比如，在产品价格上设置悬念，坚决不打折、不降价；在新奇性方面，卖奇葩产品；或者在微电影视频中植入广告，等等。

主题促销就是平台以某个或某类主题为促销理由，联合平台中的品牌商开展大规模的营销活动。比如，双十一、公益性的冰桶挑战等，在此不一一赘述。本章的重点就是介绍商家如何综合运用首创、主题、公益、平台、品牌联合等资源进行促销活动。

第8~11章　时令、限定、引用举例、赠送促销：促销的细分内容

第8~11章的促销内容是从季节变化、限定产品、引用举例、赠送礼品这些方面入手，详细罗列了各种相关促销方法，读者可以有针对性地借鉴。只要遵循促销原理和规律，相信这些促销方法一定能给你带来不一样的促销效果。

第12~15章　指定、组合、附加值、回报促销：产品的深耕细挖

第12~15章的促销内容回归到产品本身，指定产品、产品组合、产品附加值以及产品回报等，都是以产品为核心介绍促销策略。同样是促销活动，为什么对手的产品卖得快，而自己却业绩惨淡？这是因为在促销过程中某个环节或方向出现了问题，如果能够把握好产品的促销环节肯定能少走弯路。所以，希望大家能够将这些促销攻略运用到工作、学习、实践中去。

本书特色

1. 内容丰富实用、详略得当，讲授符合学习者的认知规律

本书内容涵盖了促销类型、促销方法、促销注意事项等开展促销活动所必须掌握的知识，内容结构上非常注重知识的实用性和可操作性。在本书中，必须掌握的细节处绝不吝惜笔墨，仅需要大致了解处绝不铺张浪费纸张，整体结构的描述提纲挈领。全书由浅入深、循序渐进的讲授也完全遵循和尊重了学习者对促销知识的认知规律。

2. 行文幽默诙谐，以实例引导全程，特别适合初学者阅读

本书介绍的基本促销知识、促销类型、促销方法、促销流程、促销注意事项、促销成果的考核与反馈等，都是由实际案例引导，注重实例场景的带入式讲述。在学习这些促销知识时，作者的论述绝不是板着面孔、死板教条式的，而是以幽默诙谐、贴近实际的语言对这些知识进行生动通俗的详细讲解，犹如你的一位老朋友，真心帮助你缩短成为促销达人的时间。纵观全书，作者将商家的揣摩度量、消费者的消费心理以及与之对应的促销方法一一结合起来，使得整个学习过程变得简单、生动。

3. 衔接到位，有利于读者学以致用

本书多以实际场景案例带入，用一些经典的案例和生活情景将不同类型的促销串联起来，既避免了学习不同章节不同实例时出现知识断层，又能保证内容的连贯统一。读者在阅读过程中，会不知不觉触发联想思维。每章分为2~6个章节，每个章节又细分为若干个小节，每个小节分别对应一种促销方法。布局合理、衔接到位，让读者能读得懂，学得会，且能直接嫁接到实际

促销活动中，有利于读者学以致用。

4. 图文并茂，完全激发学习者的兴趣和智慧

本书用大量的图来阐释文字内容，每一小节都附带一张图和详细解释，以突出内容特点，能够加深读者的理解，避免艰涩难懂的纯理论阻碍读者的阅读兴趣；并进一步激发读者的思维，开启读者的智慧大门。

本书读者对象

- 创业者
- 想要快速提升促销效果的商家店主
- 互联网电商运营者以及初级入门者
- 各市场营销、非市场营销专业的大中专院校学生
- 其他对促销活动有兴趣的各类人员

关于作者

本书由李改霞组织编写，同时参与编写的还有黄维、金宝花、李阳、程斌、胡亚丽、焦帅伟、马新原、能永霞、王雅琼、于健、周洋、谢国瑞、朱珊珊、李亚杰、王小龙、张彦梅、李楠、黄丹华、夏军芳、武浩然、武晓兰、毛春艳、张敏敏、吕梦琪。

因受作者水平所限，本书难免存有疏漏和不当之处，敬请指正。

目录

第1章　定价促销　/ 1

1.1　统一价促销　/ 3

1.1.1　厂家直销，一件也是批发价　/ 3

1.1.2　统一定价，全场新品一律899元　/ 5

1.2　特价促销　/ 7

1.2.1　正宗和田玉仅售999元　/ 7

1.2.2　新款女神上衣99元起　/ 9

1.3　满额促销　/ 12

1.3.1　满5000元送价值1000元高压锅一套　/ 12

1.3.2　满1000元就减100元，多买多减　/ 14

第2章　纪念式促销　/ 17

2.1　节日促销　/ 19

2.1.1　圣诞节家电一律8.8折　/ 19

2.1.2　99朵玫瑰，情人节5.2折　/ 21

2.2　会员制促销　/ 23

2.2.1　VIP学员，购买新课程9.5折　/ 23

2.2.2　会员日大促，全网成本价　/ 26

2.3　纪念日促销　/ 28

2.3.1　生日期间，凭身份证聚餐可免单一位　/ 29

2.3.2　京东成立十周年，全网最低价　/ 31

2.4 特定周期促销 / 33
2.4.1 每周一发新款，先见先得 / 33
2.4.2 每月1日，全店9折 / 35

第3章 奖励促销 / 39

3.1 抽奖式促销 / 41
3.1.1 购买格力电器，即有可能抽得1999元现金大奖 / 41
3.1.2 今日下单，都可抽取幸运奖 / 43
3.2 互动式促销 / 45
3.2.1 签到有礼，来了就送 / 45
3.2.2 收藏有礼，收藏就打折 / 48
3.3 优惠券促销 / 50
3.3.1 持此优惠券，下次光顾优惠100元 / 51
3.3.2 拿此抵扣券，可充当购物款 / 53
3.3.3 现在下单，即送现金券 / 55

第4章 借力促销 / 59

4.1 时事热点促销 / 61
4.1.1 奥运会期间全场8.8折，我为冠军添力量 / 61
4.1.2 受南方降雨影响，下月起茶叶要涨价了 / 63
4.2 明星促销 / 65
4.3 依附式促销 / 67

第5章 临界点促销 / 71

5.1 极端式促销 / 73
5.1.1 全网最低，发现价高立即补三倍差价 / 73
5.1.2 顶级手机配置，敢与iPhone 6s叫板 / 75
5.2 最低额促销 / 78
5.2.1 黄金展位商品，低至5折 / 78
5.2.2 只需消费1元，即可成为会员 / 81
5.3 最高额促销 / 82
5.3.1 红木家具，最高99999元 / 83
5.3.2 99元封顶，绝对够便宜 / 85

第6章 另类促销 / 89

6.1 悬念式促销 / 91

6.1.1 不标价格，出价就是成交价 / 91

6.1.2 价格大家猜，猜对打9折 / 93

6.2 反促销式促销 / 96

6.2.1 高价促销：只卖贵的，价值决定价格 / 96

6.2.2 高折扣促销：少让利，就这么任性 / 98

6.3 通告式促销 / 100

6.3.1 今日特价：品牌全棉打底裤699元 / 100

6.3.2 双十一预售：无须等待 / 102

6.4 稀缺性促销 / 104

6.4.1 绝版促销，不退不换 / 105

6.4.2 错过一天，再等一年 / 107

6.4.3 全国独家代理，仅此一家 / 109

6.5 模糊式促销 / 111

6.5.1 这样奇葩的产品，只有偶家卖 / 111

6.5.2 全场大降价，给你超值优惠 / 114

6.6 纯视觉冲击促销 / 115

6.6.1 微电影广告植入 / 116

6.6.2 视频短片广告植入 / 118

第7章 主题促销 / 121

7.1 首创式促销 / 123

7.1.1 双十一，就来淘宝狂欢节 / 123

7.1.2 6.18来京东，不只有老板娘 / 126

7.2 主题性促销 / 128

7.2.1 感恩回馈，一起为父亲祝福 / 129

7.2.2 冰桶挑战，小米一起来加油 / 131

7.3 公益性促销 / 134

7.3.1 百雀羚，涌泉相报 / 134

7.3.2 你每花一块钱，就有一分钱送给希望工程 / 137

7.3.3 拯救狗狗在行动，敢买就敢捐 / 140

7.4 配合平台主题促销 / 142
7.4.1 聚划算女生节，一起来打折 / 142
7.4.2 秋天来了，引领天猫新风尚 / 144
7.5 联合促销 / 147
7.5.1 互补促销，啤酒与尿布更配哦 / 147
7.5.2 七匹狼与七格格在这里等你 / 149
7.5.3 买笔记本，配件大降阶 / 152

第8章 时令促销 / 155

8.1 清仓 / 157
8.1.1 夏季清仓，全场3折 / 157
8.1.2 反季清仓，夏天的冬衣对折 / 159
8.2 季节性促销 / 162
8.2.1 天气转冷，品牌店冬装热卖 / 162
8.2.2 春装上市，件件最底价 / 164

第9章 限定式促销 / 167

9.1 限时促销 / 169
9.1.1 仅限今日，立减100元 / 169
9.1.2 1小时秒杀，苹果手机1元起 / 172
9.2 限量促销 / 174
9.2.1 新品大促销，仅限100件 / 175
9.2.2 最后100件，一降到底 / 177
9.3 单品促销 / 178
9.3.1 只卖一款 / 178
9.3.2 单品店铺 / 181
9.4 阶梯式促销 / 182
9.4.1 早买早便宜 / 183
9.4.2 第一天上装，第二天下装 / 185

第10章 引用举例式促销 / 189

10.1 产品特性促销 / 191
10.1.1 纯天然、无公害，来自大草原的味道 / 191

10.1.2 全网正品，假一赔十 / 193
10.2 产品案例促销 / 195
10.2.1 品质内衣，用了都说好 / 196
10.2.2 朋友推荐的，用着还不错 / 198
10.3 效果对比式促销 / 200
10.3.1 胖MM福利，穿上去显瘦 / 201
10.3.2 使用前PK使用后 / 203

第11章 赠送类促销 / 205

11.1 礼品类促销 / 207
11.1.1 买就送，多买多送 / 207
11.1.2 万元礼品，等你来拿 / 209
11.2 惠赠式促销 / 212
11.2.1 买一送一，买什么送什么 / 212
11.2.2 不玩套路，直接送红包 / 214
11.2.3 今日购买，送双倍积分 / 216

第12章 指定促销 / 219

12.1 指定产品促销 / 221
12.1.1 特价产品全场6折起 / 221
12.1.2 官方指定产品 / 223
12.2 指定对象促销 / 224
12.2.1 军人家属全场5折 / 224
12.2.2 老客户享受折上折 / 226
12.2.3 新客户优惠，注册就打折 / 228

第13章 组合促销 / 231

13.1 搭配套餐优惠 / 233
13.1.1 买完西装，皮鞋半价 / 233
13.2 捆绑式促销 / 235
13.2.1 买特斯拉汽车，送充电桩 / 235
13.3 连贯式促销 / 237
13.3.1 第二件半价 / 238

13.3.2 第二件有赠品相送 / 240

第14章 附加值促销 / 243

14.1 服务性促销 / 245

14.1.1 全国包邮 / 245

14.1.2 以旧换新 / 247

14.2 故事性促销 / 249

14.2.1 锤子手机罗永浩卖情怀手机 / 249

14.2.2 可口可乐配方的故事 / 251

14.3 承诺性促销 / 253

14.3.1 买了，保证让你不后悔 / 253

14.3.2 七天无条件退货 / 254

14.4 口碑式促销 / 256

14.4.1 用好了，请邀请你的朋友 / 257

14.4.2 好评有礼，件件真品 / 259

14.4.3 五星好评，抽大奖 / 261

14.5 排名式促销 / 262

14.5.1 淘宝类目排名第一 / 263

14.5.2 行业第一，用户首选 / 265

14.6 品牌型促销 / 266

14.6.1 格力品牌，用技术说话 / 266

14.6.2 360用安全为用户保驾护航 / 268

第15章 回报促销 / 271

15.1 免费式促销 / 273

15.1.1 不买没关系，免费试用 / 273

15.1.2 优步第一次使用免单啦 / 274

15.2 回扣返利销售 / 276

15.2.1 满500减100 / 277

15.2.2 推荐朋友注册，返现20元 / 278

15.3 拼单折扣 / 280

15.3.1 满三件送一件 / 281

15.3.2 优质正品，团购价 / 283

第1章 定价促销

1.1 统一价促销
1.2 特价促销
1.3 满额促销

定价促销是指商家或企业在特定时间段内将某些产品以低于平时的价格进行售卖，进而达到提高销量的目标。本章介绍3种定价促销方式，即统一价促销、特价促销、满额促销。统一价促销是按照指定价格（一般是低于市场平均价）销售产品。例如，厂家直销，一件也是批发价，特别是终端零售产品，消费者可以以批发价买到经济实惠的产品，进而促进销售。

而特价促销就是以特别优惠的价格销售指定产品，通常都是明码标价，让有购物需求但因价格虚高望而却步的消费者买到实惠商品。例如，正宗和田玉仅售999元、新款女神上衣99元起，这些都是特价促销的具体案例，商家或运营者可以借鉴。

满额促销是指消费者的消费金额达到一定额度后可参与促销活动，可以给消费者更直观的优惠激励。比如，购物满5000元送价值1000元高压锅一套或者满1000元就减100元，多买多减，这些都是商家的促销手段，其前提是达到“满”的要求。而当消费者一次性购买的商品达不到满额条件时，他很可能会选购些其他商品以凑够满赠或满减的优惠，这样就可以间接提高客单价和销售业绩。

1.1 统一价促销

统一价促销是指在特定时间段内特定区域范围，指定产品系列进行促销活动。例如，化妆品套装原价599元，现在优惠统一价399元，将价格直接降低了200元。这样既可以使消费者直观感受到定价优惠，也可以防止不良经销商肆意涨价。

厂家直销，一件也是批发价，也属于统一价促销。这种促销行为比较适合眼镜城、服装城等产品聚集地，因为同类商品众多，以厂家直销的批发价能够吸引消费者。类似的还有建议零售价的定价促销模式，即在商品标签处标明建议零售价，能够给消费者带来直观的价格感受，若有促销活动，建议零售价也能够起到参照对比的作用。

1.1.1 厂家直销，一件也是批发价

2016年7月1日到3日，淘宝商城某大型眼镜批发商在5周年来临之际举办了一次大型周年庆活动，活动期间太阳镜、近视镜等热销品类全部采用厂家直销模式，消费者购买一件也是批发价。另外，凡是在活动期间关注了官方微信公众号的买家，均可免费获得一个价值15元的炫酷眼镜支架。

活动正值夏季，很多人都想买一款新的太阳镜，正好此家店铺举行了促销活动，自然吸引了不少买家的关注。浏览此店铺的客户络绎不绝，淘宝客服信息不断，销售业绩当然也是一路攀升。这家店铺的老板说：“没想到这次促销活动如此火爆，幸好之前准备充分，货源充足，品类齐全。”

有位买家表示，自己当时只是为了免费领取眼镜支架才打开网页的，但进入店铺以后，看到太阳镜在搞促销活动，就忍不住多看了看，最后自己也买了两副太阳镜，还买了一款厂家直销的隐形眼镜。

厂家直销，能够让消费者以最优惠的价格购买产品。这种促销方式的实质是以较低的公开价格吸引消费者，将“一件也批发”的优惠条件让渡给消

费者。简单来说，厂家直销就是电商批发商直接将产品直接发送给消费者的促销模式，而不是经过层层的中间商进行销售，是以“生产厂家→直销商→消费者”的方式完成交易。

而非直销模式下，一件普通服装，从出厂到消费者手中要经过总代理商、省代理商、市代理商、分销商等各个环节，这样下来直接增加了产品成本，最终售价当然高出很多。所以，现在生产厂家会根据产品特性尽量采取扁平化的销售渠道，而厂家直销就是最直接的一种促销方式。

直销的优势当然不只降低成本，从商家角度来讲，直销有以下三大优势，如图1-1所示。

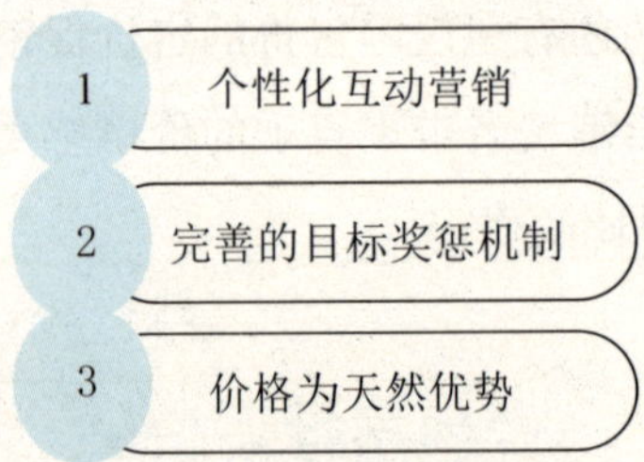

图1-1　直销模式的三大优势

1. 个性化互动营销

直销模式是个性化的互动营销，是营销工作者和客户在有效沟通的基础上所完成的交易行为。其沟通方式可能是多样化的，如寄送邮件、信函，电话沟通，发放宣传材料、宣传册、杂志等。在信息反馈方面，鼓励客户拨打免费电话、回执信函、订购单等，这样可以方便商家根据反馈信息作出销售决策。

同时，在互动过程中，商家可与客户建立并保持长期稳定的友好关系，从而带来更多的交易，最大限度刺激消费，形成双赢的局面。

2. 完善的目标奖惩机制

对商家来说，参与直销的工作人员要以饱满的工作热情与客户沟通并建立信任，从而完成工作目标。直销的另一特点是方便经营者制定完善的目标奖惩机制，在晋升通道方面，直销以完备的升级制度为从业者指明了奋斗方向。同时，在工作时间和场所方面，直销没有特定限制。直销对象非常广泛，只要适合产品的试用范围的群体都可以成为目标受众，有利于直销人员开展工作。

3. 价格为天然优势

直销的本质是以更低的价格为客户带来真正的实惠，因此中间商成为多余的不需要存在的环节。低价是直销的优势也是特点，所以，要保证在特定区域范围内建立统一价格体系，为促销打造价格优势。同时，客观上，商家也要科学管理，合理控制成本。

从直销的优势可知，直销是最灵活机动的促销模式，包括宣传方式、商品价格、工作时间和地点等。

全球最大的知名直销企业——美国安利公司，当年就是以直销起家的。创始人杰·温安洛（Jay Van Andel）和理查·狄维士（Richard DeVos）就是以“浓缩清洁剂+直销”的模式成功打开市场。发展至今，安利已经拥有众多知名的日用消费品品牌，包括纽崔莱营养保健系列、雅姿美容化妆品系列以及个人护理、家居护理等多种产品线。

相比中国，美国的直销行业已经拥有比较成熟的行业体系和规范，消费者对直销的认识也比较理性，而中国人对直销可能会抱有怀疑态度，所以，电商在直销模式中需要考虑到这些实际的国情问题，为了让消费者更信任你的直销产品，最好在店铺的“商品详情”页面放置一些相关的品牌信息、认证信息等。

1.1.2 统一定价，全场新品一律899元

在双十一期间，某品牌服装旗舰店盛大开启“绅士西装节”， 全场正装新品一律899元，另外，还有特价款正装仅799元一套，不带衬衫。

全场新品一律899元，以统一的价格作为促销热点，吸引消费者的注意力，刺激消费者更快作出消费决策，购买更多的商品，这就是统一定价的促销方式。

一件商品或一类产品以统一定价的方式进行促销，可以避免商品在市场运作下产生虚高的现象，比如，矿泉水或方便面都是固定价格销售。另外，

在新型产品初入市场时，商家也可以运用统一定价策略，给商品营造一定的缓冲空间，便于消费者接受。

统一定价促销的优势主要有以下三点，如图1–2所示。

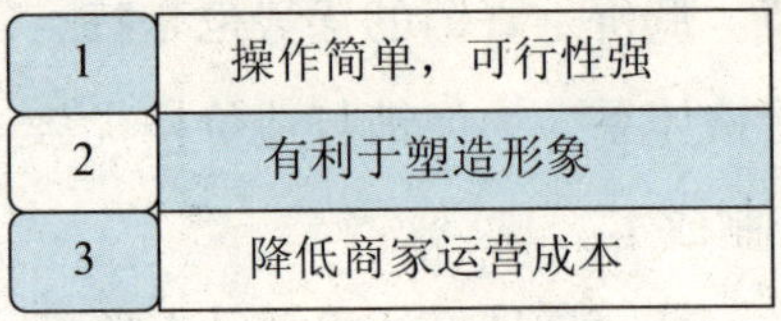

图1–2　统一定价促销的三大优势

1. 操作简单，可行性强

商家可以忽略市场和消费者信息，各级经销商或零售商也可以在统一定价基础上设定盈利点，获取相对利润。

2. 有利于塑造形象

统一定价能够使消费者明白，在任何区域或环境下购买这件商品都是一个价格，不存在零售商私自定价的行为。

3. 降低商家运营成本

商品实行统一定价策略，可以有效降低商家的运营管理成本，避免因定价不均而出现价格歧视问题。

对商家来说，统一定价具有一定的优势，但是，统一定价同样具有不可避免的劣势。事实上，统一定价在实际操作中并不适用于所有场景。比如，同样一瓶矿泉水，在机场、火车站、旅游景点等区域的售价要高于小区超市。当然，统一定价的场地局限性在电商领域几乎不存在，唯一的差别就是快递费。所以，电商不用考虑这个问题。

不过，扩大到全球范围，统一定价策略在电商领域也并不能够通行全世界。因为每个市场的汇率兑换值不同，纳税比例不同，经销商利润占比不同，所以统一定价策略在不同区域市场中会遇到各种问题，进而失去最佳利润空间，甚至可能因统一定价的失策而丧失在某个国家的市场优势和核心竞争力。

多元化的定价策略可以弥补统一定价促销的劣势。当然，多元化定价策略并不是对统一定价的完全否定，而是指要灵活应对市场变化。商家可以将统一定价与多元定价相结合，实现最佳促销效果。

1.2 特价促销

在日常生活中，我们所见到的特价促销多是以低于平常价出售为主，比如，原价198元的羊毛衫，现特价159元出售。这是商家使用频率最高的促销手段之一，也是以价格优势吸引消费者的绝佳利器。

特别是一些新上市产品或者是平时都处于高价位运行的珠宝首饰等，如果以不多见的特价作为促销价格，再结合运营策略，肯定会吸引不少消费者的注意力，成交量和知名度也会随之上升，甚至有可能远超过预期目标。可见，特价促销作为常规营销手段有其优势所在。

1.2.1 正宗和田玉仅售999元

国庆来临前，各大商家都在铆足了劲做促销活动的各项准备工作，只为不错过这个消费黄金周。京东商城某大型珠宝店铺提前三天打出了“正宗和田玉仅售999元”的促销口号。在特价区内，所有的和田玉产品999元封顶，最低100元。

在促销宣传页上，商家还作出如下承诺：所有和田玉产品均可出具权威玉石检测机构的鉴定证书，如果消费者对本次现场购买的和田玉产品有任何不满意之处，均可在不影响二次销售的前提下，于指定期限之内等值调换。

此外，在产品品类方面，也有众多款式可供消费者选择，包括和田玉手镯、和田玉观音、和田玉佛以及生肖挂件、和田玉摆件等。产品价格范围从百元级的入门和田玉产品，到百万元级的高端精品，满足不同爱玉者对和田玉的购买需求。这种特价促销方式让和田玉爱好者有了购买的选择空间，因为从价格来看，百元级别的和田玉也非常有诱惑力。

近年，中国人对和田玉的收藏热情逐步高涨，加上和田玉是不可再生资源，常年开采导致其存储量持续下降。需求量增加，但供应量总体放缓，是和田玉热销的大背景。从品质方面，和田玉被誉为“国玉”，是中国四大名玉之首。但和田玉市场的价格虚高、标价混乱成为行业内的普遍现象，许多玉石爱好者有购玉需求，但鉴于市场混乱现象不敢轻易购买。而该珠宝商家由京东做保障，而且在“商品详情”页展示的各类证件也很齐全，所以，商家这次和田玉特价促销活动获得了不错的收益。

特价促销就是运用消费者对价格敏感的消费心理，首先在价格方面打动潜在的目标受众，也是商家使用最频繁的促销手段之一。特价促销的方式大致有五种，包括统一价、组合价、直接折扣、买A送B、A件B元等。而“正宗和田玉仅售999元”特价促销就属于第一种情况。另外，特价促销多以降价为主，降价幅度为在原价基础上优惠15%~50%不等。

特价促销就是以具有吸引力的价格定位，为消费者制造购买动机。例如，整个店铺指定系列商品全部99元，且款式齐全，可满足消费者不同的购买需求。但是，特价促销或者说降价促销也是一把双刃剑，运用得当销量翻番，运用失策则自损品牌。所以，商家需要提前合理把握特价促销的注意事项，依据产品特性和营销目的确定是否采用特价促销手段。开展特价促销的条件，如图1-3所示。

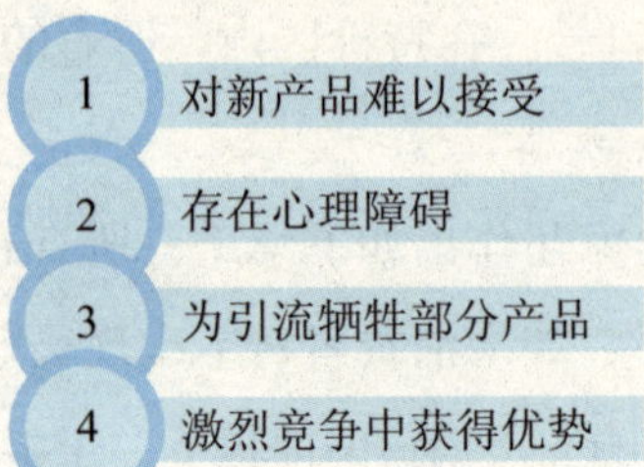

图1-3　开展特价促销的条件

1. 对新产品难以接受

有时消费者会对新产品或服务难以接受，特别是第一次试用，消费者很难直接对比出到底哪一个更实惠、更方便。例如，专车服务，起初消费者可能并不认可，这时就可以通过特价促销或打折活动将价格基本等同于出租车的价格。对消费者来说，花同样的钱，专车服务当然会比乘坐出租车优质。所以，特价促销会有优势。

2. 存在心理障碍

例如，一位女士正在减肥，看到了喜欢吃的慕斯草莓蛋糕，她会想："我正在减肥却吃这样高热量食物，满满的罪恶感"。这时特价促销活动就会抵消这种心理障碍，减轻消费者的心理负担。"我这次吃了，下次肯定不会买了""今天好不容易打折，不能错过""过生日可以犒劳下自己"。特价促销活动可以减轻客户存在的心理障碍。

3. 为引流牺牲部分产品

大规模地特价促销某种产品往往不只是为了提高销量，而是为其他产品进行引流。例如，京东早期图书大幅度降价销售，甚至亏本甩卖，此举就吸引了大规模流量，带动其他产品的销售。

4. 激烈竞争中获得优势

特价促销并非百用百灵，商家需要有明确的促销动机，即目的明确。当竞争进入到白热化阶段，就需要使用各种促销手段和方式占领市场，赢得销售冠军，在消费者心中留下行业先锋的印象，因为人们对第一名总是记忆深刻。

特价促销是将消费者的目光吸引到购买这一消费行为中，而不是加深对产品的理解程度，或者说特价促销不会大幅度地激发消费者的购买动机。所以，这时商家要赋予消费者一个购买的理由。同时，商家也要明确促销的动机，即为什么要搞这次促销活动，在购买期间消费者会遇到什么样的困难，开展本次特价促销会对销量有哪些影响（包括正面和负面）。

1.2.2 新款女神上衣99元起

中秋节刚刚过去，天气就迫不及待地急速转冷，换季时节，也是换衣服的好时候。但忽高忽低的温度总是一不小心就会让人穿搭失策。精明的商家当然不会错过这个换季的销售黄金期，在淘宝首页，某品牌店铺打出了"新款女神上衣99元起"的特价促销活动。

流畅的线条、简洁的修饰、经典的款式，在细枝末节中流露出来的时尚美感，这款女神同款上衣只要99元，另有精致铅笔裤搭配，比起动辄过千上万的流行时装，99元起的特价促销太让人心动了。

特价促销活动本身的特点就是折后价低于活动前的价格，且是特定时间段内的直接降价活动，目的非常明确，就是促进销量。商家将利润让渡给消费者，这也是特价促销能够吸引消费者的重要因素。

特价促销活动往往是低价产品，这个促销手段对价格敏感型消费者更有效果。站在消费者的角度看，物美价廉或物超所值的产品才能够吸引其注意力，这时直观对比的就是价格，所以，低价产品更容易提高销量。

另外，产品自身也有一定的促销特征，例如，夏季的热销款在夏末秋初时进行特价促销活动也会对部分消费者产生吸引力，还有明星同款衣服在电商平台进行特价促销活动等，因为这些产品本身就适合做促销活动。只是商家要把握好促销的方式和力度。商家开展特价促销活动的出发点是促进销量，最好是创造消费者的“抢购”狂潮。

但是，在特价促销前商家要给消费者一个合理的促销理由，否则，会让消费者误以为是产品质量有瑕疵或是滞销品。比如，促销理由可以是2016年里约奥运会、欧洲杯、店庆十周年、库存大清仓、优惠大酬宾等，暗示消费者因为有了这些特殊的时间点或情况我们才会特价促销，平时不打折。

在促销频率方面，不建议每天都是特价促销，虽然价格对消费决策有重要影响，但频繁的特价促销不一定会起到非常好的效果，而适当的特价促销就能顺利抓住价格敏感型消费者的心。

全球著名的市场调研公司尼尔森公布的《网络购物者趋势研究报告》数据显示，2016年价格敏感型购物者的比例从15%上升至19%。其中，网购产品中，低价对购物决策的影响度有了很大提升，从2015年的42%跃至2016年的61%。因此可以看出，低价促销活动对消费者始终具有很大的吸引力。

另外，尼尔森在2016年第1季度针对中国消费者的调查数据显示，在性别方面，男性消费者的确比女性消费者更加理性。有近四成的女性受访者表示，会因为打折、降价等促销活动而囤货，但只有32%的男性受访者表示会这样做。相比女性的冲动性购物，近半数的男性只会购买自己实际需要的产品。所以，在促销活动中，商家可以偏向女性消费者制订有针对性的促销计划，毕竟大多数女性对购物并不具有天然的超强免疫力。

促销本身就是在向消费者传递更多的产品信息，进而刺激更多的交易行为发生。那么特价促销活动有什么好处呢？如图1–4所示。

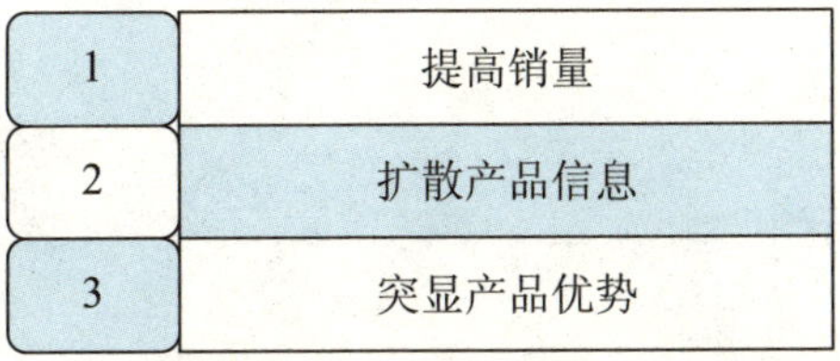

图1–4　特价促销活动的好处

1. 提高销量

扩大消费需求、提高销量是促销活动最直接的作用。除了消费者本身的刚性需求外，商家创造出来的需求也会提高销量。灵活有效的特价促销活动更可以激发价格敏感者的消费需求，进而扩大产品销售范围。

2. 扩散产品信息

如果没有促销活动，消费者很可能不会注意到产品，也不会有购买的欲望，或者想买产品却因价格太高而放弃购买计划。特价促销活动正好可以向消费者传递特价信息，促使消费者尽快入手一直不舍得买的产品；同时，也有利于建立良好的产品和品牌信誉度。当然，前提是产品品质有保证，也确实是特价活动。

3. 凸显产品优势

当同类产品很多，市场竞争激烈时，商家可以通过特价促销活动突出自身产品的优势，并且能够为消费者带来不一样的客户体验；同时，让消费者了解企业特色文化，增进对品牌和企业的信任。

例如，家居品牌进行线上限时促销活动，原价69元的优质法兰绒毛毯，现价49元。如果下载该品牌的APP还可以领取优惠券，只需支付15元邮费即可获得。也就是说，这个促销活动给消费者两种选择，要么49元购买，要么在APP中15元购买。既有促销又不是硬性指定，显而易见，商家推崇的是后者。

特价促销的作用是在短时间内大幅度提高销量、扩大市场占有率、宣传品牌的同时，还能够为消费者带来真正的实惠。因为事实上，众多商家几乎不可能凭借一款产品就能够取得超高的利润率，而薄利多销是传统的也是最保险的盈利方式。

1.3 满额促销

满额促销是一种常见的定价促销方式，其中包括满额赠（简称满赠）和满额减（简称满减）两种手段。从赠品角度看，满5000元送价值1000元高压锅一套，这是直接附带实物赠品的方式。

满额赠有两个关键点，即什么情况下要赠、赠的是什么。前者是达到“满”的要求，后者要给消费者赠品。赠品是用来突显优惠促销的力度和诚意的，所以，商家要确定赠品的品类、规格和相对价值。

相较满额赠，满额减的核心则比较简单，就是直接抵扣现金，满1000元减100元，多买多减。这种方式对价格敏感型消费者比较受用，因为他在这场交易中少掏多少钱，可能比获得那些赠品更实际些。所以，商家要针对不同情况制订不同的满额促销方案。

1.3.1 满5000元送价值1000元高压锅一套

武汉的卢明和杨丽打算在2016年年底结婚，但是由于工作繁忙，他们根本没有时间去逛商城。于是，他们决定利用下班时间去美乐乐电商平台挑选家居。经过查看对比，卢明看中一套标价4800多元的整体橱柜，但杨丽认为价格有点高，便在线询问客服：“现在是十一黄金周期间，难道没有任何优惠吗？”客服人员介绍说，购买这个品牌的家居产品，只要满5000元即送价值1000元高压锅一套，但卢明和杨丽看中的整体橱柜没有达到要求。

经过协商，他们又购买了价值300元同品牌的客厅摆件。这样就满足了促销获赠条件，而且高压锅赠品也可以享受一年保修、三个月包换的售后服务。

满额赠促销活动是现在很多商家常用的促销手段，其形式多为一次性消费达到指定额度，即可获赠相应赠品。比如，满1999元送同价值电压力锅，或者是满99元赠手机支架等。一般来说，额度越高，赠品价值也越高。同时，满额赠促销活动也有不同的限制条件，比如，限制金额、时间、商品品牌以及赠送品类数额等。总之，满额赠活动要有控制性条件，以便商家能够把握整个促销活动的力度、流程和效果。

任何形式的促销活动本质上都是以增加销量为直接目的，满额赠的促销手段将消费者的注意力吸引到赠品上，如果赠品质量低劣，没有实用价值，也是很难真正吸引消费者的，甚至会让消费者对商家失去信任，不再购买其产品，这样就得不偿失了。所以，赠品的选择直接影响满额赠促销活动的效果。选择赠品的条件，如图1–5所示。

图1–5　选择赠品的条件

1. 赠送形式

满赠促销可以分为直接满赠和加价购买。第一种直接满赠，即达到指定数额可获得赠品，比如，前面提到的满5000元送价值1000元高压锅一套。这种手段适合全店活动或某个特定品类，好处是有利于提升整体的客单价。同时，此款满赠活动不宜与其他活动叠加使用。

第二种是加价购买，即在消费指定数额的基础上增加一定数额能获得相应赠品。例如，一次性消费满68元可在服务台加价选购指定商品，加4元可获玻璃水杯，加7元可获一条洁面毛巾等。当然，赠品的加价额度不宜设置过高，否则，会打击消费者的参与热情。赠品可以以经济实惠的生活日用品为主。

2. 赠品内容

赠品内容即将什么商品作为赠品送给消费者，商家开展促销活动是希望消费者能够再次光临，成为忠实的回头客。所以，赠送给消费者的商品也要保证质量，不能因为是赠品就选用粗制滥造品，以次充好是不会真正赢得消费者的。首先，以经济实用为主，功能完好；其次，性价比要高，商家宣传的赠品价值100元，就要让消费者使用后认为值这个价钱；最后，优质售后服务，有些商家以赠品为由，出现质量问题时不退不换，态度冷淡，这样会影响销售口碑，减少回头客。

3. 控制成本

商家要对赠品进行合理的成本预算，在预算内开展满赠促销活动，防止赠品超出可控范围内。同时，最大限度地扩大赠品的营销效果。

另外，要注重赠品与商品的关联性，比如，一次性购买199元以上的卫浴产品赠淋浴喷头，买图书赠学习用品等。商家应增强商品与赠品间的联系，更好地满足消费者的消费需求。

满赠活动作为促销的常见方式之一，其优势是受众接受度高，营销效果强，以“赠”带“销”。从消费者心理看，购买一件商品的同时可以获赠某件商品，这无疑是“意外之财”。人们对不用付出任何劳动得来的商品总是充满期待。同时，商家会设置满赠门槛，提高商品的客单价，最终实现营销目标。

1.3.2 满1000元就减100元，多买多减

2015年双十一期间，京东商城某护肤品旗舰店打出“满1000元立减100元，多买多减”的促销活动，意思是只要购物满1000元，消费者就可以少支付100元，上不封顶，多买多减，即阶梯式满减。对消费者来说，这种满减的促销方式直接明了，买1000元的商品相当于省了100元，太划算了。

满额减作为满额促销活动的一种，运用的是消费者对省钱的心理追求。本来需要500元才能买到某件商品，现在只需要支付400元即可获得。这会让

消费者认为自己确实收获了实在的利益。例如，某阅读书城为庆祝上线三周年而举办满额减活动，全场购买图书凡满40元减5元，满60元减10元，多买多减，上不封顶。具体操作是：消费者在网页版或客户端将要购买的图书加入“购物车”，统一结算才能享受满减优惠。同时，在满足以上条件的基础上，只要使用“支付宝移动快捷支付”的客户还能额外减3元，但同一账号只能享受一次优惠。

下面，我们来总结一下满额减和上一小节的满额赠促销活动的特点，如图1-6所示。

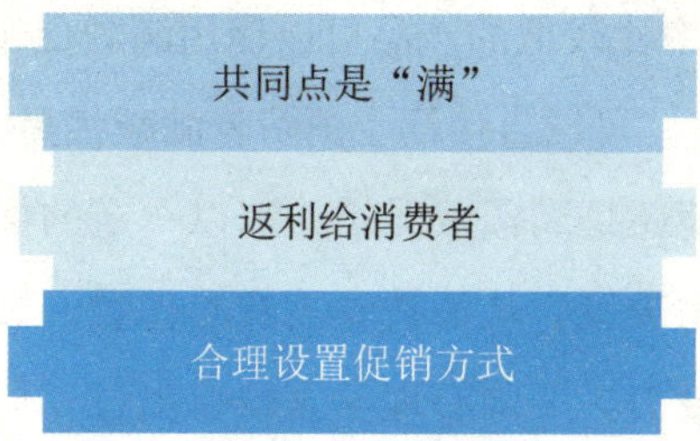

图1-6 满额减和满额赠的特点

1. 满额减和满额赠促销活动的共同点是“满”

“满”是经过研究后制订的限制性条件，也是促销活动的中心。无条件赠送或减免不符合促销活动准则。

2. “减”和“赠”都是返还给消费者的利益

返利是吸引消费者的重要因素，消费者希望获得赠品或减少支付金额，商家就设置一定的门槛让消费者为获得利益付出努力，即达到“满”的限制性条件。

3. 合理设置促销方式

满额减和满额赠两种促销方式，都是运用消费者对额外利益的追逐心理。具体使用哪种，商家需要根据实际情况制定相应策略。此外，要想达到预期营销效果，商家需要适当提高客单价，避免陷入亏本状态。

相对来说，消费者比较喜欢满额减的促销方式。但是，这种促销活动比较适用于特定阶段，例如，淡季、换季、新店开业等。在产品特性方面，饮料、甜点等产品比较适合满减的促销方式，比如，麦当劳的第二杯半价，虽然没有明确的满减信息，但实际上原价10元一杯的饮料，现在只用15元即可获得两杯，相当于省了5元。

明确了两种促销方式的特点，商家需要针对满额促销活动制定相应的营销策略。

（1）目标人群定位。即什么样的客户适合满减活动，一般来说，新店开业吸引新客户适合使用满减促销，而维护老客户则适合使用满赠活动。

（2）满减促销活动的适用时间段，例如，在行业淡季用满减刺激消费者购物。

（3）购物重复频率比较低的产品可以使用满减促销活动，例如，家居、汽车等大额耐用品消费，可以直接给予消费者满减优惠。

无论是满额赠促销还是满额减促销，都以一定的优惠为激励条件，让消费者第一时间作出购物决策。从消费者消费心理看，极少数消费者对特价、满减等打折信息有免疫力。美国心理学家曾提出过“促销易感性”的概念，即一个人的促销易感性越强，其对打折的抵抗力越低。就像感冒一样，有些人非常容易感冒，而有些人则免疫力较强，不容易得感冒。

既然消费者对打折购物有天生的爱好，那商家就需要合理运用这种消费心理进行促销活动。首先，要给促销一个名正言顺的由头。有人说，满减、满赠、降价、折上折等促销活动还需要由头？答案是肯定的。试想如果一个店铺无缘无故地进行打折，消费者会买账吗？经营淘宝店铺的王云女士说：“这样高的折扣让你遇上，你会放心大胆地购买吗？”

所以，就算打折力度再大，若师出无名消费者也不一定会认可，甚至还会怀疑你卖的是假货或渠道不正规。另外，一味打折促销甚至可能会吓跑消费者，例如，平时某电商平台的中老年伊利奶粉大约100元一桶，现在无缘无故地突然降到45元一桶，消费者会放心购买吗？

因此，促销活动前要为本次促销确立一个合理的主题，例如，国庆、奥运会等重大事件，也可以借用双十一、母亲节、父亲节、七夕情人节等特殊节日，具体理由可根据商品特性结合实际情况确定。

第2章 纪念式促销

2.1 节日促销

2.2 会员制促销

2.3 纪念日促销

2.4 特定周期促销

一年365天中有多个节日要过，比如，纪念日、有优惠特权的会员日，每周的上新日，那能否依据这些特殊的日子和权益做促销活动？当然可以。

节日促销可以用作淡季优惠打折活动，如情人节玫瑰花5.2折，不同的节日有不同的促销活动。总之，就是要在节日氛围的烘托中打动消费者，刺激购买欲望。纪念日促销当然也不要错过，人都有值得纪念和回忆的某一天，比如，出生、升学、结婚等的日子，或者是店铺周年庆等，都可以用作纪念式促销活动。

而会员制促销更直接明了，就是赋予会员不同于普通消费者的特权，或打折或优惠，总之，就是让利消费者、实现促销目标。特定周期促销则选择了不同的时间点，在周期性重复中，营销人员可以对比促销效果，及时修正促销细节和方案。

2.1 节日促销

元旦、春节、端午节、劳动节、中秋节、国庆节，有什么共同点或交集？当然都是节日了。从营销的角度来讲，商家可以借用这些特殊的日子进行各种促销活动，这就是纪念式的节日促销。有了节日的存在，就可以进行名正言顺的促销活动。

本小节以天猫“圣诞节家电一律8.8折”和“99朵玫瑰，情人节5.2折”为案例，为大家介绍节日促销的方案要点以及创意营销的细节和关键。

2.1.1 圣诞节家电一律8.8折

一般来说，每年春节前夕是家用电器以旧换新的好时机。因为很多人都想在春节期间用一套新的厨具。所以，这期间是厨具电商的旺季。

有的厨具卖家为了吸引更多的买家，会在圣诞节打出“圣诞节家电一律8.8折”的促销优惠活动。虽然8.8折的优惠力度不大，但由于在旺季很少有卖家举办促销活动，买家自然要去做促销活动的店铺下单。这样通过少许折扣，便可以吸引众多买家，何乐而不为呢？

节日促销多见于零售、服装等行业，是一种非常时期的促销活动，区别于常规性营销。节日促销主要有反常规性、集中性和爆发性的特点，属于阶段性短期促销。活动策划组织者需要对促销活动有整体的把握，能够处理突发紧急情况，并能够使销售额顺节日而上升，借节日而暴增。

例如，每年的中秋节期间，各大商场和糕点品牌商都会在线上线下进行全网全站促销活动。目的是把握住中秋这个特殊的时间点，大规模提高销量和知名度。当然，节日促销活动不容易覆盖所有的营销点，因此，节日促销必须有针对性，可以以产品特性，或者是经销渠道，或者是特定区域为营销点。例如，可以从线上线下打通所有连接闭环，对消费者进行全方位的营销刺激，以促进整体营销全局。

在考核指标方面，节日促销活动要有计划性的量化考核目标，包括销售额、毛利率、增长率、重复购买率、促销广告渗透率等，这些都可以从某个维度或几个维度反映出营销活动的效果，而不只是销售额的增减。

在宣传策略方面，可以采用“节日促销+借势引导”的方法，即在节日宣传的基础上，借助某些热点事件进行自我营销，如体育赞助、捐助希望工程等。这样既能够突出节日氛围，又能够宣传产品品牌，提高企业美誉度、知名度。

有了促销思路，接下来就是按照既定的促销方案进行营销活动了。节日促销方案需要包括以下三个方面的内容，如图2-1所示。

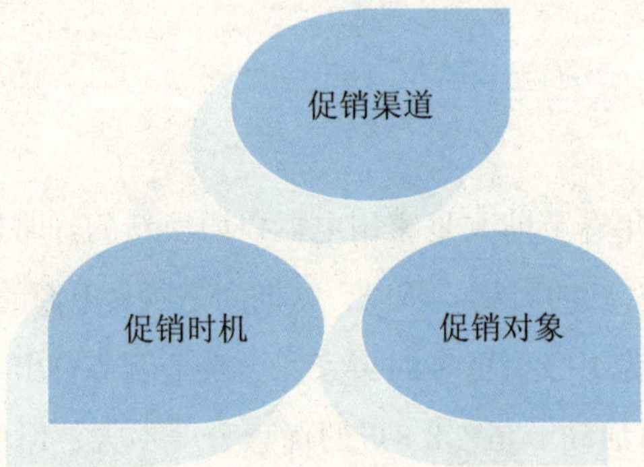

图2-1　节日促销方案的内容

1. 促销渠道

促销渠道即通过何种形式或手段进行促销活动，让广大消费者能够有效接受营销信息。例如，端午节赠送粽子礼券，促销组织者就需要对促销渠道进行排列组合，哪些直接赠送给消费者，哪些附带在产品内部，能否通过微信公众号等线上渠道发放，这些问题都需要量化细化，以最大限度地收获营销效果。

2. 促销时机

选择一个好的促销时机对促销活动来说是至关重要的，过长、过短、过早都会影响节日促销的效果。例如，双十一前夕，电商平台的店铺已经开始做促销活动，打出“双十一提前大放价、现在拍下双十一不降价”等促销活动。

3. 促销对象

有人认为反正是促销，面向的是广大消费者，所以不必区分节日促销对象。这种观点是不正确的，既然是促销肯定是将产品卖给某类群体，或社会团体或经销商、零售商等。针对不同的促销对象有不同的促销重点，要分清主次。

通常来说，产品最终以预期价格到达消费者手中，才能完成营销的终极目标，所以，大部分的节日促销对象都以促进消费者消费为主，其次才是中间经销商、零售商的促销激励。

像圣诞节家电一律8.8折这种节日性促销活动是典型的纪念式促销，即选择特殊时间节点，进行反常规性的促销活动，而在平时很难遇到如此优惠的促销力度。对组织者来说，节日性促销活动能产生良好营销效果的关键是恰当的时间、地点和人物。

2.1.2 99朵玫瑰，情人节5.2折

如今，在电商平台卖花已成一种趋势。2016年的情人节抓住了春节假期的小尾巴，赶在了节后开工的第一天，向来注重礼仪和情感的中国人，当然不会对西方节日过于吝啬。品牌营销商也想尽办法俘获精明而又挑剔的消费者的“芳心”。

在叫嚣着“没有鲜花的情人节，不叫情人节”的特殊日子里，节日促销当然成为不可缺少的一部分。2月8日，就已经有淘宝店铺提前放出“99朵玫瑰，情人节5.2折”促销优惠活动。尽管春节期间快递配送资源紧张，但情人节前几天已经有消费者在网购玫瑰花。到情人节的前一天，玫瑰花销量已经超过平日近9倍。

如此抢手的99朵玫瑰花打到5.2折的优惠，当然会受到不少消费者，尤其是青年男女的热捧。在淘宝开设花店两年多的周先生说：“情人节年年有，今年当然也会过。我们店针对情人节特别推出了个性化的5.2折玫瑰花产品。原价788元的99朵玫瑰花束，现价只要410元，共4种花型供客户随意选择。

目前，最受欢迎的一款是知风草玫瑰定制花盒。用知风草进行搭配，简单大方，层次设计感强，强调了‘我爱你’的应景主题。”

节日促销是常见的营销方式，以突出纪念性为主要特征，即在特殊的日子给消费者特殊的优惠权益。营销者可以在节日促销方案中整体把握活动的方向和效果，但却可能忽略那些看不到的细节，所以，突出第一印象的创意促销带给消费者的消费冲击至关重要。创意营销的关键点，如图2–2所示。

创意促销内容

创新营销宣传

科技互动的创意营销

图2–2　创意促销的关键点

1. 创意促销内容

内容决定质量，一个促销活动的内容和质量紧密相连，产品要有创意，优惠要有实意，质量要有诚意。促销内容包括产品及其包装、组合优惠以及配送条件等。例如，春节期间，大家都在积极准备年货，这时注重实惠的消费者可能更看重米、面、油等实物礼品。所以，商家可以以组合形式打包赠送给消费者，当然前提是满足一定的条件。

2. 创新营销宣传

严格来说，促销活动包含于营销方案中，因为营销更强调一种整体性宣传，而促销活动只是营销方案的组成部分，所以，从促销角度看，有创新性的营销宣传更容易使促销活动在第一眼就打动消费者。例如，2017年宜家的促销以让消费者大吃一惊的画面做了广告，“你给家人好东西，宜家给你好价格”“宜家夏季大减价，全场5折”。宜家这种先抑后扬的做法就是一种创新。

3. 科技互动的创意营销

随着AR（Augmented Reality）和VR（Virtual Reality）技术的逐步成熟，AR和VR产品进入营销领域，发展出新的创意营销思想。淘宝推出VR，开启“淘宝Buy+”，在2016年双十一时，淘宝让VR技术参加实战，推出“Buy+”

的VR会场，还特别准备了定制版Cardboard眼镜，客户只需要支付1元即可在天猫超市购买，这次促销活动让普通人也感受到VR购物，同时对Buy+也做了有效宣传。

不管是节日促销活动还是创意营销构想，都是以提高销量、扩大知名度为根本目的，所以，在激烈的市场竞争中，要给消费者带来不一样的消费体验才能够抓住消费者的心。特别是在同类产品众多，消费者需求相对疲软时，创意营销的刺激可能更有成效。

2.2 会员制促销

当走进商场成为一名顾客时，每个人都希望自己能够被当作上帝，所以，会员制促销应运而生。成功的会员制度能够赋予消费者特别的荣誉感和优越感，即使有时候成为会员会付出一定的代价，或达到特定的门槛。会员能够享有的特权和优惠就是促使消费者购买的重要动力。

亚马逊会员制度是助其财务数字大增长的重要驱动力，比如，亚马逊的会员年消费额约为1200美元，而非会员仅为500美元。

本小节以“VIP学员，购买新课程9.5折”“会员日大促，全网成本价”等为例来介绍会员制促销的优势和注意事项，以及建立会员制度的积极作用。

2.2.1 VIP学员，购买新课程9.5折

又到一年开学季，各类在线教育网站纷纷打出了优惠促销活动。以教师证书类考试为例，基础精讲与名师模块类套餐课程，VIP学员购买新课程全部享9.5折优惠，其他课程不参加本次活动。

例如，教师证套餐课程包括教育心理学、教育学、心理学三大课程，共80课时，原价780元，会员价只需741元（青铜会员级别即可）。而且，青铜

会员预交500元马上可升级为白银会员，预交900元升级为黄金会员。级别越高，特权越多，海量精品课程免费送。除此之外，会员还可以享受以下权益：

（1）新用户只需预先交99元就可成为青铜会员，即初级会员。成功加入后99元可抵押现金购买网站原创培训课程，部分课程可享受8折优惠。

（2）会员免费赠送10TG辅助资料和无限量PDF下载查看。

（3）黄金会员可免费学习所有的专享区课程，包括500门以上的原创实战性课程、名师授课、在线答疑解惑，总价值超1万元。后续特权还在持续更新中，敬请期待。

从以上信息可以看出，要想享受到特殊级别的权限必须加入会员，而预交99元就能够加入会员行列。等级越高，可享受的权益也越多，这就是会员制促销。

会员制促销是一种比较常见的促销方式，在有效期内，会员可以享受到指定的低价优惠或其他特殊福利。会员制相当于将进入特定商场购物或享受某种服务的人聚集在一起，组合为俱乐部式的团体，而加入会员则需要缴纳会费，或者达到其他指定条件，比如，提供手机号码、提交申请表格、证明材料等。而商超会员是最常见的会员制形式。

对消费者来说，加入会员主要是可以享受优惠，包括价格、权限等。同时，在部分会员体系当中，加入者可以同其他会员进行信息交流，分享行业知识，传递情感信号。例如，会员加入俱乐部的定期聚会活动，在聚会中结识新的朋友，寻找共同语言，以会交友，甚至以会聚商。

此外，购物商城会对会员卡有购物金额要求，比如，一年购物满5000元即可享受部分特殊优惠，为达到这一目标，我们可以将会员卡借给身边的亲朋好友使用，共同积攒指定金额。

会员制促销的优点也是显而易见的，主要有三点。

（1）培养忠实用户群体。会员制的存在和运营能够将一批消费者聚集在一起，建立一个稳定的团体，进而培养忠实用户群体。

（2）加入者缴纳的会费也是一笔可观的收入，当然免费获得会员资格的不在此列。

（3）商家可以借用会员制度发展新的业务。

例如，一家摩托车俱乐部将会员信息进行整理，为贷款买车的会员提供申请贷款服务，向已购车会员提供有偿保养服务等。这些业务通过延伸发展都可以拓展出新的业务。这就是会员制度的优势。

商家在开展会员制促销活动，制订会员服务方案前，要精心设计活动环节，事前充分调查研究，制订详细的促销活动方案和应急处理方案。不能凭空想象，导致会员制促销流于形式。同时，会员制促销要赋予会员真正的切实权益，这样才能够将会员紧紧地吸引到会员制度中来，才有可能进一步刺激消费欲望，完成交易行为，并且成为忠实的回头客。鉴于以上因素，开展会员制促销活动也要注意以下三点，如图2-3所示。

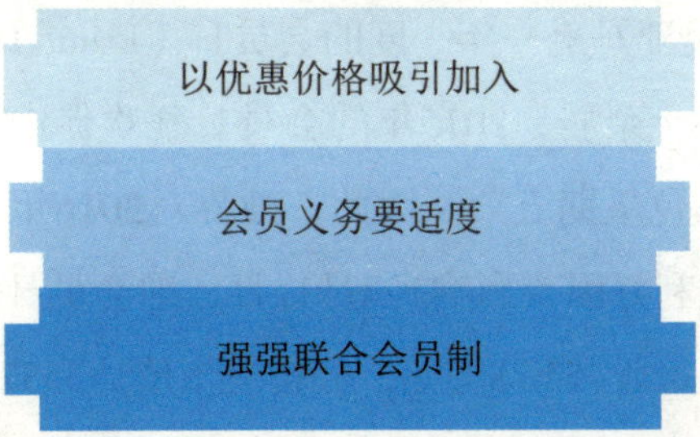

图2-3　会员制促销活动的注意事项

1. 以优惠价格吸引加入

对未加入会员或有意愿加入会员者，商家要以优惠价格吸引其加入，在会员形成一定的消费依赖以后，再以阶梯式价格进行调整，也就是会员等级越高，权益越多。这样也有利于培养忠实粉丝。

2. 会员义务要适度

商家为了维护自身利益，通常会在会员制度下设置一定的会员义务，但义务要把握适度原则。例如，商城规定每张会员卡必须在半年内消费满6000元，未达到要求者自动取消会员资格。很显然，这样一刀切的做法不一定适合所有的会员。也许有的会员只是一个月消费几百元，6000元的购物任务显然高于实际情况。如果硬性规定，很容易流失会员资源。

3. 强强联合会员制

实际上，多家企业联合开展会员制促销比单一企业效果要好。因为消费者的活动范围不一定局限在小区门口的那家超市，如果超市和服装城有合作，一张会员卡可以通用的话，很可能会提高会员卡的使用频率。

会员制促销活动是一项长期的多效联动的促销机制，要采取有针对性的适度原则，才能够取得良好的促销效果。同时，会员制度在吸引消费者，增强消费者互动性和用户黏性方面有积极作用，商家可根据实际情况发挥会员制促销的正面作用。

2.2.2 会员日大促，全网成本价

2016年7月12日是亚马逊一年一度的会员日（Prime Day），此前亚马逊的会员日活动已经举办十余届，2015年的会员日狂欢促销活动中，亚马逊销量首次超过传统的“黑色星期五”。因此，外界对2016年亚马逊会员日大促普遍持乐观态度，受此利好因素影响，7月11日，即会员日大促前一天，亚马逊股票上涨1.1%，收于每股753.78美元，公司总市值达3557亿美元。

这一成绩使得亚马逊与“股神”巴菲特旗下的伯克希尔哈撒韦公司（Berkshire Hathaway Inc）基本持平，后者市值3549亿美元，跻身美国前五名。这一改变让此前一直处于亏损状态的亚马逊实现了漂亮的翻身，也是亚马逊连续第二年在会员日前夕市值再创新高。

事实也证明，亚马逊的会员日战绩不俗，当天全球订单量比2015年多了60%，单日销售额达到5.25亿美元。亚马逊2016年7月底公布的财报数据显示，亚马逊净利润为5.13亿美元，同比增加了5.7亿美元。这是公司连续第5个季度盈利，利润也创历史最高纪录。

为什么亚马逊能够如此成功，并且公司价值越来越高？重要原因之一就是出色的会员制度。美国消费者调查机构Consumer Intelligence Research Partners（以下简称CIRP）的数据显示，2016年第2季度，亚马逊的会员已经超6300万，占美国亚马逊客户总数的52%。

CIRP还指出，亚马逊会员年消费额约为1200美元，而非会员仅为500美元。从数据对比可以看出，会员制度为亚马逊销量增长作出了不小的贡献。目前，亚马逊已经成为多元化的巨头企业，旗下业务包括家用产品在内的在线销售平台、电子书籍、原创网络媒体产品、物流渠道等。

事实上，很多企业或品牌商都会在自家的会员日期间做大型促销活动，这是会员制促销的重要方式，也是实现品牌与销量增长的主要途径。会员大促是商家举行营销活动的战略重地，其目的当然是提高销量，提高在广大会员消费者中的知名度，同时，吸引更多的潜在消费者加入会员行列。

凡是注重会员管理以及客户忠诚度的企业都会将会员日促销活动作为不可缺少的营销手段，同时，商家也可借此名正言顺地促销。在线下，会员的身份绑定是通过“会员卡”实现的，即“会员卡+持卡人”模式，将人和实物捆绑在一起，如果没有这张卡你依然可以进入超市、商场消费，但只是一名普通的消费者，不可以享受会员能够拥有的特权。

在线上，在某种意义上说，客户和会员是等价的，这是由互联网的平等性和共享性所决定的，例如，你不是购物网站的会员，但依然可以浏览其中的商品，看看哪一些商品更划算。即使注册登录以后也不一定会成为会员，只是以客户的身份享受购物的便利，当然这不会对客户的购物体验产生太多不良影响。

一切营销活动都要以消费者为最终体验对象，即产品进入到终极使用者手中才是营销活动的阶段性终点，后续还有售后服务工作。那么建立会员制度有什么积极作用？如图2-4所示。

积聚客户资源　提供决策基础　提高营销质量

图2-4　会员制度的积极作用

1. 积聚客户资源

建立完善的会员制度无疑能够为商家积聚客户资源，增强客户基础，增加品牌和客户之间的黏性。通过优质产品提升企业在会员心中的地位。

2. 提供决策基础

无论是连锁店铺还是商城或是个人卖家，所积累起来的会员信息都可以为决策提供信息，根据会员的年龄、性别、身份、职业、偏好等进行精准化推销，可以有效提高营销准确性。

3. 提高营销质量

合理运用和管理会员能够为会员活动提供信息，提高营销总体质量，扩大销量和品牌知名度。同时，会员制度能够从心理方面给予消费者一种荣誉感和尊崇感，让他感觉自己是这家商城的会员，可以每月免费领取一份礼品，而非会员则没有此项特权。

会员日大促活动是运用会员制度开展的一类促销活动，营销组织者要充分利用会员制度提供的信息、客户资源以及营销利好因素。“会员日大促，全网成本价”就是一个典型的促销口号，全网成本价为消费者提供了一个消费刺激条件，即会员日带来的低价，当然不容错过。同时，商家要保证产品品质，不因低价促销而有所下降，只有低价不低质才能赢得消费者信赖。

2.3 纪念日促销

生活中，很多人认为特别的日子总要有特殊的纪念才能够代表不一样的意义，比如，夫妻会在结婚纪念日那天互赠礼物，表达爱意和对婚姻生活新的期盼；过生日要获得有纪念意义的礼物；电商平台会在成立周年之际开展全网优惠促销活动。有纪念的需求就要有纪念的促销活动。

生日期间凭身份证聚餐可免单一位、京东成立十周年等，这些都是在特殊的纪念日进行优惠促销活动，生日免单让消费者感受到自己是被重视的一方，店庆优惠促销让消费者可以买到便宜实惠的商品。消费者对这样的让利方式怎么能视而不见？

2.3.1 生日期间，凭身份证聚餐可免单一位

事实上，大部分人还是非常注重自己生日的，因为这一天是个特别的日子，以这一天为界线，昨天已经成为过去，而明天又是全新的自己。商家也可以借助这个日子和客户联系感情，用免单的方式向消费者传递祝福，并为其制订个性化的促销方案。

例如，生日当天消费者收到一封来自商家或品牌商的祝福邮件，也许此刻他正忙于工作，早已经不记得今天竟然是自己的生日，而这封祝福邮件恰恰提醒了他。如果可以结合其他信息将邮件内容设置得更加个性化，更符合消费者的偏好，那就很容易被消费者接受。

在获取消费者生日信息方面，情感式促销更容易被消费者认可。例如，对家长来说，孩子的生日当然非常重要，如果此时商家告诉家长能够免费获得一份不同年龄段的儿童成长详细报告，相信很多家长不会拒绝。因此，提供孩子的生日信息当然不是问题。进而，商家能够在孩子生日前夕或当天提供一些诱人的促销活动信息，吸引孩子发动家长去消费，而这正是每一个营销者都希望看到的结果。

除此之外，购物网站在客户登录以后，会根据大数据分析结果向其展示生日蛋糕或动态图片，以此提醒和鼓励消费者生日到了，这些美味的生日蛋糕期待你的光临！或者是为消费者提供一些筹备生日party（派对）的建议，而此时消费者可能正在为如何准备一个难忘的生日party（派对）而发愁。

无论效果如何，消费者是否接受，商家为消费者提供的生日礼物或建议都是一种营销手段，其共同点是以消费者的生日为核心，围绕其习惯偏好，展示可能关心或感兴趣的产品或服务。因为每一个消费者都希望被当作上帝一样对待，而商家确实也在以各种符合其心意的方式送上带有营销基因的祝福。

既然生日促销可以如此丰富，接近消费者的需求，那在促销活动中有哪些生日促销手段呢？如图2-5所示。

图2-5　如何开展生日促销

1. 提前告知

绝大部分的生日促销都是针对客户生日的活动，但是有些客户不一定事前知道店铺有此优惠，所以，店铺客服人员可以在客户进店后主动询问，提前告知，也可以在店铺显要位置张贴温馨提示，让客户知道该店铺在生日当天可以免单或有其他优惠活动。

有些店铺则不太重视这些细节，往往是在结账买单，客户主动问起时才会告知有代金券类的促销活动，这样显然不会给客户留下很好的印象。

2. 活动预热

针对生日的促销活动可能并不是常年都有，店铺可能会在某个季度或时间段内实行，所以，在生日促销前要做好活动预热，以及前期物料准备工作。例如，如果结合生日促销活动附带有生日礼券，可以提前发放。同时，核实礼券印刷内容无误，这样，可提高用户黏性。

3. 创意礼品

在生日促销活动中，如果有专门的生日礼品也可以向客户重点介绍，可分为免费获取或限定性获取。具体细节可根据产品或服务等实际情况进行设置。

当然，纪念日促销的本质就是以特殊的时间点为促销理由，为消费者提供满意的促销产品。生日促销之所以容易被消费者接受，是因为其被看作了上帝，在出生纪念日那天享受到其他时间点无法获得的尊贵权益。消费者当然乐于接受这种充满荣誉感的促销。对商家来说，要将生日促销做到实处，就必须将产品和品牌特色融入生日促销中，避免流于形式。

2.3.2 京东成立十周年，全网最低价

自电子商务平台业务上线十几年以来，京东凭借家电、图书以及后续开展的零售类业务，实现了飞跃式发展，以品质取胜，并成为中国电子商务界的巨头之一。在成立十周年之际，京东开启2013年6月17日—19日长达3天的“老刘专场”促销活动，四重大礼回馈十年来一如既往支持京东的广大客户，包括价格直降、优惠券、全场满减、爆品秒杀。下面从三个方面简要介绍京东开展十周年店庆促销活动的业绩，如图2-6所示。

图2-6 京东十周年店庆业绩

1. 销售业绩

在为期3天的购物狂欢节里，京东总订单数高达700万单，家电销售额为15.9亿元，卖出手机超过50万台，笔记本电脑超过12万台。

2. 流量方面

全球知名的互联网数据统计机构Hitwise公布的数据显示，在京东店庆期间，京东吸引了大量访问流量，特别是在6月18日，访问量比前一天上升31%，是同期天猫流量的两倍。活动期间京东稳居各大电商流量实时排行榜的榜首。

3. 降价方面

根据网易旗下的购物比价工具——惠惠购物助手发布的数据显示，店庆第一天，京东全场70%以上的商品处于降价状态。

在十周年之际举办店庆活动，是京东开展大促活动的重要由头。对其他商家来说，既然是店庆活动，肯定要突出热烈、欢快的氛围，让消费者感受到店庆活动的热闹场面，例如，“迎店庆全网最低价”，大力度全方位的优惠才能突显店庆活动。

不管是全网最低价还是优惠券、满减满赠活动，其目的都是通过一系列的优惠活动吸引消费者，例如，护肤品全场满299元减100，对女性消费者来

说，接近5折的优惠力度当然会心动，即使不是急用也可以囤货嘛。

大促活动期间，有上万家知名品牌参与到京东店庆活动中，涵盖家电产品、电子数码、日用百货，有个人护理、口腔护理、女性用品等产品，还有食品、酒类以及保健品等。可以说，京东店庆活动覆盖的产品已经从家居家电、数码产品，扩展到个人护理产品和日用百货等零售业务。品类多、产品齐全也是京东店庆能够取得良好业绩的主要原因。

而从国内各大电商平台来看，“618”不只是京东的店庆日，也成为各大电商开展购物狂欢的节日，从唯品会的“一折抢”到国美在线的“0元购”，再到1号店的买一送一，都大力推出促销活动。仅从优惠口号上，就会吸引大批消费者忍不住打开网站看一看。

除电商根据特殊的纪念日举行店庆促销活动外，实体商场、餐饮店铺等也可以依据实际需要举办纪念日促销活动。庆典类促销活动的类型大致可以分为四种：节庆活动、纪念活动、典礼仪式及其他活动等。这类活动就需要把握以下两个方面。

（1）活动氛围要突出隆重、喜庆的特点。例如，现场布置、程序安排、互动环节等，尽量营造轻松愉快的气氛，以吸引消费者的注意力。从心理学的角度看，人们对热闹的场面总是充满好奇心，想过去看看到底发生了什么事情，而人的大脑对冷冷清清或没有任何异样的事物则不会给予太多的注意力。这就是为什么会有看热闹的人群和心理。

（2）做好预算控制。虽然说纪念日促销活动要搞得有氛围，但也要量力而行。在邀请嘉宾、物料准备、规模规格方面，适当把握预算支出，遵从“少花钱多办事”的原则，避免铺张浪费。

从京东的十周年店庆到其他电商平台的促销活动，其目的当然都是最大限度地收获营销效果，包括销售和品牌效应以及用户黏性。也就是说，举办一场热闹的店庆活动后，主办方会看到业绩大幅度上升，品牌知名度更高，客户体验更佳。做到这些需要营销人员把握好促销活动的整体进展，能够积极应对突发状况，做好售后服务工作。

2.4 特定周期促销

节日、会员、纪念日等促销活动已经司空见惯，还有其他纪念式促销吗？答案是特定周期促销。特定周期促销具有指定性、重复性和多样化的特点。指定性可以为消费者提供明确的活动时间，重复性是按月或按周来出新品、打折优惠等，多样化特定周期促销能够给消费者带来新鲜感和惊喜。

无论是每周一发新款，先见先得还是每月1日全店9折，简单的一句话却明确指出了活动日期和促销指向，便于加深记忆。消费者永远不会对真正的优惠促销活动厌倦，而营销人员的工作就是想办法在合适的时间、合适的场合举办合适的促销活动。

2.4.1 每周一发新款，先见先得

广西的程小姐在某购物网站看中了一条欧根纱连衣裙，售价299元，还可以免费领取10元无门槛优惠券。由于临时有事没有立即下单购买，她加入了购物车以免下次找不到了。到了第二天上午12：00，程小姐再次打开网站，却无意间发现店铺有新款上架，样式比之前看上的欧根纱连衣裙更漂亮，程小姐非常心动，所以，放弃了之前的选择，以352元的价格购买了一件刚刚上架的背带裙。

原来，该店铺会在每周一10：00准时上新，新款服饰会在折扣优惠力度上有所减弱，而在价格方面高出一筹。原因当然好理解，但选在每周一的时间点定期上架也有大学问。“每周一发新款，先见先得，限量发售”，这是购物网站发出的另类促销口号，意在提醒消费者，新款不多，欲购从速。

这就是特定周期促销的常见案例。新品指定周期上新最直接的好处是增加权重，电商平台系统对新品是有内部扶持的，同时，每一个大的类目下有众多的产品，消费者要从这千万个产品中挑选出你店铺的产品其实不是件容易的事情。关键是获得一个好的排名，越靠前越有优势，而这些就可以通过

促销活动吸引消费者来达到。

新品上架以后就需要进行综合性工作以提高流量、点击率和成交率。销量提高了，排名自然就靠前了。当然，新品不一定要一上架就进行促销活动，可以充分利用新品的优势，提升店铺整体质量。那如何推送新品，通过促销活动打造爆款呢？如图2–7所示。

图2–7　新品打造爆款的步骤

1. 确定主推款

新品成为爆款的前提是店铺有自己的主推款，就像一支舞蹈团体中要有领舞的人。主推款的存在就是告诉消费者，这是本店力推的新品，性价比高，值得购买。抓主要矛盾才能解决主要问题，否则，过于全面反而没有太大效果。

2. 前期测试

一个新品是否有成为热销款的潜质，关键是要看前期测试的效果如何，也就是让市场告诉经营者这个新品能不能成为“明日之星”。测试方法可以借鉴以下两种手段。

（1）有一定基础的店铺，将新品放在店铺显著位置，例如，店招、关联详情页以及宣传海报等。如果转化率高于店铺平均数值，而且加购量也比较高，就可以做主推款式。

（2）淘宝直通车测试。将产品放在直通车查看其点击率、收藏以及展现次数等，也可以通过生意参谋等数据分析工具，对关键词进行优化，为的是能及时调整，减少不必要的投入。

3. 赠品差异化

当新品有太多的类似竞争者时，经营者就需要扩大产品的差异化。例如，家庭便携式体重秤，其功能和外观都没有太大区别。如何作出差异化？商家可以依据使用人群制订促销方案，比如，经常使用体重秤的人肯定比较关注自身健康。而且研究表明，减肥的女性更关注自己的体重。

健康、减肥、女性，这些都是目标人群标签，可以将差异化放在赠品方面：暖宝宝、保温杯、围巾、有特色的筷子、勺子等小物品。体重秤可能没有太多区别，但赠品突出差异化也可以吸引消费者。

实际上，有了新品主推款，在打造爆款方面就有了目标方向。同时，还是保持每周一发新款的特定周期促销手段。从心理学角度看，人都喜欢新鲜感的事物，需要向消费者传达这样的信息：我们的店铺每周都会带给你惊喜，新鲜感不断哦！而将上新时间定在每周一则是将这种新鲜感锁定在特定的时间点。

如果店铺新品确实性价比高，肯定可以吸引消费者的注意力，引流、提高转化率和销量都不是问题。但是，将新款上架时间定在每周一也有个问题，那就是上班族都在办公室中忙于工作，可能会让不少上班族错过抢购机会。所以，有些店铺会针对目标人群总体状况灵活制订上新和开抢时间，这也体现了店铺人性化的经营模式。

2.4.2 每月1日，全店9折

每月的1日是淘宝平台某药店的特价会员日，届时全店药品、医疗器械均为9折，同时，还有其他优惠福利送不停，全面让利消费者。比如，满298元送5L大豆油一桶，满198元送洗衣液一桶，还有移动支付送等值金币活动，10个金币抵扣1元现金等。所以，在会员日期间店铺访客络绎不绝，在线客服也忙个不停。可见，如果做得成功，特定周期的促销活动也会引爆会员日。

王先生是这家网上药店的老客户，他经常在该店买药品、买奶粉。上个月的会员日他还为瘫痪在床的父亲买了把轮椅，价格优惠了不少，还免费送货到家。同时，店铺客服人员的服务态度也不错，有什么问题都会及时解答。

特定周期促销运用的是消费者对打折优惠的心理追求，给打折活动制定一个时间点，既能给活动组织者一定的准备时间，也能够制造某种营销氛围，为促销活动造势，尤其是一些大型品牌店铺，在特定周期促销中可以发挥联动效应。

通常这种每月1日的打折活动是与会员活动联系在一起的，即1日是特别优惠日也是会员特价日，这样做既可以增强活动的重复性，也能够吸引更多的消费者为享受这种优惠而加入会员俱乐部。综合来看，特定周期促销活动具有很多现实意义，如图2-8所示。

研究消费行为

个性化服务

第三方合作

图2-8　特定周期促销的现实意义

1. 研究消费行为

每月1日的促销活动通常是消费者消费的活跃期，在这段非常时期内，商家能够获取当天的消费行为数据，哪些品类的产品销量高，哪些点击率高？有没有退货现象以及原因是什么，如果适逢节假日对促销活动会不会产生什么影响？

这些问题都可以在这天的消费行为中有所体现，依据数据能够评估促销活动的效果，以及改进后续方案。这对一个商家或品牌商特别是大型企业具有十分重要的现实指导意义。

2. 个性化服务

特定周期的促销不仅仅是在指定时间段的营销活动，也是为消费者提供个性化服务的绝佳机会。例如，城市上班族的生活节奏快，时间紧张，不可能每天浏览所有的商业信息，这时就需要商家为其提供个性化的资讯服务。而每月1日的全店9折优惠就是为消费者主动筛选需要的信息，当然，实现这些个性化服务离不开大数据分析、客户画像等技术支持。

3. 第三方合作

在一月一度的特定周期促销中，主办方当然也可以联合第三方零售商进行组合营销，让消费者享受更多优惠，同时，主办方和第三方在合作中也实现了共赢局面。

特定周期促销以重复性、联动性的优势受到众多商家热捧，所以，在生活中我们常常可以看到许多电商的指定日期活动，比如，每周三部分新品6折促销，每月15日免费体检等。商家既有了促销的名义，又能够维护老客户和发展新客户。

第3章 奖励促销

3.1 抽奖式促销

3.2 互动式促销

3.3 优惠券促销

奖励促销，顾名思义，是客户完成指定要求后，商家或主办方给予一定的报偿作为奖励的促销方式。在消费者看来，轻松点击签到按钮或收藏一下，即可获得有价值的金币，实在太划算了。特别是对网站或品牌的忠实粉丝来说，每天签到已经成为习惯。

例如，武汉的李女士每天晚上临睡前都会打开一个购物APP，点击左上角签到按钮，尽管李女士的丈夫认为这样做太无趣，没什么意思，但李女士还是日日坚持。

奖励促销除签到这种互动式促销外，还有抽奖式促销和奖励优惠券的促销方式。试想，参与一次抽奖就有机会获得1999元现金大奖或成为幸运客户获得丰厚奖品，这是多么有诱惑力的事情。而且，多数商家设定的参与门槛并不高，这也激发了消费者的参与热情。而优惠券式奖励促销则更直接明显，消费即送百元优惠券，可直接抵扣现金。所以，抽奖、签到互动、优惠券都是商家奖励促销的重要策略。

3.1 抽奖式促销

一张小小的彩票只需两元钱，却可能改变中奖者的生活，使其走向人生巅峰，这就是彩票吸引众人的超强魅力。这种抽奖活动尽管存在很大的不确定性，但也抓住了参与者对中奖的追逐心理。因此，抽奖式促销屡试不爽。

抽奖式促销活动的重点是电商平台烘托现场紧张热闹的气氛，让参加者满怀期待，让浏览者驻足观看跃跃欲试，众多奖品一字摆在“商品详情”页，本身就已经激发不少人的参与热情。同时，抽奖活动是有限定门槛的，商家可以根据产品品牌和宣传主题设定参与条件。

比如，本节接下来要讲的两个案例，购买格力电器，即有可能抽得1999元现金大奖和今日下单均可抽取幸运奖，就是抓住了消费者对奖品的追逐和独占心理来开展促销活动。

3.1.1 购买格力电器，即有可能抽得1999元现金大奖

2017年7月初，某网上商城开展了“买格力电器，抽现金大奖”的优惠促销活动。参与活动的电器包含格力旗下多款系列产品，空调、电风扇、电饭煲、热水器等，消费者只要选购其中一款产品，就会获得一张奖券，凭此奖券可参与9日晚举行的现金大抽奖活动，现金奖励最高1999元。也就是说，购买格力电器，即有可能抽得1999元现金大奖。

夏季来临，温度升高，以空调为主的家用电器进入销售旺季，因此商家举办买电器抽奖活动，带动消费者的选购热情。除抽取现金大奖外，电器商铺还有满额减、满额送等优惠促销活动。

就像福利彩票，两元钱一张彩票，中奖以后就可能成为千万富翁，所以许多人趋之若鹜。从心理学看，人对“以小博大”总是充满期待，希望自己是那个中奖的人。在消费者看来，购物之后可以参与抽奖，而且奖品如此丰

厚，这种优惠当然具有强大的吸引力。

比如，炎炎夏日，当你正在考虑要不要在客厅安装一台空调，这时浏览网页看到：今天晚上有抽奖活动，一等奖为价值1999元的品牌空调一台。看到这些是不是很心动？消费者会主观认为，如果参与抽奖，那奖品很可能属于自己，而且一等奖只有一名。消费者当然希望自己中奖而且是独占一份。

所以，商家可以运用消费者对意外所得的心理期待感设置促销活动，当然，不可能设置无门槛抽奖，想要参与抽奖当然要满足特定条件，比如，一次性购物满1000元或者购买指定产品。抽奖式促销属于有奖销售的一种，除抽奖外，有奖销售还有以下三种方式。

（1）加价购，即消费者支付所购产品以后，再支付一定金额即可获得赠品，加价的多少按实际赠品价值确定。

（2）积分换购，比如，中国移动举行积分换购促销活动，50个积分可以换得一只保温杯。消费者很难估计这种奖品的实际价值，也就是商家模糊了赠品价格，突出了换购的特点。这是众多商家常用的有奖销售模式。

（3）额外赠品，比如，购买手机赠手机壳、手机膜等。

而抽奖式促销是运用了消费者的博弈心理，以奖品对消费者产生刺激效应。研究表明，消费者的注意力程度与外界刺激时间、强度和频率有密切关系。奖品的价格越高对消费者的刺激越强烈，“买电饭煲送iPad”和“买奶粉赠洗衣液”相比，很明显前者的刺激效果更强烈。

所以，商家在设置奖品时，要以实际情况确定奖品价值和规模以及中奖比例。当消费者的注意力被奖品所吸引时，往往会忽略奖品的实际价格，或者消费者很难对奖品作出精确的价格比对。

当然，抽奖式促销并不适合所有的促销要求。一般来说，在需要主推新品、产品更换包装、维护老客户、提高市场占有率时，可以采用抽奖式促销。因为人们对抽奖过程的记忆程度远大于直接获得奖品。这种抽奖式促销从心理学上符合立即报偿和延迟报偿的概念，如图3–1所示。

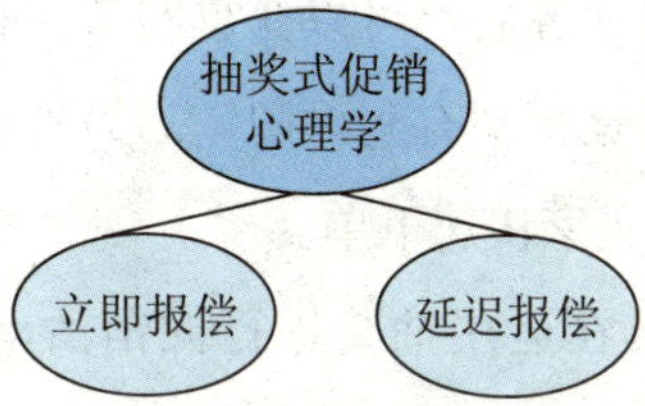

图3-1 抽奖式促销心理学

立即报偿指的是消费者在支付所买商品后，商家马上按照规定给予指定优惠，或打折，或送赠品。比如，充话费赠流量、买一赠一等。而延迟报偿指的是消费者在购物之后，可能会得到不确定的回报，例如，满998元可参与抽奖活动，或者是前面提到的“购买格力电器，抽取1999元现金大奖”等。这都是商家给予消费者的另一种形式的报偿。

不同的消费者可能倾向于不同的报偿方式，有人喜欢立即获得一定赠品，不愿意等待，因为人的本能是寻求风险最小的选择；而有的消费者可能会耐心地选购商品宣传页所列的各种商品，然后去兑奖或换购。所以，对商家来说，确定什么样的抽奖方式需要按照实际情况和促销主题设置，以达到预期目标。

3.1.2 今日下单，都可抽取幸运奖

在五一期间，京东某品牌的榨汁机举办了一次促销活动，凡是5月1日当天下单都会赠送一口双立人的锅，而且还有抽取幸运奖的机会，每个抽取幸运奖的人都有机会获得金额不等的奖励，最高奖励可免单。

此品牌店铺这样设置幸运奖项，目的是激励更多的买家关注。之所以设置每个抽奖人都有大小不等的奖励，是因为之前很多店铺都设置了抽奖环节，但很多买家都抽不到想要的奖励，有些卖家甚至根本没有奖励，只不过把抽奖环节当作一个噱头。这使得很多买家经历过无奖可得的情况之后，现在即使有机会抽奖，也对这种促销活动没有感觉，甚至还有人根本不会参加。

设置每个人都有奖励机会的方法很容易把买家吸引过来。从春节期间支付宝开展集五福平分2亿元现金就可看出，之所以有那么多人加入集福活动，

最重要原因是每个人完成任务后都可以获得实实在在的奖励。所以，抽幸运奖也是一样，要让抽奖者觉得“有利可图”。另外，设置每个人都有奖励的这种促销模式，还能激发买家快速下单。

具体来说，营销人员在运用抽奖进行促销活动时，要注意以下三个问题，如图3-2所示。

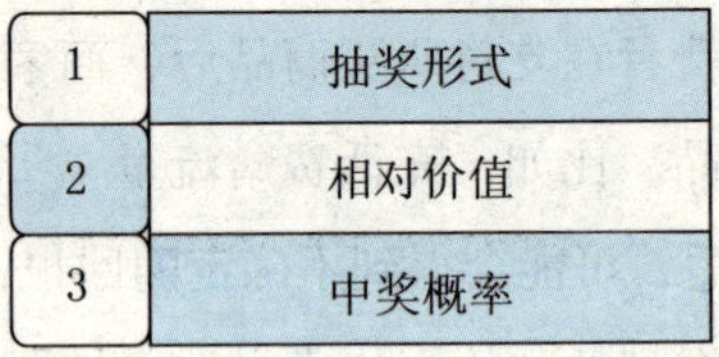

图3-2　抽奖式促销活动的注意事项

1. 抽奖形式

上一小节提了抽奖式促销运用到的心理学效应——立即报偿和延迟报偿，所以，主办方以什么形式进行抽奖促销非常重要，通常要结合产品、品牌、时间甚至地域情况来确定抽奖形式。例如，饮料“再来一瓶”的促销方式，就属于满足消费者对立即报偿的要求，也可以给消费者制造惊喜，因为很难从一瓶瓶饮料的外观看出哪一瓶有奖。而且，饮料单价都不高，消费者不会过于计算因此承受的风险。

2. 相对价值

这里的相对价值指的是用于回馈消费者的奖品的价值，在实际促销活动中，100 元的奖品不一定比50元的奖品更能让消费者激动。同时，商家要注意模糊奖品的价格，即不说明奖品到底值多少钱，因为这样消费者很难精确计算获得奖品和抽奖本身所付出的代价。

例如，如果主办方规定：“满399元可抽奖一次，获取神秘豪华礼品”，但最终所谓的神秘礼品只是一个浴花，超市同品牌同款式标价为8.9元。当然，这只是举个例子，现实中不会有这样极端的抽奖活动。

3. 中奖概率

中奖概率的多少直接影响抽奖促销的整体效果，所以，营销人员要提前规划好抽奖活动的中奖概率，一般都是按照等级奖项设置，但像彩票这种中奖概率超低的事件，消费者的购买欲望不会非常强烈，但当活动的中奖概率很高，或参与者较少时，消费者的热情就会高涨起来，认为自己会中大奖，可以独占丰厚奖品。同时，营销人员要设置好中奖概率，不能过高也不宜过低，合理使用活动经费。

从本质上来说，抽奖式促销是销售的一种，而不是抽奖。商家要把营销贯穿于抽奖促销活动的全过程，不仅仅是销售产品，品牌理念、企业文化、未来愿景等信息都可以在促销活动中向消费者传达和展示。同时营销人员要将产品品质放在首位，即使是作为奖品的产品也要保证质量，不能让消费者认为奖品、赠品没有品质保障。

3.2 互动式促销

不管是签到有礼、来了就送的签到促销，还是收藏有礼、收藏就打折的收藏奖励式促销，都属于互动式促销范畴，即强调激发用户的主动行为，同时，给予参与者特定报偿：金币、会员特权、经验值等。并且，这些奖品本身代表特定的价值且能够用于“消费”活动中。这也是用户坚持签到，点击收藏的主要目的。

互动式促销是以消费者按照规定完成某项动作，商家就立即给予承诺的有价值的“礼品”，这种奖励促销被广泛用于各类网站、APP等，比如，淘宝签到送淘金币、大姨妈APP签到送金币、先收藏再拍下有礼包等。

3.2.1 签到有礼，来了就送

2016年4月14日，乐视发起“硬件免费日”促销活动，同一天，乐视视频官方微博发起#不试不知道#的话题，以幽默诙谐的语气巧妙开启了签到抽奖活动。好奇心重的网友纷纷下载乐视视频APP，想看看到底会试出什么，结果，真的是不试不知道，有人试出乐视视频的超级会员尊享资格，有人试出了免费的乐视生态硬件豪礼，还有人试出了卓越的观看体验。

此次乐视视频APP开启的签到送礼促销活动，让用户签到即可，过程简单，结果惊喜，还可以轻松收获心满意足的豪华大礼包。微博话题#不试不知道#上线以后，受到了网友的热捧，发布不到1小时，就火速攀登微博热门综艺话题前三甲，阅读量短时间内突破千万级别，#不试不知道#体验也成为网友热议的话题。

试过之后，网友留言："真的是不试不知道，一试竟然中奖啦，太神奇了""乐视视频APP 值得一试""试过之后，果断路转粉"。随着网友的热议，微博话题的火爆，乐视视频APP的签到有礼活动也进入高潮。根据后台数据统计，在#不试不知道#微博话题公布当天，即有超百万用户完成签到任务。

乐视视频以签到方式圈粉无数，而网友看重的就是签到能兑换真正的豪礼。此外，乐视凭借一系列的硬件和生活周边产品，包括手机、电视、会员资格、充电宝等产品，进一步拓展了用户的体验，也真正诠释了乐视"无破界不生态"的生态理念。

动动手指即可完成签到，一次简单的签到却融入了深刻的营销含义，乐视大手笔投入签到促销活动，意在通过用户行为拉近距离，获得用户的信任和喜爱，进一步增强用户黏性。当然，除了乐视外，其他商家也有各自的签到方式来吸引用户，维护用户忠诚度，避免资源流入竞争对手那里。

签到是商家经常使用的促销方式，而且，签到模式容易走向同质化。消费者很难对没有任何创意的促销方式产生太大兴趣，同时，也不会信任华而不实或言过其实的签到礼品承诺。以互联网签到方式为例，一般来说，大部分都是签到送虚拟金币，金币可抵扣相应额度的现金。例如，淘宝店铺签到得金币，金币可以用来抽奖和半价兑换，新浪微博签到赚积分、百度知道签到赚经验值等，市场上众多类型的APP也都有很多形式的签到奖励。

有人说，现在签到促销遍地都是，早就该被淘汰了，真的是这样吗？淘宝还在签到送金币，马云难道不知道签到促销满大街吗？当然知道。之所以还在使用这个功能，当然是因为有价值，能够吸引用户、留住用户。

虽然创意性营销方式很重要，但大家都在使用的常规方法也一定有道理，毕竟存在即合理。然而有些营销者并不重视签到功能，转而寻求更有创意、更有趣的促销方式。但事实上，签到、金币、积分依然还有很大作用。那常规的签到功能如何设置才能发挥更大的促销作用？如图3-3所示。

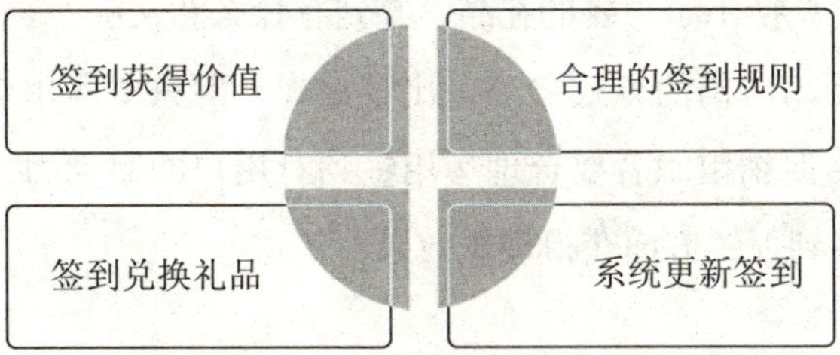

图3-3　如何设置签到功能

1. 签到获得价值

站在用户的角度看签到能够获得什么。签到得金币也好、加积分也好，或者是其他被固定化的东西，对用户来说，正是这些能够直观看到的有价值的存在成为每天坚持签到的动力。因为这些金币、积分都可以转化，也就是带给用户实际的价值，这里的价值不一定特指可以抵扣现金。

2. 合理的签到规则

站在运营人员或网站开发人员的角度看，制定一套合理的签到规则至关重要，也就是突出签到带来的奖励性、强化性和持续性。有的用户是为了单纯获得有价值的金币，而有的用户是偏好签到的过程，看着签到带来的经验值的增长，有一种满足感。

比如，第一天签到得2个金币，第二天签到得4个金币，以此类推，连续签到达到一定天数后，金币数稳定在某个值。同时，除签到外，还可以增加金币获取途径，如分享给朋友、做任务等。

3. 签到兑换礼品

以游戏APP为例，系统规定只要在规定日期内连续签到满28天，即可免费领取宝石弯刀、黄金武器等礼品，还有机会获得商城非卖品，以及获得让其他玩家惊羡的神秘好礼。这种主动兑换礼品的行为可以增加用户的签到的动力，即免费获得玩家用钱都买不到的礼品，当然要坚持签到啦！

4. 系统更新签到

签到是一种常规的促销方式，但也要在具体内容上有所创新，不能一成不变，否则，用户失去了新鲜感，也就失去了坚持签到的动力。试想一下，如果签到得了许多金币，但金币能够兑换的礼品总是那几样，没有任何变化，金币再多也兑换不了想要的礼品，签到有什么意义呢？

签到作为互动营销的方式之一，比较常规，但只要运用得当也会发挥积极的营销作用。促销组织者要合理运用签到对用户的驱动力，给予用户价值补偿就能够在签到促销方面获得理想效果。

3.2.2　收藏有礼，收藏就打折

每年双十一购物狂欢节前夕，爱网购的消费者都会在购物车中加入不少宝贝，以备在双十一当天直接下单购买。而卖家也不会闲着，都铆足了劲头比销量、比流量。在奖励促销范畴内，除了抽奖式促销外，还有上小节的互动式促销——签到促销，收藏当然也可以成为促销手段。

"收藏有礼""收藏就打折""先收藏再下单有优惠"，这些都是淘宝卖家常用的收藏引流方法。对客户来说，先收藏下来，即使现在没有下单，日后也可以根据收藏结果直接找到购物页面，省去重复搜索步骤，方便快捷；对卖家来说，收藏量高，对宝贝或店铺排名也会有一定好处。通常情况下，我们所说的"收藏有礼"中的"礼"多是虚拟货币、优惠券或流量。

客户在浏览某件商品后，决定是否收藏，一方面有主观原因，另一方面也包含卖家引导因素。例如，淘宝对新品有14天的扶持期，在期限内为提升单品的收藏量和点击量，可以运用某些活动，比如，收藏减现、收藏开红包等。即使没有成交，客户收藏了你的单品，也是有好处的，特别是对新店铺来说，有收藏，有销量，才会获得更多展现机会。

引导客户收藏单品或店铺的思维没有错误，但与最终的成交还有一定距离，那如何拉近这段距离？主要是做好内功，让客户真心实意地收藏，最终

下单购买商品，如图3-4所示。

图3-4　提高收藏量的技巧

1. 产品主图

研究表明，人的大脑接收外界信息的5种途径中，83%是通过视觉传输的。也就是说，人的眼睛看到的信息在大脑中枢中占有重要地位。客户在浏览购物网站时，产品图片同样发挥着重要作用，有人说，淘宝卖的就是图片，这种观点可能过于极端但不无道理。图片的精美程度、细节展示、清晰程度，这些都会影响客户对产品的判断。所以，商家要注重产品图片的展示，既要有差异化，又要醒目，最好让客户看一眼就心动。

2. 宝贝详情

如果产品比较大众化，就需要突出承诺，比如，无理由退货、赠送运费险等，甚至可以承诺其他卖家没有承诺的方面。如果产品是自制原创，则要突出产品优势，例如，自制榆木小凳子，可以在宝贝详情展示手工制作过程、规格尺寸以及特别之处。总之，要有自己的产品信息，也要让消费者有购买的欲望，毕竟消费者一直追求的是物超所值的产品。

3. 忌盲目推广

收藏、点击、重复购买率，这些都会或多或少影响产品和店铺的排名，但忌盲目宣传推广，没有计划地进驻直通车、第三方免费活动等，不仅耗费精力和资金，效果也不一定好。店铺引流推广是需要时间沉淀的，即使新品在扶持期内并没有太好的表现，也不要丧失信心。要知道，自然搜索引流成交要各方面工作做得到位。

4. 收藏有礼

前面提到了很多卖家提供的“收藏有礼”的“礼”，是虚拟货币或优惠券或流量，不是实物礼品。例如，收藏送淘金币活动，就是买家在收藏后店铺赠送一定额度的金币作为报偿，看似普通的促销手段却可以吸引流量，因为有些买家会在付款时习惯使用淘金币抵现金，所以，卖家当然不会放过获得金币的机会了。

当下网红众多，却只有papi酱获得1200万元融资，并荣登“2016年第一网红”宝座，靠的是什么？是精品，原创内容。促销活动也是如此，优质产品+精美网站宣传，当然能够俘获客户的挑剔的心。

除签到有礼、收藏有礼作为奖励促销方式外，流量奖励也可以成为吸引客户的绝佳噱头。现在移动互联网快速发展，客户手机中的流量用得越来越多，如果以赠送流量作为奖励内容进行促销活动，势必能够吸引更多的客户。

例如，关注微信公众号送流量，客户关注以后不仅可以获得优惠流量包，还能够参与公众号商城促销活动，引导客户在关注以后产生更多的可能性消费行为。流量奖励促销具有实时发送、瞬间到达的优势，能够有效节省促销成本，提高转化率和客户体验度。

3.3 优惠券促销

消费购物赠送优惠券很常见，从促销角度看，优惠券能够提高知名度，因为优惠券本身除了币值信息外，还含有商家信息。无形之中为商家做了宣传，当然会提高知名度和影响力。

“持此优惠券，下次光顾优惠100元”，这是以本次消费为前提，在优惠券的媒介作用下，吸引消费者二次消费。优惠券既然能够优惠100元，当然，消费金额肯定要高于100元，否则，商家要亏本。

“拿此抵扣券，可充当购物款”，则不显示优惠券的具体币值信息，只用于抵扣部分。例如，20元的抵扣券，可以在结算时自动减免，完成购买。而现金券一般不兑现，不找零，有明确的使用期限，过期不补。

商家注重优惠券的使用是以此激发消费者的购物动力，有了优惠券就相当于省下一部分现金，和满减有类似之处。本节就重点介绍优惠券的促销使用。

3.3.1 持此优惠券，下次光顾优惠100元

“持此优惠券，下次光顾优惠100元”，这是大学生艾莉在聚美优品购买了总价458元的护肤品套装后，店家赠送给艾莉的100元电子优惠券。优惠券上显示“满199元即可使用”，店家客服人员告诉艾莉，下次只要一次性购买满199元的产品即可使用该优惠券。

购物赠优惠券是商家常用而又行之有效的促销手段，特别是在竞争激烈的行业，各种促销方式层出不穷，赠送优惠券既可以提高销量拉动业绩，又能够扩大知名度、维护老客户、开发新的客户资源。因为使用优惠券，消费者能够直接享受看得到的利益，能够直接省钱，比起抽奖赠金币等促销形式，来得更实在一些。

例如，2016年9月5日，魅族在新品发布会上发布了首款大屏手机“魅蓝Max”，并宣布将9月12日定为“魅友节”。该活动9月5日正式启动，一直持续到9月12日。同时，魅族商城同步推出一系列优惠活动，还霸气送出1亿元优惠券。12日当天，魅族商城官网举办了现货发售活动，相关配件5折起售。

而在广大魅友比较关注的优惠券部分，魅族在9月8日到9月12日期间，每天10点、20点限量发放优惠券。活动期间，广大魅友可以以超值优惠价购手机，比如，50元或100元优惠券可直接用于购机结算，参与机型包括魅族PRO 5、魅蓝3以及旗舰PRO 6等。

同时，除自家品牌产品外，魅族还与大疆无人机、先锋耳机以及乐心运动手环等举办联合优惠活动。此外，魅族商城在魅友节特卖活动期间推出分期免息活动，让想参与活动但手头资金紧张的魅友们放心购，主要有3期、6

期免息以及魅族MX6可12期免息等。

优惠券、品牌联合、分期免息等，还有分享微博赢取免单、玩游戏抢红包等实惠活动，让魅族的首届魅友节无比热闹。

9月13日，魅族公布此次魅友节战绩：总订单金额破4亿元大关，超25万魅友下单，1100万独立访客。除此之外，魅族配件和第三方商品销售额也突破千万，魅族有50多家合作商家，第三方品牌商品品种超过280种。可见，魅族通过本次大促销活动赚得盆满钵满，第三方友商也获益不小。

优惠券在促销活动中发挥着重要作用，对消费者方面说，优惠券是享受特殊权益的通行证，手持优惠券即可享受商家提前约定好的优惠。同时，优惠券的类型也多种多样，包括折扣券、现金券、礼品券、特价券、换购券、通用券等。对商家来说，类型众多的优惠券是一种刺激消费者购物的方式，各种各样的优惠券也构成了优惠券经济现象。

从促销角度看，使用优惠券当然是想提高销售业绩，但不是所有的消费者都愿意为优惠券买单。所以，需要区分优惠券的使用人群特征，如图3-5所示。

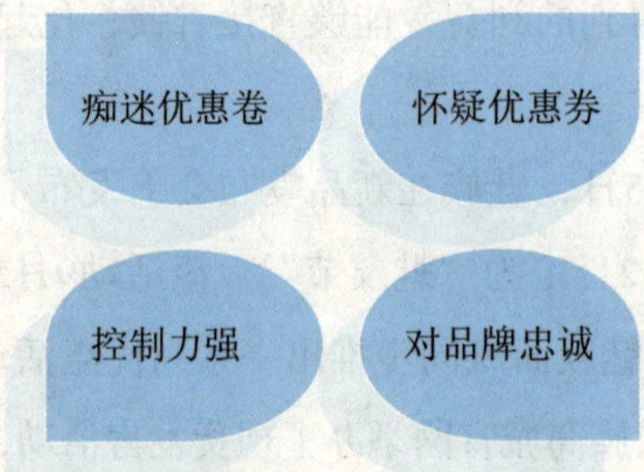

图3-5　优惠券的使用人群特征

1. 痴迷优惠券

这类人一般会想尽办法收集各种类型的优惠券，甚至构成一个“券客”群体。即使优惠力度不是很大，但对“省吃俭用”型的痴迷优惠券人群却有足够的吸引力。但这类人往往没有品牌忠诚度可言。

2. 怀疑优惠券

这类人群会使用优惠券，不会过分追求优惠券，但也会被优惠券打动。

例如，同一类型的洗发水，怀疑优惠券的人会因为这个品牌没有优惠券而转身选择另一家有优惠券的产品。也就是说，这类人可能不会痴迷优惠券，但如果有优惠券也不会放过省钱的机会。

3. 控制力强

消费目标明确、控制力强的人，即使有优惠券活动也会根据实际的消费需求来选择，而很少被眼花缭乱的优惠信息迷惑。

4. 对品牌忠诚

这类人会因为倾向于某个品牌而具有更坚定的目标选择，相比优惠券和打折活动，这类人更关注品牌和质量。所以，商家可以适当弱化优惠券因素，转向差异化和高质量的客户体验，以吸引品牌的忠实粉丝，维护该类客户资源。因为他们不会轻易受优惠、打折等活动影响而改变对品牌的支持度。

所以，优惠券可以对促销产生积极影响，但要根据实际情况有针对性地使用。优惠券可以区分消费者类型，能够指导促销活动，特别是大型促销活动，比如前面提到的魅族的魅友节活动，参与促销的产品类型多，人数众多，就可以使用优惠券，因为消费者群体细分不明显。特别是选购中低端机型的消费者，可能更在意是否有优惠券以及优惠券的优惠力度。

商家把握好优惠券的使用范围和力度，合理规划折后利润率，就能够在优惠券促销活动中实现良好的促销效果。

3.3.2 拿此抵扣券，可充当购物款

2016年9月20日，山东德州市民胡先生拿到了加油站赠送的电子抵扣券，随即到加油站的便利店选购了两罐饮料、一盒饼干，共消费15.8元，用手机扫码使用了一张9元的电子抵扣券，实际支付6.8元。胡先生表示，自己刚刚在加油站加了300元的汽油，工作人员就赠送了一张价值9元的电子抵扣券，加油送抵扣券太划算了。

这是山东德州加油站举办的“加油赠抵扣券”优惠大酬宾活动，只要参与此活动的人均可享受加油赠抵扣券优惠。具体细则规定如下：

一次性单笔加油满100元赠送3元电子抵扣券一张，满200元赠送6元电子抵扣券一张，满300元赠送9元电子抵扣券一张。同时在活动有效期内，客户可在规定的便利店内使用该电子抵扣券购物，一次性消费满5元可使用3元抵扣券，满10元使用6元抵扣券，满15元使用9元抵扣券。

另外还规定，本次活动从2016年9月20日到12月20日，持续3个月的时间。超长的活动时间可以为更多的客户带来真正的实惠。电子抵扣券可购买除烟草、酒类外的日用商品，并且不可兑换现金以及拆分使用，不设找零，抵扣券可累计使用，单笔消费满400元以上最多可抵扣20元。

不同加油消费等级对应不同价值的抵扣券，同时使用抵扣券要达到一定的消费额度，并且有最高限额。电子抵扣券活动得到了众多市民的支持，司机薛师傅说，自己经常在这家加油站加油，开展“加油赠抵扣券”活动后，自己可以凭获得的抵扣券抵扣现金，这样的活动实实在在省钱，回头要把这个好消息告诉自己身边的亲朋好友，还要发到朋友圈让更多的司机同事看到，让他们也参与这个活动。

抵扣券充当购物款，消费者也能够从抵扣券中获得看得到的实惠，有人会问，既然可以用于减钱，为什么不直接降价，这样可以省去使用抵扣券的中间环节，主要原因有以下两个方面，如图3-6所示。

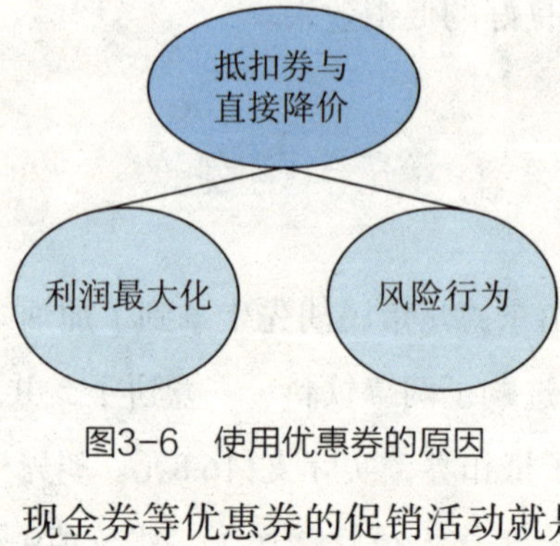

图3-6　使用优惠券的原因

一方面，抵扣券、现金券等优惠券的促销活动就是运用了价格歧视策略对客户进行区分，商家以此为界限实现利润最大化。

假如不考虑其他因素的话，我们将消费者单纯地分为“穷人”和“富人”，即愿意付出时间和精力搜索获取优惠信息的“穷人”和不在意优惠券而直接付款的“富人”。抵扣券、现金券等优惠券的存在实现了消费者剩余的最小化和利润的最大化。

这里的“穷”和“富”并不单指经济能力的强弱，而是指消费者面对同一件商品或同类产品时支付意愿的高低。对商家来说，当然是消费者消费得越多越好，利润能够实现最大化，也就是更多可能的消费者愿意支付最高价格为商品买单。只有这样，商家才能够获得更多的财富。

例如，甲想用5元买一瓶饮料，但实际价格为4元，当完成购买以后，甲手中还剩余1元。就像前面提到的胡先生使用了抵扣券以后，本来应该是15.8元却实际只支付了6.8元，这省下来的9元就是消费者剩余。而对胡先生来说，这9元就是额外获得的。所以，这就是商家会频繁使用抵扣券，而不是单纯降价搞促销活动的主要原因。

另一方面，直接降价是有风险的促销行为，主要有以下三点原因。

首先，降价活动虽然在短期可以拉动销量增长，但从长期看，不利于品牌意识的强化，比如，一件499元的大衣，在一个季度内频繁降价，最低时甚至降到了169元。消费者会认为原价499元，商家肯降到169元，说明这件衣服的原价过于虚高。一旦恢复原价或涨价，其负面影响会比较大。

其次，降价可以快速提高市场占有率，但市场波动是没有指定性和稳定性的，所以，单纯降价不会增强商家的抗风险能力，反而当市场出现不利因素时，往往降价损失最大。

最后，一件产品，特别是成熟型产品，其价格都是固定的，比如，一瓶普遍的矿泉水一般是1~5元，如果有商家降到0.5元甚至更低，势必会导致同行业内其他商家的不满甚至反击。而且事实也证明，消费者不一定会为单纯打价格战的产品买单，相比价格，更多的消费者还是注重品牌、品质以及服务质量。

3.3.3 现在下单，即送现金券

一家淘宝店铺主营潮流女装，目标群体为都市年轻女性，按年龄分为两种目标客户，分别是16~22岁的学生群体和22~28岁的白领人群。店铺客单价

平均200元，转化率约为3.12%。为提高店铺整体销量，2017年七夕节前夕，该店铺开展了“浪漫七夕你买衣我送现金券”的优惠大促销活动。活动规定如下：

活动时间：2017年8月6日00：00—9日23：59

活动规则：一次性消费满199元赠送50元现金券一张、满299元赠送80元现金券一张。另外，该店铺还有两件包邮、满额减、满299元可任意挑选一件服装配饰（主要是胸针、吊坠、硬币包等）的优惠活动。

此外，该店铺还为消费者准备了5元无门槛优惠券、10元和15元的限定优惠券，可立即领取，下单结算时使用。对于现金券，客户只要成功下单即可获取，并可以在下次消费时使用。只要单次消费满100元即可使用50元现金券，满150元可使用80元现金券。

现金券是一种代替现金消费的一种票据凭证，主要用于商家促销活动，在规定条件内可以当作现金消费，但一般不兑现、不找零。商城、店铺、超市以及电影院等消费场所都将现金券作为常规的促销方式。

对商家而言，现金券是优惠促销手段，也是促使消费者进行二次消费的直接推动因素，同时，有利于采用线上线下联动营销策略。比如，有的餐饮店铺提供网上外卖服务，在订餐的同时，可以获取商家提供的现金券，现金券可同时用于线下实体店和线上订餐结算服务，一张现金券有两种用法。

再比如，当消费者已经消费过并且手中持有一张现金券时，在第二次选择时，对比没有现金券的店铺，他们很可能会优先前者。激发购买的因素有两点。

一是上周已经来这里体验过了，所以才有了手中的这张现金券，而且这家店的菜品不错，服务员态度也挺好。

二是对面的那一家餐厅虽然也体验过，但没有现金券活动。对比之下，消费者很有可能会选择第一家，特别是优惠券敏感型消费者，为了省钱当然会选择第一家。

尽管现金券的力度不是很大，但足以吸引一部分消费者，因为不消费，这张现金券就是一张废纸；一旦使用了，就可以省下一小部分钱。有省钱的方法为什么不用呢？

另外，优惠券除了直接赠予消费者外，还可以结合其他营销方式玩出新花样。比如，线上猜价送现金券的促销活动。在指定时间内，买家通过和客服人员沟通，提交猜价的答案，然后卖家根据答案向买家发送现金领取链接。这种方式的好处是增强与消费者的互动性，通过沟通对消费者的消费偏好进行了调查，为后续促销活动提供参考信息。其不足之处是操作比较复杂，需要简化流程，同时不降低客户体验。

现金券、抵扣券等都属于优惠券的范畴，即以规定的形式向消费者发放代表特定面值的票据凭证，可以是纸质或电子版，消费者凭此享受优惠。这种促销方式和团购有相似之处。从消费者角度看，优惠券和团购券都可以享有一定优惠，或打折，或代金。而两者又有明显的不同之处。

下面将介绍优惠券和团购券二者的不同，现金券、抵扣券等列为优惠券范畴统一讲述，如图3-7所示。

图3-7 优惠券和团购券的区别

1. 使用前提

优惠券可以在消费时直接使用，无须提前预交订金，而团购优惠需要购买团购券，到店消费时，向工作人员提供团购券码或验证短信等凭据之后，才能够享受优惠。

2. 折扣力度

一般来说，优惠券折扣力度较小且有使用时间等限定条件，而团购优惠活动力度比较大，多在8~9折之间。

3. 使用权限

消费者获得优惠券后可以不使用，相当于一种邀约，有选择是否使用的权利。而团购券多数都要完成交易，即购买团购券以后要到店消费，或者可以退掉团购券。

4. 使用人数

优惠券不限使用人数，而一张团购券多为拼团，例如，两人套餐、四人套餐等，对使用人数有限定。

优惠券和团购券都是商家频繁使用的促销手段之一，消费者可以根据情况选择使用，优惠券属于商家主动赠送，而团购券是商家提前设定的使用套餐，打折力度比较大。当然，在促销活动中可以结合多种优惠促销方式，力求达到更好的促销效果。

第4章 借力促销

4.1 时事热点促销
4.2 明星促销
4.3 依附式促销

借力促销的核心就是四两拨千斤，花100元的营销成本，要达到100万元的宣传效果。虽说有些夸张，但是有些人就做到了，而且还不止1万倍。

2015年10月，两会期间，格力董事长董明珠被媒体追问，与小米手机创始人雷军10亿元的赌约，董明珠轻描淡写地说："如果查一下小米的变化，他（雷军）已经撤销了这个赌约，因为当时他跟我赌的是产品，据说他现在已经进入房地产行业。我觉得，搞房地产就不符合跟我约赌的条件了。"

这个赌约源于央视"2013中国经济年度人物评选"。雷军向董明珠说："小米如果5年内营业额无法击败格力，自己输给董明珠一块钱。"董明珠直接还击说："一块钱不要再提，要赌就赌10个亿。"

从营销的角度来讲，一个赌约让媒体免费报道了两年，无论是对格力还是对小米来说，带来的宣传价值都不低于5000万元。

这就是借力营销的典范，一分钱没花，让媒体主动地、免费地为两家公司报道了两年。

4.1 时事热点促销

每一个热点事件，都会自带大量流量资源。对于营销人员来说，这些流量资源显然需要一个变现的出口，最终起到四两拨千斤的效果。其他的不多说了，接下来看图、看真相。

4.1.1 奥运会期间全场8.8折，我为冠军添力量

打开百度首页，我们看到排名前三的文章，如图4-1所示。

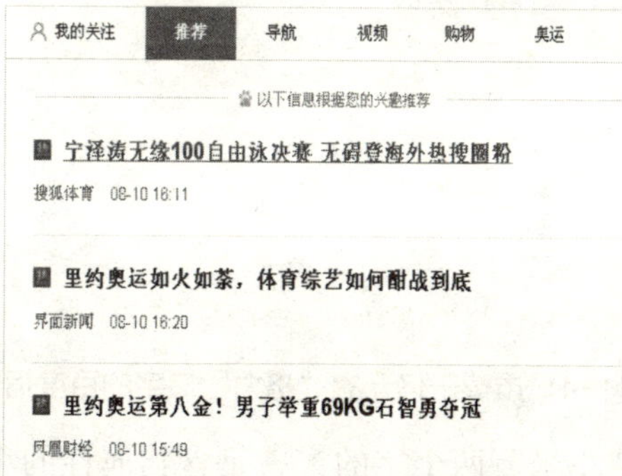

图4-1 百度排名前三的热点新闻

看了这个图片，你就会猜到这是奥运会。如果你仅仅关注奥运会事件，那么营销达人的称号注定与你无缘了，看到流量了吗，看到钱了吗？

如果还是没有看到流量，我们打开百度，搜索“百度指数”，看一下“奥运会”这三个字的流量指数，7天内指数达到210万。

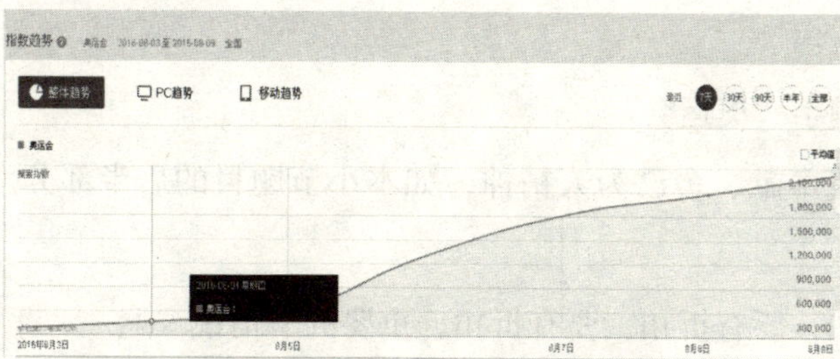

图4-2 “奥运会”三字的百度指数

如果不知道210万是多少，我们拿小米与格力对比一下。

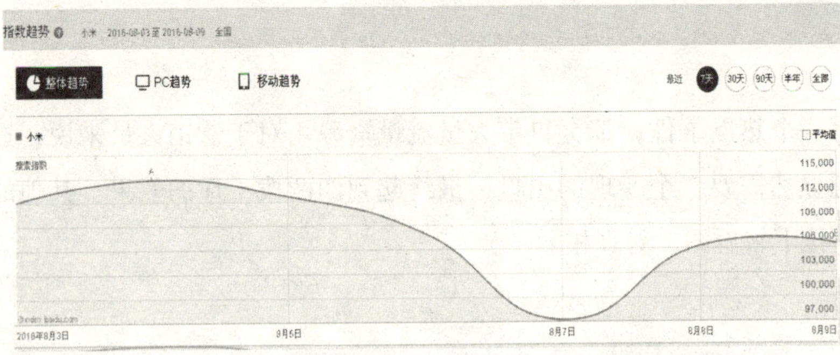

图4-3　市值千亿元的“小米”二字的百度指数

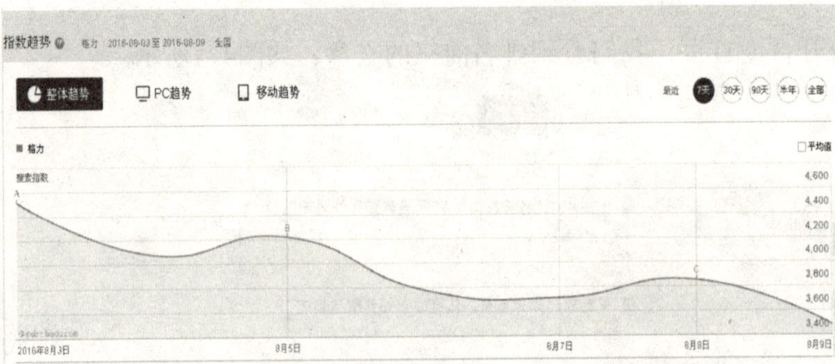

图4-4　市值千亿元的“格力”二字的百度指数

大家都知道带“小米”两个字的：一是食物属性的小米，二是手机属性的小米，也就是说，小米手机的真实指数会低于11万。我们再看一下格力的数据，峰值仅为4600。两个市值千亿元的公司，加起来只是“奥运会”指数的零头。用数据来解释是最简单、最直接的。210万、11.5万、0.46万，这三个数字一比，是不是可以把后两者忽略了。

接下来的活，就交给你了。你要借“奥运会”这个年度热点做自己的促销。流程如下：

必带关键字“奥运会”。

突出自我奉献、舍己为人精神，如本小节题目的后半部分“我为冠军添力量”。

要有折扣，要有折扣，要有折扣，重要的事情说三遍。

于是新鲜促销标题出炉，“奥运会期间全场8.8折，我为冠军添力量”。

具体的促销方案，可借鉴其他章节的促销方案，当然有一个需要注意的，就是不要亏本销售。有不少促销人员认为：这么大的节日，一定要大降价。

为了对公司负责，为了让老板有能力给自己发工资，“大降价”不是“亏本大处理”，做促销不是让你保本销售，是让你适当降价，进而提升销量，实现利益最大化。

4.1.2 受南方降雨影响，下月起茶叶要涨价了

2016年夏季，南方持续普降暴雨，水患严重，导致安徽宣城、黄山、霍山、岳西，湖南益阳、岳阳、娄底，江苏苏州、溧阳、东山镇、金坛等茶叶主产区发生了不同程度的水灾。暴雨还导致茶农采茶和制茶时间延后，而按照往年惯例，9月底秋茶即可陆续上市，这一年可能要推迟，同时价格也有可能走高。受这些因素影响，茶叶经销商担心无法拿到茶叶货源，纷纷在茶叶生产商的网上店铺下单，提前交下定金。

在自然灾害导致茶叶产量可能下降、随之供应量可能减少的大环境下，茶叶价格很有可能走高，所以茶叶经销商纷纷提前交定金，以免茶叶货源受影响。这一系列连锁反应显示出商品的价格受多重因素影响。尽管大幅度涨价的声音并不高，经销商还是要提前做好准备。从此事件延伸到营销活动，也可以得出一些启示，例如，运用时事热点作为促销由头，即借力促销，也叫借势促销。

借势促销是对某些时事热点事件延伸和借用，将自身的品牌融入事件环境中，让消费者乐于接受的营销手段。例如，2016年9月16日8点，iPhone 7和iPhone 7 Plus正式在中国大陆发售，各品牌商早已按捺不住内心的激动，借势促销嗨起来！国内三大运营商肯定不会放过如此绝佳的契机推销自家的合约机服务，还有互联网公司、电商平台、商业银行也都搭上iPhone 7的顺风车。

比如，网易CEO丁磊借“测试” iPhone 7之名，高调献出自己的直播首秀，其营销目的当然是为自家的网易直播站台，相比马云、刘强东等在公众媒体面前的曝光度，低调的丁磊似乎“默默无闻”，所以直播首秀也让业界

十分诧异；京东商城依旧发扬快速直达的高效作风，顺势推出“移动商店一小时达”超快服务。

连一向端庄严谨的银行金融机构也加入了iPhone 7的借势促销大战，预购iPhone 7、信用卡积分兑换iPhone 7、理财就送iPhone 7 Plus等，总之，iPhone 7和信用卡、理财产品顺利结合，金融机构的借势促销也玩出了新花样。

借势促销也是促销，时事热点促销也是促销，这里要解决两个问题，即借什么势、促什么销。借什么势当然好回答，即借时事热点事件，借大众关注之事，比如，娱乐类、节日类、赛事类、行业类、时政类、灾难类以及负面类七类热点事件。总体来看，前四类都是比较常见的借势促销类型，后三类不多见但也有部分促销案例。

常规来说，当然是借助大众比较容易接受的事件进行促销活动，将自家产品适当隐藏起来，最好是在欢乐的气氛中，因为人在紧张、焦虑状态下很难接受信息。如果促销广告文案做得过于阴沉负面，消费者当然没有心情过多关注或产生兴趣。

所以，借势促销要以比较喜闻乐见的传递形式去做。下面以热点事件的前四类为例，简单介绍促销要点，如图4-5所示。

图4-5 时事热点促销的促销要点

1. 娱乐类

娱乐八卦、明星趣事等社会新闻都是大家关注的热点，动不动就占据微博热门话题榜，所以，娱乐类时事可以成为促销热点。不过，营销人员要注意结合好产品和品牌特征。明星结婚、离婚、生孩子、发微博等，都可能成为娱乐热点，例如，吴奇隆刘诗诗大婚。但这类热点因为隐含不确定性，所以，商家要做好前期调研。

2. 节日类

节日类的热点营销活动是商家频繁使用的促销手段，节日的受众人群广泛，而且节日期间很多人都处在非工作时间，商家可以有效吸引消费者的注意力。近两年，一些带有互联网的独特意义的节日也成为热点，比如，“光棍节”和双十一、七夕节和情人节、“520”等。

3. 赛事类

赛事类热点多为体育竞技类传递的热点信息，比如，在2016年里约奥运会上语出惊人的傅园慧成为奥运会第一网红，中兴手机就借助傅园慧与洪荒之力顺势推出自己产品，可口可乐也顺势推出“此刻是金”的营销广告语。

4. 行业类

前面提到的苹果iPhone 7发售，就属于科技行业的重点事件。还有电商行业的大狂欢：双十一的购物节、京东的“618”等，这些知名的大牌电商会为自己宣传，竞争对手以及品牌下的中小型店家也可以借此为自己做营销，当然要有一定的创新和创意营销，才能够让消费者记住。

其余三类在此不做赘述，营销人员可以适当借鉴但不建议过多使用。

可以说，时事热点促销活动是把双刃剑，运用得当销量和知名度齐飞，运用失策则声誉下降，甚至造成不可挽回的损失。因此，营销人员在借力促销时要做好前期准备工作，站在消费者角度思考对促销活动的接受和认可程度。

4.2 明星促销

明星代言或推荐的产品会受到消费者尤其是其粉丝的热捧，所以，许多商家或品牌商会聘请明星为自家产品代言，再配合一系列的营销活动达到促销目标。例如，一线明星范冰冰代言的产品，无论是手游还是护肤品，都会引起一波舆论热议。

2016年6月，国内一线明星范冰冰代言手机游戏，一时间“知名女星+手游”成为媒体热议的焦点。《暗黑黎明2》上线仅三天就冲入APP Store畅销榜前三甲。有网友表示：“相比上一代，《暗黑黎明2》的整体品质更成熟，最重要的是我女神范冰冰代言的手游，当然会力挺！”

对忠实粉丝来说，自家明星代言的产品当然要力挺，也是作为对喜爱明星的支持，而这也成为商家邀请明星代言的重要原因之一。邀请人气超高的明星代言，再借助粉丝经济之力，以达到预期营销目标。

有关调查显示，近三成的人表示面对同一类型商品，自己会优先选择喜欢的明星代言的产品。同时，也有极少数人表示，“会毫无理由地追着买”。

由此可见，明星代言产品对消费者有比较显著的影响，甚至会成为消费者购买决策的唯一因素。所以，明星推荐或代言产品在营销活动中也能够发挥重要作用。从营销角度分析明星代言产品为什么能够产生如此大的影响，主要原因有以下三个方面，如图4–6所示。

1	明星+产品＝具体化
2	明星光环
3	明星品牌价值

图4–6　明星代言能够产生营销效应的原因

1. 明星+产品=具体化

从某种意义上说，明星是商品与消费者之间的媒介和沟通者。在消费者看来，面对琳琅满目的商品无从选择时，明星代言就优先获得了展示权，将产品具体化。当消费者犹豫不决时，摆在首页上的产品外包装印有明星的产品似乎在热情招手说：“选我吧，选我吧，范冰冰代言的产品，当然值得信赖！”

另外，代言某个产品也提高了明星自身的知名度，扩大了其社会影响力。当然，前提是产品品质优良，消费者体验度高。虽然有明星代言，但消费者真正获得的还是产品的使用价值。

2. 明星光环

在聚光灯下的明星光彩照人，自带光环，舞台独属于明星一人，而普通大众更多的是台下欢呼鼓掌，送上鲜花。这种被关注与关注他人的现象本身就带有极大的差别，这种差别增强了粉丝对明星的喜爱，认为他们是完美的代表。普通大众无法跨越这种差别，只好从明星使用的产品中寻找平衡。这也是商家制定营销策略的重要出发点。

例如，据报道，范冰冰非常青睐一种隔离保湿面霜Blackmores，网球女神李娜也曾在微博上发图感慨。在消费者看来，这些娱乐明星、体育名人都在使用的产品，我怎么能错过！所以，大家疯狂抢购以至买到断货。

3. 明星品牌价值

明星本身具有很强的影响力，比如，娱乐媒体会报道哪位明星穿了什么、吃了什么、去机场的路上戴了哪款墨镜。可以说，明星本身就带有营销所需的品牌价值，一旦代言某个产品，势必在一定范围内营造某种氛围，进而影响消费者的消费决策。所以，我们经常可以看到明星代言日用产品、电子数码产品等，大型企业集团也会斥巨资邀请明星大腕代言产品。

而为代言买单的当然是消费者，其中，贡献最大的非粉丝团莫属。有粉丝只为了见喜爱的明星一眼，霸气包下整个酒店，从本质上说，这都是粉丝经济在起作用。

对电商卖家来说，借助明星的光环开展促销活动也是非常有效的，比如赠送明星签名照，或者抽取幸运的买家参加明星演唱会等，这些都是最佳的促销方式。

4.3 依附式促销

依附式促销，顾名思义，就是借助一定的品牌效应合理宣传自己的产品，例如，企业会在网页宣传文案当中特别注明其为全球合作伙伴、奥运会赞助商、奥运会供应商等诸多称号，以增强产品和品牌在消费者大脑中的印象和辨识度。虽然恒源祥冠名设计的“番茄炒蛋”团服遭到了很多网友的吐槽，但不得不承认，恒源祥依附奥运会的东风又火了一把。

“双十一已过，折扣依然给力”，这是商家依附淘宝双十一之名，为自己的产品做的营销口号，没有太多的具体打折优惠信息，但“双十一”三个字本身就是一个火爆的热门词汇。可见，商家在营销方面可以全方位地合理依附社会热点事件。

2015年双十一，天猫交易额超过912亿元。双十一已经过去五天，消费者们还沉浸在接收包裹喜悦当中，当然还有不少宝贝还在路上，即便如此，网友还是直呼不过瘾。有的网友可能因为工作忙或网络状况欠佳而错过双十一，没能买到心仪已久的宝贝。

上海的陈小姐说：“双十一那天正好要加班，等晚上忙完了本来想回家打开电脑看看有什么优惠活动，结果又临时有事。等想起来时已经是第二天凌晨5点了，就这样和双十一擦肩而过。太可惜了！”不过陈小姐表示，自己最近也没什么特别想买的，所以双十一那天没有特别紧张地加入抢购大军，但如果现在还有双十一那样的折扣就好了，自己一定会参加。

是不是有朋友也像陈小姐这样，由于各种原因错过了双十一，没关系，还是有机会的。因为双十一是电商们为消费者准备的购物狂欢节，而有的消费者并没有尽兴，这就是营销的切入点，比如，双十一过后，很多商家又推出了返场狂欢购活动。

天猫一家音乐设备旗舰店在双十一之后立即推出了“满减满赠换购有礼，11月狂欢到底”的返场活动，从11月15日到11月29日持续半个月之久。也就是说，整个11月消费者都可以享受到超值优惠。店铺负责人介绍说，鉴于双十一过后仍有消费者没有买到心仪的商品，所以店铺特推出此次返场购优惠活动。虽然优惠力度没有双十一大，但仍然会最大限度地照顾到每一位消费者。

根据销售记录显示，双十一期间音乐设备中的套装版奢侈音乐设备销量超过预期，所以，返场活动中的套装版奢侈音乐设备也特地加推“买套装，赠iPhone 6s”的优惠活动，以持续调动消费者的购物欲望。

可以看出，借助异常火爆的双十一大促活动的余热，双十一过后的返场活动也可以搞得有声有色，这就是借力促销。有时候，大型事件或突发性紧急事件不是营销人员能够把握的，但可以巧妙地借助，以达到宣传和推广的目的。同时，要明白，巧借力事半功倍，借错力事倍功半。所以，借力促销的重点是把握好两个问题："借"和"力"，即借什么和怎么借的问题，如图4–7所示。

图4–7　借力促销的"借"

1. 借热点

借助热点事件，广泛传播品牌理念，实现品牌价值，这是借力促销的最直接的目的。我们借别人的力就是想要更多的人认识和了解我们，包括产品和品牌。

2. 借资金

营销活动当然需要资金的支持，特别是对中小型企业来说，资金周转困难或流通不畅是制约企业发展的重要问题，所以，可以借资金用于促销活动或市场活动。商业银行、风险投资机构等金融机构都可以成为借力的对象，但要控制金融风险，防止资金链断裂。

3. 借渠道

将产品放在知名电商平台，借助平台的力量吸引流量，开拓销售渠道，比如，阿里巴巴的天猫和淘宝、京东商城、苏宁易购等。这些大型电商平台本身就有强大的客户资源，将店铺设在平台，通过互联网渠道向消费者传递商品信息，提高销量和知名度。

4. 借品牌

借助奥运会的深刻影响力和传播范围，成为其合作伙伴或赞助商，获得宣传权利，这就是借品牌的有效捷径。因为奥运会是全球范围内的体育盛会、各国争相报道的对象，如果成为其赞助商，当然会有媒体免费为自己做宣传。

以上就是借力促销的“借”的各个角度，特别是对中小型企业来说，各方面的资源优势并不明显，甚至很难和资深的大牌企业抗衡，所以，借力促销就成为重要的促销方式和手段。借最有名、最急需、最出效果的“力”才能打造出成功的营销。

第5章 临界点促销

5.1 极端式促销
5.2 最低额促销
5.3 最高额促销

事物由量变到质变的过程是一个不断积累的过程，当积累到临界点时，就会发生质变。对促销活动来说也是这样，临界点促销也是一种促销方式，比如极端式促销。将产品价格降到全网最低，发现价高立即补三倍差价，让消费者享受到临界点优惠条件，或者是手机用顶级配置叫板iPhone 6s。这种极端条件下的对比本身已经成为促销亮点，吸引了消费者的注意力。

除此之外，还有最低额促销和最高额促销活动，本身带有“最”字的促销已经达到临界点的限定条件，在消费者看来，这次如此大的折扣力度，商家是真的在搞活动、做促销。黄金展位的商品，低至5折出售，只需消费1元，即可成为会员，这种超低折扣的促销活动本身就自带流量和话题。

而将本身就昂贵的红木家具以最高99999元的价格销售，也会吸引不少红木家具收藏者。99元封顶的促销也是如此。当然，除价格外，消费者还是在意产品品质。所以，商家可以在保证产品质量的基础上，合理进行临界点促销活动。

5.1 极端式促销

不管是"全网最低，发现价高立即补三倍差价"还是顶级手机配置敢与iPhone 6s叫板，商家都将自己的折扣打到"最"低，这就是极端式促销。将自己的优惠力度或产品与行业内的顶级典范相比，这种勇气已经给消费者留下了深刻印象。

极端式促销作为临界点促销的一种，强调的是"最"的状态，从心理学上说，补三倍差价能够为消费者提供一种安全感，即可以放心购买，绝对不会买贵。而敢与iPhone 6s叫板的HUAWEI P9/P9 Plus，凭借的是自身的顶级配置，所以，才有底气和智能手机行业的王者一较高下。

5.1.1 全网最低，发现价高立即补三倍差价

在2016年京东"618"品质狂欢节前夕，国美在线正式公布"618"大促活动主题"不说话，只比价"，其意图直指京东的品质狂欢节。国美在线官方规定："618"活动期间，国美在线自营全系商品均参加比价，对标京东商城买贵差价三倍返，最高返300元。

对此，国美在线CEO李俊涛解释："'不说话'的意思是不说大话，不造噱头，为客户带来真正的实惠和便利。"也就是说，国美在线直接给京东下了战书："哥们儿，来，咱俩比价看实力"，京东想不应战都不行。

事实上，低价一直是国美在线对外宣传的重要策略，但它不以巨亏为代价，旨在创造健康可持续的电商新模式，为消费者带来真正的实惠。

像国美在线这样直接拍板向消费者承诺全线参与比价，差价三倍返，就是一种极端式促销，即商家承诺以"最"为临界点，超过规定则返还消费者一定的利益补偿。这也是一种常见的吸引消费者注意力的营销方式。

对消费者来说，允许比价，而且自己买贵了可以获得补偿，这种促销活动能够降低自己的风险系数，像吃了定心丸一样。承诺三倍返差价的商家似

乎在对自己说："放心大胆地买吧，绝对最低价，如果发现价格高了，立即补偿三倍差价！"

从心理学来说，补偿心理的存在增加了消费者的安全感。补偿心理是一种心理适应机制，即因损失或缺陷而得到其他方面的补偿。比如，一个从小体弱多病，还有口吃的孩子很容易产生自卑心理，认为自己不如别人，而正是这种劣势或缺陷激励自己努力发展其他方面的长处或优势，以弥补或赶超他人，适应社会发展。这就是补偿心理机制的作用。

有些成功人士在童年时期并没有表现出超出同龄人的优越之处，甚至不如同龄人，这就增强了他们自我超越的动力，寻求补偿的愿望就更大，因而后期能够适应社会，成就大事业。这也与"失之东隅，收之桑榆"的道理相同。当然，补偿心理并不都能够发挥积极作用，这与个体心理承受能力以及家庭和社会环境状况有关。

从促销角度讲，买贵差价三倍返的真正意图不在于给消费者三倍的差价，而是通过这种补偿心理机制向消费者传递一种信号，即我们的产品价格最低，请放心购买，如果买贵了，我们可以按照差价补偿，甚至对标竞争对手，直接喊话。

这种极端式促销有时候不仅不会造成营销损失，相反，冲突会带来商机，比如，消费者希望以便宜的价格买到商品，又担心便宜没好货，商家希望销量增长，但成本不会随之攀升。这种观念、利益的矛盾就是冲突，也是常见的冲突，所以，营销者要学会从冲突中发现商机，如图5-1所示。

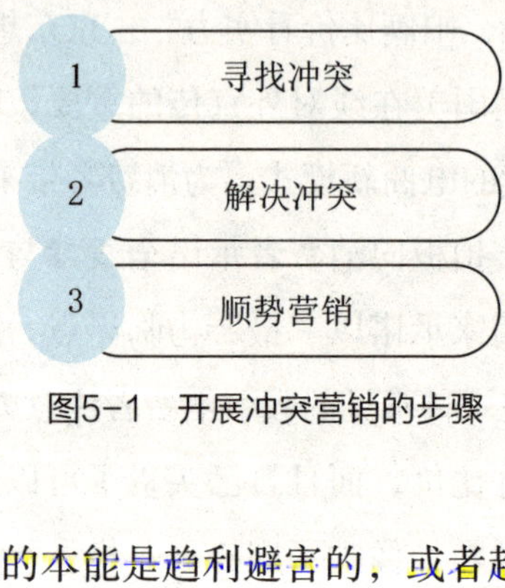

图5-1　开展冲突营销的步骤

1. 寻找冲突

狭义上来讲，人类的本能是趋利避害的，或者趋利同时避害。心理学泰斗库尔特·勒温（Kurt Lewin）在行为动力学中将冲突分为三种类型：一类是双趋冲突，比如，今天晚上吃炸鸡还是汉堡，周末喝咖啡还是爬山；一类是双避冲突，即怎么选择都痛苦，买房子要承受贷款压力，不买无落脚之处，所以只能“两害相权取其轻”；还有一类是趋避式冲突，即能够解决一些问题但还不够完美。

2. 解决冲突

功能强大的优质产品能够满足消费者的实际需求，即使面对高价，消费者也能够舍弃手中的现金来购买商品。比如，苹果手机，价格虽然高但大家还是疯狂抢购。消费者看中的就是苹果优质的品质性能。

优质商品能够带来极佳的客户体验，也是企业对外宣传的绝佳利器。企业负责人可以在向记者介绍自己家商品时自豪地说：“欢迎大家选购这款旗舰版手机，质量可靠性，价比高。”

3. 顺势营销

没有冲突就没有营销，但解决了消费者的需求不是营销的终止，而是另一个开始，营销活动要伴随冲突从开始到解决的全过程。而且，最好是能够让男性消费者记住、让女性消费者购买，包含更多的社会群体。

从“全网最低，发现价高立即补三倍差价”的极端式促销中抓住消费者对风险系数的承受能力，消费者会在矛盾中完成购买，因为在交易行为中，要放弃价值才能获得使用价值。而营销人员要做的就是让消费者无后顾之忧地付出价值，以获取优质商品的使用价值。

5.1.2 顶级手机配置，敢与iPhone 6s叫板

2016年4月，华为在英国率先发布了自主研发的高端品牌手机——HUAWEI P9/P9 Plus，网上官方售价分别为 599 欧元和 749 欧元。

配置方面，HUAWEI P9/P9 Plus采用徕卡双镜头+麒麟955的强势组合，也是华为首款搭载双摄像头的智能手机，吸引众多花粉（华为粉丝昵称）的青睐，同时，在海外消费者中也收获不少关注度。业绩方面，根据华为官方数

据显示，HUAWEI P9/P9 Plus上市仅3个月，全球发货量就超过450万。

营销宣传方面，华为邀请亨利·卡维尔（Henry Cavill）和斯嘉丽·约翰逊（Scarlett Johansson）为P9 手机代言人。另外，华为还在2016年3月邀请有“金球之王”之称的里奥·梅西（Lionel Messi）作为其全球品牌形象大使。

这一系列动作标志着华为作为中国品牌逐步走向国际的决心和能力，此外，在和国际知名手机品牌竞争的同时，华为也拿出了能够与iPhone 6s叫板的产品，就是前面提到的HUAWEI P9/P9 Plus。作为华为的高端品牌手机，其手机参数配置确实不同凡响。下面，对比看一下HUAWEI P9和iPhone 6s的性能差异，如图5-2所示。

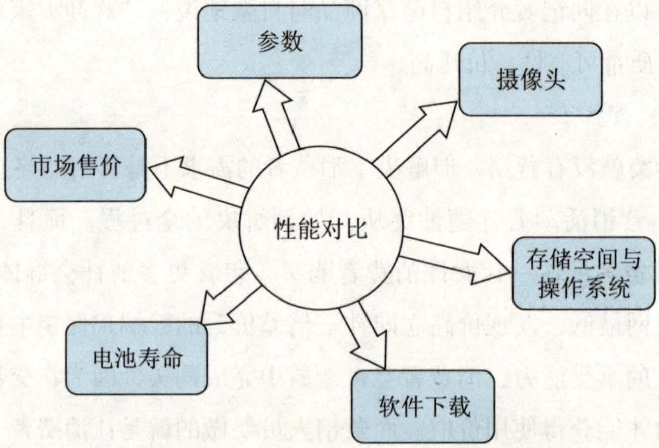

图5-2 HUAWEI P9和iPhone 6s性能对比

1. 参数

HUAWEI P9：主屏5.2英寸，分辨率为1920×1080像素，屏幕像素密度为326ppi，暂无3D touch 技术。

iPhone 6s：主屏4.7英寸，分辨率为1334×750像素，屏幕像素密度为326ppi，内置3D touch技术，支持压感快捷操作。

2. 摄像头

HUAWEI P9：徕卡双镜头，前置800万像素+后置1200万像素，F2.2光圈，支持激光+反差+深度对焦，以及大光圈拍照、流光快门和超级夜景等功能。而且，后置镜头与机身后背板基本持平无突出，大大增强了美观程度。

iPhone 6s：1200万像素后置摄像头，F2.2光圈，支持True Tone闪光灯和动图拍摄。

3. 存储空间与操作系统

HUAWEI P9：32G标准内存，3G运行空间，支持插入SD卡扩容功能，麒麟955 2.5GHz（8核）处理器。操作系统为安卓系统，其操作系统流畅度对比苹果的iOS系统可能不太乐观。

iPhone 6s：16G、32G或128G内存，2GB运行空间，不支持SD卡扩容。但苹果独特的iOS操作系统能够为用户带来极速的操作体验，运行速度一如既往地快。

4. 软件下载

HUAWEI P9：安卓系统可在安卓市场中下载软件，也可以通过其他资源下载软件。

iPhone 6s：独特的iOS操作系统决定用户只能在苹果商店中下载软件。

5. 电池寿命

HUAWEI P9：3000mAh电池容量，充电效率限制在5V-2A，快冲效果不明显。同时，为了增强电池续航能力，用户手动开启ROG省电模式，降低屏幕分辨率，但图片可能会显示较为明显的锯齿。所以，在续航、功耗之间，用户可以根据需要自由选择。

同时，在配置方面，HUAWEI P9结合了安卓Marshmallow电池技术和Doze Mode技术，为增强续航时间提供了可靠保障。

iPhone 6s：相比HUAWEI P9，iPhone 6s的电池容量仅为1715mAh，电池使用时间并不长，一般来说，充电一次仅能维持一天。

6. 市场售价

HUAWEI P9：32G售价为699.99美元，约人民币4550元。

iPhone 6s：16G版的售价为649美元，约人民币4000多元，32G版的售价在16G基础上增加几百元，128G版本则超过5000元。实际上，iPhone 6s的具体价格会因国家和地区的不同而不断变动，这里不一一讲述。不过，相比之下，苹果的售价更高。

以上六项对比数据可以显示，HUAWEI P9的各项性能确实可以与iPhone 6s一较高下。毫无疑问，苹果是智能手机中的王者。目前，能够对标苹果并且综合性能确实表现不俗的智能手机并不多见。

顶级手机配置敢与iPhone 6s叫板，这种极端式促销是以行业最高标准为参照对象，比照自家产品的营销方式。对华为的花粉或苹果的果粉来说，当然是大力支持自家产品和品牌，而且事实上华为近两年的势头确实强劲。这种竞争态势也会影响其他消费者的选择。当然，优质产品是叫板行业最高标准的底气，至于消费者更倾向于哪一家，可能各有论断。

从促销角度来说，极端式的临界点促销需要把握好临界的“点”，因为一旦越界就会马失前蹄，甚至造成不可挽回的损失。就像华为总裁所说的那样：“当然要向苹果、三星、小米学习他们的优处，但不要盲目对标他们。”所以，商家在促销活动中向着行业高标准前进的同时不盲目对比。

5.2 最低额促销

最低额促销是将优惠和折扣力度直接标示出来，让消费者一目了然。比如，第一小节的黄金展位商品，低至5折。本来不应该参与打折的上架新品，商家却一反常规进行5折优惠，本身就会吸引消费者点开店铺去看一看。

想成为会员？没问题！只需消费1元，即可成为会员，就是这么简单。既然是最低额促销，商家肯定要进行合理的价格定位，所以要有一些注意事项。而促销定价前商家也要考虑某些影响因素，主要是营销过程中产生的成本问题。本节会详细介绍有关的定价问题。

5.2.1 黄金展位商品，低至5折

近两年，家电市场竞争愈发激烈，各大电商紧抓任何一个能够促进销量

的时间，比如，“金九银十”，每年9月到10月是消费者购物的小高峰，因为正值夏末秋初，处于换季期间，又有中秋节、十一黄金周等假日的推动。所以，各个电商平台的卖家都会开展各种各样的促销活动，方式也有很多，客户挑选的品类和规格也非常多，其中，平板电视、空调、冰箱、洗衣机、破壁机、电烤箱、电蒸箱等家电均属于热门品类。

在苏宁易购电商平台各品类都进行了各种大力度促销，比如，超值赠礼、超值套购、满额减、满额赠以及团购活动都在火热进行中。价格战也是不可避免要使用的手段，所以，最低额促销自然而然成了商家的营销手段。

在某电商平台的首页上，某卖家以“黄金展位商品，低至5折”的方式促销，可以看到网店的黄金展位位置放着4种款式的男式外套的宣传图片，价格用特大号字体标注“最低5折”的优惠促销。

这4种款式的男式外套是刚刚上架的新款，本来应该原价销售但现在处于十一黄金周，网店正在进行特价大酬宾活动，为的是促进销量。毕竟现在服装业内的竞争对手很多，新款一上架马上会有同行模仿并且售价更低。所以，现在趁十一消费黄金期，款式又新颖，抓紧时间打折销售。

众所周知，网店的黄金展位是卖家为主推产品提供的品牌展示平台，以最醒目的形式优先展示主推产品。同时，卖家也会根据实际情况配合打折促销活动，目的是促进销量，帮助提升网店的知名度，比如，淘宝的直通车黄金展位。

“黄金展位+低至5折”的最低额大力度促销活动，能够给消费者最直接的视觉冲击，消费者会在瞬间对浏览到的信息加工，即最先进入眼帘的是这家网店黄金展位的产品，还有5折促销活动。超高的曝光度，让买家不得不关注，并点击进去仔细查看。

对商家来说，当然是产品销量越高，利润越高，但实际情况要远比想象的复杂和困难。因为行业内的竞争是必然存在的，而且，精明的消费者不一定对最新产品特别感兴趣，对产品各方面的要求也会更严格，这就是所谓的众口难调。

所以，这就要求商家在保证利润的同时，在价格方面作出吸引人的折扣，毕竟大多数消费者对直接的折扣和优惠还是非常感兴趣的。而在临界点促销中，最低额促销就是其中一种。这其中包含一个重要信息，即“最低”。

当然，一件产品最终以何种价格出售给消费者，并不是“成本+利润”的简单计算。除了以上两个因素外，在实际情况中，一件商品的价格里还包括所隐含的价值。比如，星巴克里一杯大容量的红茶拿铁的售价是30+元，而实际上，这个定价肯定不是成本+些许利润的最终结果，因为星巴克本身的品牌价值和所提供的环境价值也要算在一杯咖啡的价格当中。

因此我们可以看出，商家在进行价格定位时，需要注意以下三个方面的问题，如图5-3所示。

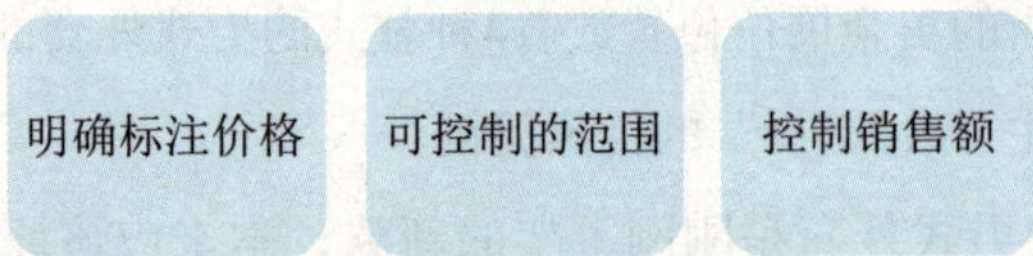

图5-3 价格定位的注意事项

1. 明确标注价格

在商品对应位置标明价格，可以让消费者第一眼明白自己要付出的钱可以换来什么，而且，从客户体验来说，明确标注价格可以省去自己搜索或询问工作人员的步骤。

2. 可控制的范围

即使有消费者进行讨价还价也是情理之中的事情，毕竟绝大多数人的想法是能省则省。依据这个消费习惯，商家要将价格限制在可控制的范围内。不能过高，但也不建议一味地打价格战，无限降低产品价格。

3. 控制销售额

这似乎与扩大销量相悖，但实际上，一直处在低价位运行的产品并不一定会获得很高的销量，反而提高价格、控制销售额能够获得比较明显的利润增长，因为消费者可能会受“买涨不买跌”的心理影响，而对低价产品不是十分感兴趣。

运用得当最低额促销确实能够促进销量，但不是一味低价位运行，所以，商家要根据产品和实际情况制定合理的价格策略。

5.2.2 只需消费1元，即可成为会员

在电商平台，只需买家注册即可成为会员，会员看似对电商没有什么价值，其实只要利用好，会员依旧能为卖家带来丰厚利益。而让买家注册成为网店的会员时，要让会员有特殊权利，比如打折优惠、满额减等。此外，对加入会员的人群也要有所要求，比如，消费1元，就可获得成为会员的办卡资格，填写相关信息以后即可成为会员，或者是提供手机号码即可成为会员。这里的1元和手机号码是消费者升级会员的通行证，即满足预订的临界点就能够完成升级，这也是一种最低额的促销方式。

最低额促销是将产品的价格或打折力度限定在一个极低的范围内，为消费者营造史上最低价的优惠环境，借此吸引消费者的注意力，激发消费者的购物欲望。商家要给消费者留下最低价的印象，就需要在某些方面作出承诺，就像前面提到的最低价或最大折扣力度。

那么商家在定价前就要计算好商品的售价，毕竟不能赔本赚吆喝，所以，定价之前我们需要确定以下四项信息，如图5-4所示。

图5-4　定价前的考虑事项

1. 人工成本

包括雇佣客服人员费用、产品的进货费用、物流费用等因商品产生的直接费用。

2. 展位成本

比如，一次促销活动前，卖家要根据活动安排购买展位、聘请专业人士

设置会员系统所产生的人工费用。这些是和促销活动与产品相关的费用，也算作成本。

3. 营销成本

广告营销费用、管理人员以及营销人员和其他人员的薪水、应缴纳税款以及其他日常开支等，也包括市场情况波动所造成的开支。

4. 销售收入

定期的销售量所带来的收入，比如，一季度或半年、一年。具体数据可根据实际情况计算。

将这些因素全面考虑，综合考量，再制订详细的盈利计划，当然这些成本只能估算出产品的最低售价，但这个价格多半不是最合适的售价，所以还要根据消费者愿意出售的价值综合考量商品最低售价，而不是单纯地靠成本支出来制定促销策略。

单纯从经济学分析，一件商品到底支付了多少成本好计算，但是如果加入广告等营销费用，可能就不容易估算了，所以，成本只能告诉我们定价的底线，即售出这件产品最低需要多少钱，少于这个价格商家就要亏本。综合以上信息可以看出，固定成本、可变成本以及保本销售量，是商家要把握的三个重要指标。

对于很多商家来说，计算这些成本只是为了制订价目表，当然这是远远不够的。依据前面提到的定价前的考虑事项的第四项——销售收入，因为商家很难在促销活动前精确计算出到底会卖出多少产品，所以，多数情况下，都是预期估计销售量，并分摊到每一件产品上，最终制定出最低售价。

5.3 最高额促销

既然有最低额促销，当然就会有最高额促销。最高额促销将商城或店铺内的商品进行了价格封顶，比如，正宗的红木家具，最高99999元，或者是99

元封顶，绝对够便宜。这相当于告诉消费者这样一个信息：所有商品有最高限额，不会向您漫天要价，请放心购物和享受服务。

本身价格昂贵、珍贵稀有的红木家具，最高为99999元，即将价格最高限额设定在消费者的购物预算内。而相对红木家具来说，99元封顶就是绝对便宜了。所以，商家可以运用最高额促销，让消费者对即将发生的购买行为更有动力和欲望。

5.3.1 红木家具，最高99999元

2016年9月25日—26日，安徽合肥某大型装饰集团在十一国庆到来之际，在其网站上隆重推出“99999元红木家具套餐”主题优惠活动。该集团本次促销活动主要以红木家具为主，展出客厅、餐厅、书房、卧房、休闲、中堂等六大精品系列红木家具，其中，在精品展示区，一组苏作明清仿古越南大红酸枝红木太师椅三件套，最高售价为99999元，是该网站的重量级产品，借此活动进行优惠大酬宾，限额出售。

目前，红木家具的主流原料有酸枝木、乌木、花梨木、鸡翅木、紫檀等，因为红木原料一直以来都比较稀有，真品昂贵，红木家具的价格都在高位运行。尤其是近年来，随着红木原料价格的不断上涨，红木家具的价格也一路飙升，珍稀红木家具更是涨幅高达10%。除使用价值外，红木家具的收藏爱好者也越来越看中其本身的投资价值。

所以，此次装饰集团的红木大促销活动吸引了众多消费者关注，活动期间，很多买家都被网站宣传页琳琅满目的红木家具产品所吸引，而此次活动最让消费者动心的就是最高99999元的最高额促销。

从消费者角度来看，限定最高额度能够让消费者有直观的体验，即全场产品最高的价格是多少，进而会对比自己想要购买的产品的价格。在心理价格作用下，很多消费者认为自己的实际付出价格比最高额低，或者是以特定的最高额度购买到心仪的产品。

而从商家角度来看，最高额促销就是利用了消费者对价格的敏感性，最

大限度地让消费者接受他们能够或愿意支付的最高价格。

关于买卖双方对价格的估计，我们常常会看到以下场景：买家进入网店后，系统会根据买家的浏览记录作出需求分析，以评估买家的心理预算。但实际上，这种方法并不一定有效果。比如，买家进入某网店以后，系统从该买家的浏览记录中得知他想买一件衬衫，则会在页面右侧为其推荐价格不等的同类产品，并优先推荐自认为合适的款式，但却不一定正中买家的心意。

下面举一个生活中的例子，如果销售员在客户进店后首先询问其购买预算，并根据预算为其推荐产品，那么客户很可能会认为销售员根据自己的购买预算来推荐一款高价位的产品。而且销售员也可能会低估客户的消费意向。结果，这笔生意最终泡汤。反过来想，自己是客户的话，你会希望销售员首先询问自己的购买预算吗？所以，网店促销要反其道行之，想办法推销价格最贵的产品，其原因有以下四条，如图5-5所示。

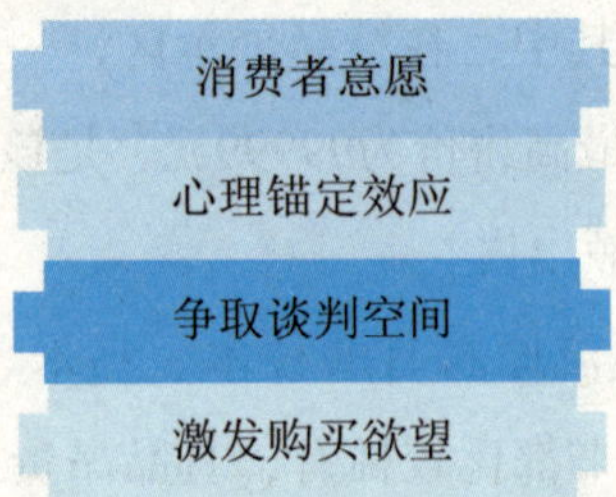

图5-5　推荐最贵产品的原因

1. 消费者意愿

从消费者意愿考虑，多数客户并不希望销售员询问自己的购买预算。如果告诉了销售员自己的购物预算是100元，而销售员推荐了一件120元的单品，那么客户很可能会想，销售员故意推荐高价格的商品给我，我可不能上当被“宰”了。最终，客户拒绝购买并迅速离开。

2. 心理锚定效应

在锚定心理效应下，人们在对某个人或某件事作出判断时，非常容易受第一印象或第一信息支配或影响。所以，在销售员为客户优先推荐一个最贵的产品后，客户会在心理对这个产品的高价格形成印象，进而看不上其他低价格的产品，因此很可能会购买高价格产品。

3. 争取谈判空间

当向客户推荐一个最贵的产品时，如果客户有意愿，会询问是否有降价的可能，或者在犹豫。这就为销售员争取了谈判的空间，这时候讨价还价意味着有成交的可能。

4. 激发购买欲望

大多数客户浏览网上产品时，都是有购买欲望并且有一定的支付能力，同时，打算购买5万元的家具的客户不会到均价30万元的家具店去反复查看。

因此，一个有购买欲望和支付能力的客户进入店铺以后，销售员需要做的就是最大限度地激发他的购买欲望，完成交易行为，所以，这期间最好不要直接询问客户的购买预算。

最高额度的临界点促销是给消费者一个特定的心理预期，在购买能力范围内以最高的价格购买产品，这就是销售人员要做的功课。所以，主动询问消费者的购买预算不是绝佳的营销策略，用优质服务和消费心理激发消费者的购买欲望才是王道。

5.3.2 99元封顶，绝对够便宜

99元能做什么？吃一顿简单的自助餐，看一场3D电影，或者是去景区游玩一天？都不是。只要99元，你可以租一天的车。

2016年9月初，力帆控股旗下的盼达用车在重庆主城区的分时租赁项目实现了全覆盖。2015年年底，盼达用车在重庆正式上线，盼达用车“一小时19元，一天99元封顶”的价格确实吸引不少城市用车一族。

用户在安卓或iOS平台安装下载APP后，通过手机注册，并按要求上传身份证、驾照清晰照片，通过认证后即可租车。APP页面会自动显示用户的实时位置以及距离最近的租赁站点位置，点击确认以后，系统会显示已租用的车辆牌照号。

用户到租赁站点找到对应车辆后，在APP上按解锁键即可把车开走。用户使用结束以后，通过手机上锁并付款即可。当然，用户需要预先充值，充

值方式有支付宝、微信和力帆旗下的摩宝支付。

盼达用车旗下的出租车全部采用新能源乘用车330EV，由力帆汽车生产，采用换电模式补充能源，避免了在每个租车点建设充电桩的繁琐程序。同时，盼达用车也是全球第一家在分时租赁项目中使用换电技术的公司，预计到2017年，将成为全球最大的分时租赁运营商。而且，盼达用车还在不断扩展站点网络，提升服务质量。

一天只需99元，消费者即可体验新能源汽车。官方数据显示，通过盼达分时租赁平台，城市道路路面使用率提升了140%，车辆和车位的使用率分别提升了320%和430%。

99元封顶，让消费者对使用价格或出售价格一目了然，这是商家常用的促销手段，相比遮遮掩掩的神秘价格，指定最高价格能够因透明性和简洁性而赢得市场和消费者肯定。“封顶价”就是最高的价格，即在特定场合和时间限定条件内，产品以最高价销售。从消费心理来看，最高额促销就是为消费者事先锚定了一个范围，在这个范围内消费者有自由选择的权利。

比如，某母婴类电商对尿布进行优惠折扣，共有两种促销方案，分别是“5袋纸尿布仅售10美元”和“优惠大促销，每袋纸尿布便宜0.5美元”。结果表明，前者的营销效果要好于后者，其销售额高出后者30%。为什么会有这样的差别？因为人的大脑在对信息进行筛选和过滤时，会自动将“10”作为锚定标准，进而产生第一印象，影响消费者的购买决策。

事实上，使用正确的价格优势激发消费者的购买欲望总是屡试不爽，当然，前提是时机恰当，场合合适。所以，低价不总是万能的，而高价也可能具有很高的活力，如图5-6所示。

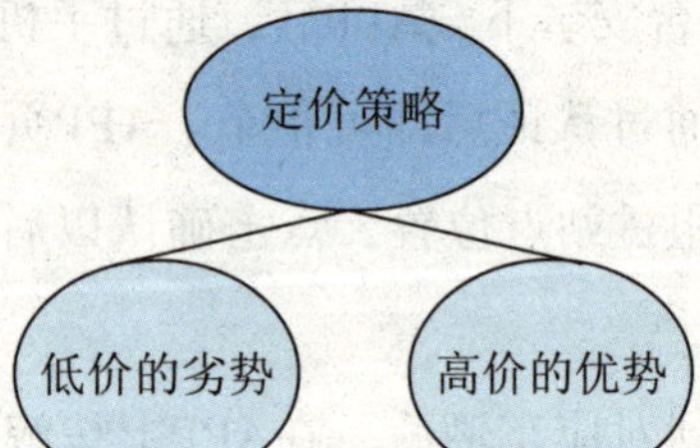

图5-6　定价策略

1. 低价的劣势

有“现代营销学之父”之称的菲利普·科特勒（Philip Kotler）博士曾说：“你不是通过价格出售产品，而是出售价格。”可见，价格定位是一件非常重要而且严肃的事情。价格围绕产品价值上下波动是价值的本质规律。在实际生活中，商家总是想办法将价格高于价值出售。所以，为了扩大销量，低价成为常见的营销策略之一。

但精明的消费者也会对产品进行比较，发现瑕疵会自动降低产品的购买预算，所以，低价产品不一定能引发消费者的兴趣，毕竟一分钱一分货的道理是不变的。

2. 高价的优势

有人说，价格再高的商品也会有人买。这句话的背后隐藏了人们对高价商品的肯定和认可，即高价产品必定在品质、质量和性能方面优于其他同类产品。所以，在定价方面，商家要考虑到消费者的心理预期。比如，当消费者问“能否便宜一点”时，销售人员不要误解为消费者只是单纯想要降点价才会购买，其实他是间接传达了两方面的意思：一是基本认同产品及其价格，有购买意愿；二是希望给点“优惠”以加强购买意愿。所以，商家可以依据此消费心理将定价高于实际售价，然后最终成交价低于市场售价，这样消费者会认为自己“占到了便宜”。

最高价、封顶价在内的定价策略各有特点和区别，商家要按照实际情况进行斟酌，以达成交易为最终目标，在定价方面和销售过程中迎合消费者心理。这样才能以较低的营销成本收获较好的效果。

第6章 另类促销

6.1 悬念式促销
6.2 反促销式促销
6.3 通告式促销
6.4 稀缺性促销
6.5 模糊式促销
6.6 纯视觉冲击促销

另类促销，顾名思义，指的是不走寻常路的促销策略，与常见的定价、纪念式、奖励和借力促销不同，另类促销强调的是促销思维的创新，包括营造悬念氛围、稀缺或奇葩产品以及广告植入手段等。

悬念式促销多以制造价格悬念为促销方式，即隐藏商品重要信息，出价即为成交价，或发动消费者猜价等。总之，以神秘感吸引注意力，最后一秒钟才公布答案。或者是反促销式促销，坚持原价，不打折、无优惠，要的就是高价促销效果，因为价值决定价格，有时候越任性反而越受青睐。通告式促销中的今日特价，直接用特价打动消费者，毕竟699元的品牌打底裤可不是天天都有。

稀缺性促销和模糊式促销则分别以稀有和奇葩抓住消费者的心，物以稀为贵的绝版产品当然会让消费者眼前一亮，至于奇葩产品则有不确定的目标市场和受众群体，也是一种另类促销手段。

相比以上促销方式，广告植入更加直白明了，就是在微电影和短视频中植入广告信息，给观众纯粹的视觉冲击，增加品牌认知度。

6.1 悬念式促销

将重要的营销关键点隐藏起来，提前造势，在最后一秒钟才揭开神秘面纱，这就是悬念式促销的魅力和神奇之处。营销活动一般会将所有的细节和关键数据全部公布，而悬念式促销却是反其道行之，遮盖关键信息，以达到调动消费者的好奇心，吸引消费者持续关注的目的。

不标价格，出价就是成交价，就是将话语权和决定权放到消费者的手中，让食客们评判菜是不是好吃，并按照主观感受付费。在实际营销活动中，让消费者自己猜价的促销活动具有一定的创新性。大家来猜价，猜对打9折，将重要的价格信息隐藏，并将其作为游戏筹码，消费者一旦猜对，就会获得9折的优惠，这也是悬念式促销的一种。

6.1.1 不标价格，出价就是成交价

好像自古以来，总是卖主开价、买主还价，买主在讨价还价中，或达成交易或转身离去。例如，在各大电商平台中，卖家会事先将产品名和价格标注清楚，买家只能从产品展示页中选择自己喜欢的产品，按价付款。所以，机智的营销人看到这里会想：有没有新的营销创意？当然有，那就是不标价格，出价就是成交价的悬念式促销。

比如，在美国匹兹堡市有家餐厅，菜单上只有菜名，没有菜价，客户完全根据自己对菜品的满意程度付款，无论多少，餐馆都无异议，甚至不满意可以拒绝付款，吃顿真正的“免费的午餐”。事实上，餐厅的实际运营过程中，大多数客户都能够合理付款，甚至多付款。当然也不排除有例外情况，一顿狼吞虎咽之后，客户分文不给，扬长而去。这种客户自行定价的餐厅模式在国外已经有较为成熟的范例，但在中国还是比较少见。

不标价格，出价就是成交价的悬念式促销隐藏了重要信息，让消费者自己猜测，并对结果负责，这也是悬念式促销的神秘之处。悬念式促销是将完

整的故事或创意方案遮掩一部分的营销方式，而在好奇心的作用下，人会对被遮掩部分十分感兴趣，想一探究竟。

从总的创意过程来看，悬念式促销可以分为三个步骤，如图6-1所示。

图6-1　悬念式促销的三个步骤

1. 遮掩结局

悬念的设置就是一种表现技法，其运用的就是人们对未知的情节变化的期待心理。所以，商家可以据此遮掩部分环节，特别是隐藏结局，这是重点，也为接下来的悬念式促销埋下了伏笔。

2. 情节发展

以故事的发展动态调动消费者的兴趣点，并引导消费者对结局进行预测，即发动消费者寻找答案，或者是根据消费者偏好进行选择性营销。总之，要充分发挥消费者主观能动性，以便为营销造势，提高消费者对营销的关注度。同时，要注重消费者的主观感受，结合消费心理，对悬念式促销进行补充和发展。

3. 深化冲突

在揭开神秘面纱前，悬念式促销要进一步深化冲突，将精彩和悬念留到最后一秒钟，越神秘越能够吸引受众的注意力。深化冲突的前提是要连接上一个步骤，不能过于偏离，既要照顾到情节发展，在过程中也要贯穿品牌宣传和信息渗透。

以上是悬念式促销的三个步骤。当然，商家在制订促销方案时也要考虑到宣传目标和营销目的，再结合消费心理，进行合理的悬念式促销，以达到比较理想的营销效果。

比如，成都保利房地产的“200万元寻找紫薇”的悬念式促销活动就吸引了不少的商家蹭热度。

成都一位赵姓富二代开着玛莎拉蒂，在三圣乡附近擦碰到一位姑娘，这时姑娘身边朋友大喊“紫薇，你没事吧”，这位“紫薇”姑娘“不带走一片云彩”匆匆离去。于是赵姓富二代豪掷200万元包下成都媒体，堵二环、包媒体、贴启事，霸气地开启全城寻找“紫薇”模式。一时间，微博、微信、QQ等社交媒体都是寻找“紫薇”姑娘的霸屏信息。“富二代”更是在两天内收获了10000个来电，800条短信。

而最终“紫薇”姑娘终于露面了，原来是成都的“保利·紫薇花语”地产项目即将开盘，地产商为该项目进行的一次具有故事性的悬念式促销。当然，这次营销活动也成功地让各个版本的“尔康”纷纷现身借势截胡，众多开发商也跟进回应。寻人启事演变成了一次全城皆知的娱乐营销。可见，保利的这次促销活动顺利吸引了众多成都市民的关注。

其实，从消费心理来说，悬念式促销最大的亮点是成功运用了人们与生俱来的好奇心，越是被遮掩得严实的东西，人们越是好奇，想要看看究竟是什么，而这也是营销人员的营销切入点。所以，就有了很多吸引眼球的东西，不仅是产品本身，还有促销标题或文案。

总之，悬念式营销方案或策略就是要调动消费者的好奇心，因为“内容不详”，反倒可能提高宝贝销量。

6.1.2 价格大家猜，猜对打9折

没有价格，没有暗示，看完精品样板房，100~150平方米新品豪宅价格多少由你来定！这是山东营口某家房地产一期工程开盘前的营销造势——猜价定房价享优惠。

2016年9月27日上午10点，山东营口的主流媒体都受邀前往售楼服务中心，在那里华丽开启全民猜价总动员活动颁奖仪式。活动刚刚启动时，市民们都按捺不住内心的激动，纷纷摩拳擦掌、开启烧脑模式，一试身手。

而进入活动的通行证——猜价活动二维码，也是在网络和微信朋友圈刷屏，后来还发展到线下。另外，官方房地产项目的微信公众号也没闲着，推送精品好文，助力猜价活动，还有各种豪华大礼包等你来拿。

为鼓励大家参与，主办方规定：凡是参加该活动者，都可获得毛绒狗一只，还可以通过推荐朋友等方式获得高级空调毛毯。另外，如果有网友对即将开盘的房地产项目评估足够准确，猜价结果最接近楼盘实际均价，那么，万元现金大奖立马领走。

媒体记者也赶上这趟新闻快车，9月22日晚间即刷爆本地微信朋友圈。此次全民猜价的相关话题，受到了网友们的各种热情讨论。截至9月26日24：00，在活动正式开启前的这5天时间里已经有794人参加了竞猜环节，推荐人数达到7305人，已有230多人前往售楼处领取了参与奖。

开发商一改以往以售楼服务中心为营销重要战场的习惯，充分利用新媒体在宣传推广方面的优势，此次全民猜价仅限以微信报名的形式参与，无论何时何地都能拉上亲朋好友一起参加，将房地产营销活动迅速推入了Web 2.0时代。

可能是见惯了房地产开发商主动定价的营销策略，消费者反而对此次自主猜价充满了好奇心。因为以往都是开发商牢牢把握着定价主动权，并以各种营销形式尽可能吸引消费者目光，而这次却大反转，由消费者掌握定价权。

这就是猜价的促销方式，价格大家猜，猜对有优惠活动，或打9折，或尊享优惠价，总之，将定价权让给消费者，猜对即有相应的优惠打折。

而针对具体的猜价活动，商家要提前分析消费者心理，以往消费者在导购商品模式中，通过浏览图片集，再结合实际标明的价格与心理购买预算相对比，最终决定是否购买该件商品。

简单来说，就是浏览商品图片→筛选目标→实际价格与预算对比→品质、规格、评论等因素考量→低于或达到预期→支付购买。传统导购模式的劣势是强调消费者对商品的偏好程度，忽略价格因素，因为消费者能够直接看到价目信息，只需要决定是继续浏览还是放弃即可。

而让大家猜价的优势就是遮掩重要信息，让消费者来判断，保持神秘色彩。就像在店铺中有半扇被遮掩起来的门，消费者会挡不住好奇心推开门看看到底是什么。相反，如果商家铆足了劲头吆喝，消费者反而会出现视觉或听觉疲劳，即直肠子卖广告，消费者看过就忘。

当然，悬念式促销不总是有优势，如果运用不当，可能会引起消费者的反感，对营销徒劳无益，所以，商家在开展悬念式促销时，要注意以下三个问题，如图6-2所示。

图6-2 悬念式促销的注意事项

1. 保持神秘性

既然是悬念式促销，当然要保持神秘性了。也就是说，在营销过程中为消费者留下线索但又无法仅凭这些线索获取全部信息。比如，韩后在《南方都市报》的“张太”广告，就顺势运用了当下社会热门话题“小三”来制造神秘舆论，激发消费者探索的欲望，一时间，韩后名声大噪。

2. 适当借力

前面的文章提到了借力营销，而悬念式促销也要适当借力，因为不同的载体会产生不同的传播效应。例如，行业专家、顶级赛事等，都可以成为借力对象。

3. 选好理由

既然要适当借力就需要明确借哪些力，商家要根据产品和品牌特性决定什么样的平台、媒体和事件能够成为悬念式促销的“力”。同时，也要避开那些令人不舒服不愉快的“力”，比如，特殊禁忌等。最好是大家喜闻乐见的、轻松愉悦的话题。

悬念式促销成功的关键要看是否顺利激发了人们的好奇心，因为有了好奇心驱动才会产生进一步探索的心理。所以，商家要把握好悬念式促销的节点，合理运用，适当引导消费者行为。

6.2 反促销式促销

一般来说，促销多是降价或打折出售商品，但反促销式促销却走向相反的方向，高价出售或坚持原价促销。高价促销是因为价格昂贵的商品照样有消费者购买，因为价值决定价格。当然，走高价路线的反促销式促销也需要有一定营销策略，在商品价值、消费群体、竞争以及营销组合方面都要有一定的技巧性。

而原价促销是保持任性状态，坚决不打折。当然，为了促进销量，要在原价促销基础上辅以适当的促销手段，让消费者心甘情愿以原价购买商品，而不是单纯强调任性销售，这才是原价促销的本意。

6.2.1 高价促销：只卖贵的，价值决定价格

众所周知，奢侈品很少有降价销售的，一旦降价就会给消费者一种沦落感，认为品质不如从前了，所以才放弃高傲冷艳的面孔，开始走下神坛。即便有消费者呼吁降低进口税以促使奢侈品降价，但这也很难成为主流趋势。另外，从奢侈品在中国市场的热销可以看出，高价促销产品也有很大潜力，因为总有消费者只看中商品价值，只买贵的。而商家可以只卖贵的，因为价值决定价格，高价值、高成本的商品当然要高价。

尽管有人说，世界经济增长放缓，消费需求下降，但中国游客到国外疯狂抢购马桶盖、奶粉等，一个黄金周的消费额可以轻松过亿，正说明了中国消费者有很强的购买欲望和经济实力。所以说，高价促销有市场、有客源，而且，这也可以直接解决一个问题，即改变以往低价冲量策略，走高价路线提高客单价。

过去，商家卖力搞促销，异常忙碌，到头来却发现赚不到多少钱。而高价促销却可以通过提高客单价，进一步提高利润，改变过去一味低价促销的被动局面。但是，商家要明白，走高价路线的反促销式促销也需要有一定的

促销策略，如图6-3所示。

图6-3　高价路线的促销策略

1. 价值锚定

价值决定价格，价格是价值的货币表现形式，供求影响价格，这是价值与价格、供求关系的本质经济规律，任何商品都符合这个规律。所以，商家在实行高价促销策略时，要选择高价值产品，即高品质产品，这样才可能以高价格出售给消费者。忌销售粗制滥造、假冒伪劣产品。

2. 消费分级

即使是面对同一个产品，不同的消费者也会有不同的定价。比如，有人会认为值1000元，而有的人认为只值500元。如果商家将价格定为500元，那1000元的那部分人呢？不一定满意。所以，有必要对消费者进行消费分级，同一类型产品有不同的消费定位，这样才能保证在高价促销时，各个层级不会互相扰乱。

3. 减少竞争

市场竞争无处不在，而当产品没有相匹配的竞争对手或行业龙头时，竞争阻力会小很多甚至没有，这时高价促销也会吸引更多的消费者。即使当时没有成交，但抓住了潜在客户就等于抓住了未来商机。当然，消费者不只看中了商家的服务，更看中了产品所代表的价值。所以，减少竞争的关键就是优质产品的独一无二。

4. 组合搭配

营销不是孤立存在的，而是一门和其他科目相互促进、互融互通的实践性课程。在高价促销部分，除了产品本身的高价值外，商家还要配合高效的营销策划、合理的产品组合以及消费心理分析等，才能够让高价促销有市场、有客源、有成交额。

高价促销与以往的降价打折优惠不同，走的是高端路线，所以，商家要把握好高价促销在产品、渠道、消费心理以及营销策略方面的优势，控制好风险。

也许会有销售人员说："经常听到客户说'我没钱''买不起'"，这个观点的真正意思是"有价值的商品再贵也会掏钱买，但是其他'次等价值'的商品希望优惠力度更高一些"。所以，参与高价促销的商品要尽可能加入客户的"强烈购买"等级。事实上，有钱人对没有吸引力的商品也会推脱说自己没钱。

而这里的有钱与没钱，所对应的更多的是购买意愿的强烈程度。例如，一部iPhone 6s Plus手机售价高达四五千元，很多人不是真正意义上的有钱人，照样会"卖肾"求得此机，因为在全球消费者心中，iPhone理应值这个价。

在这里，消费者对苹果手机的购买欲望达到强等级，即"我就是要这个！无论如何都想要"，即使实际经济能力不足以让他们轻松购买，也要想办法得到。

这就是合理运用了高价促销的典型案例，所以，商家要用优质产品搭配高价，融合营销手段，促使消费者心甘情愿地为高价产品买单。

6.2.2 高折扣促销：少让利，就这么任性

在反促销式促销策略中，还有高折扣促销的任性路线，即坚决少让利，不降价。

按照常规思路，营销者要想获得一个理想的销售业绩，就需要提高销量和客单价，给消费者一个立即购买甚至更多购买的理由和动力，而这个动力的强弱程度在很大程度上影响了消费者的购买决策，是付款还是转身离开。

所以，有折扣、享受优惠、满额赠、满额减成为消费者购买的理由，但

如何让消费者在商家几乎不让利或少让利的情况下购买产品或服务，也是一个值得思考的问题。因此，就有了高折扣促销。接下来为大家介绍一个案例展示如何让消费者在高折扣促销中达到疯抢的程度。

一家生意火爆的牛肉店铺自加入外卖平台之后，没有做过任何广告和促销活动。店主想要在八周年店庆时，搞一次高折扣促销活动，具体的营销造势活动有以下四个方面的内容，如图6-4所示。

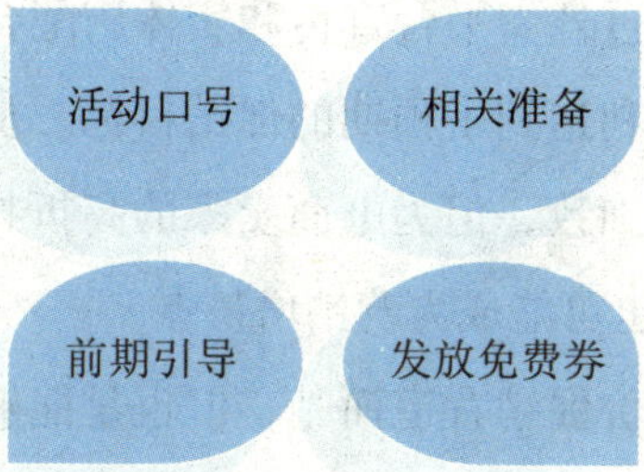

图6-4　营销造势活动的内容

1. 活动口号

活动前十天，商家打出了“牛肉9.5折售3天”的店庆促销活动广告，在网店首页上放上一幅大大的宣传图，还在实体店铺中以大型条幅的形式挂在显著位置。

2. 相关准备

在实体店铺前设置好排队护栏以及警示牌，并张贴招聘广告，招聘临时店员以及安保人员。

3. 前期引导

在店庆活动正式开始前，店员会引导客户在活动前多买些牛肉，以免遇到排长队或断货的问题，特别是远道而来的客户，如果到时候买不到牛肉就得不偿失了。

4. 发放免费券

在线上线下大量派发牛杂肉免费券，在店庆期间，客户可凭券免费领取牛杂肉一份，一人限领一份。

如此安排有什么道理？首先，活动口号可以明确告诉客户或者路过的人此处将有促销活动，吸引其注意力。其次，在实体店设置相关的设备可以防止活动期间人群拥挤，有顺序的排队是非常重要的。而且这也会给客户造成一种紧迫感：看，这家店铺提前就做好排长队的准备，肯定会有许多人买促销牛肉。再次，店员对客户进行前期引导也能够造成一种店庆期间销售火爆，会有卖断货的可能，这是一种心理引导。最后，活动期间线上线下可免费领取牛杂肉和买打折牛肉的客户混杂在一起，也会增加销售量。

结果显而易见，通过外卖平台宣传和实体店配合，这家牛肉店铺在店庆前的销量大幅增长，顺利达到了预期的促销目标。从实际操作来看，这个案例可能不是十分成功或细致，但为电商卖家的高折扣促销活动提供了一种思路，即高折扣促销活动也可能成为营销增长点。

这种促销与打折降价促销背道而驰，但也是能够收获效果的反促销式促销，应该成为商家实施促销活动的另类促销方式。

6.3 通告式促销

好消息！好消息！好消息！为迎接国庆欢乐购物节，本店开展8折大促销活动，来就赠、买就送，今日特价，绝对不容错过！

这是淘宝店铺在国庆节期间打出的促销活动，以通告形式告知消费者快来买，优惠大促销。商家开展今日特价优惠活动当然是希望提高销售量，但特价也是有技巧性的，特价商品的特殊性、特价标签以及本身的品质问题，都是消费者关心的问题。所以，商家应留心吸引消费者的技巧，避开不利因素。

6.3.1 今日特价：品牌全棉打底裤699元

2016年秋季新款女士弹力保暖打底裤699元，这是京东商城今日特价版的品牌打底裤的优惠价格。将优惠活动以通告形式告知消费者，是通告式促销的特点。例如，今日特价类的促销就属于通告式促销。今日特价是以特殊的优惠价格让利给消费者，并且有固定期限，也就是说，消费者要想以特价购买某件商品，必须是在特定活动时间内。

例如，一家餐馆刚入驻外卖平台时，向买家推出特价菜，每日一款，一周不重样。而随着餐馆外卖生意逐渐火爆，特价菜还是日日有，这时有人向餐馆老板建议，应该撤掉特价菜，全部改成高价招牌菜，因为招牌菜本身就是餐馆最拿得出手的镇店之宝。

而餐馆老板却说："特价菜也是店里的招牌，过去生意一般时向消费者主推特价菜，现在生意火爆还是要保留特价菜的习惯。既经济实惠，又有招牌菜的特色，这样才能够给消费者宾至如归的感觉，就像老朋友一样。"从餐馆老板的话可以看出，特价菜不仅价格便宜，也是餐馆的另类"招牌菜"。

然而，有的餐馆却白白错失了特价菜的奇特营销效应。比如，一家海鲜特色餐馆将麻婆豆腐作为自己的特价菜，即使5元一份，估计也未必能打动消费者，因为食客们多是冲着海鲜下单的。有的消费者甚至认为该特色餐馆并没有特色，用廉价菜作为特价菜糊弄食客。结果特价促销效果一般，当然也很难给消费者留下深刻印象。

在"买涨不买落"的消费心理作用下，消费者会看中一家生意火爆店铺的促销活动，而不会特别在意一家生意清冷的餐馆的特价菜。这是从消费者角度看待特价促销活动。而从商家角度看，越是特价品，越要给予重视，运用好特价的营销效应。接下来，为大家介绍三点特价促销的小技巧，如图6-5所示。

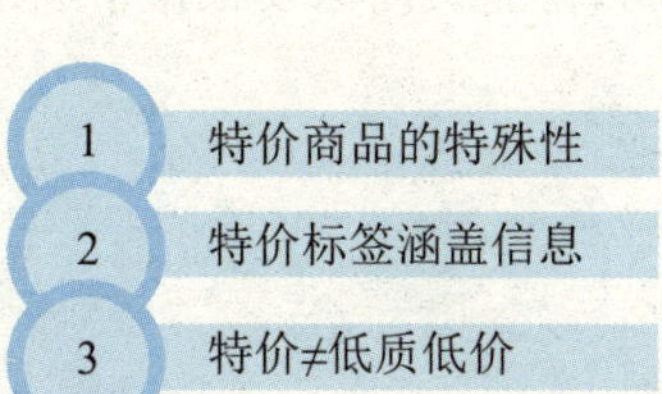

图6-5 特价促销的技巧

1. 特价商品的特殊性

特价商品往往以低价特征出现在消费者视野中，但如果商家运用好特价商品，也能够收获不错的营销效果。比如，特价商品结合特殊节日。

一家淘宝店铺专做围巾生意，产品均价约100元，该店在每周日都会推出一款特价围巾，而在三八妇女节这天，该店铺特别推出一款特价女士纱巾，仅售20元。同时，消费者如果将特价丝巾和其他款式围巾组合购买，还可以享受折上折优惠。结果，店铺当天的销量比前一天增长了20%。这就是结合特殊节日并运用了特价商品特殊性的效果。

2. 特价标签涵盖信息

实体店铺也好，网店也好，在做特价商品时可以充分运用特价标签，比如，制作有特色的POP，可以是海报、展示架、堆头、大招牌、贴纸等。要将重要信息涵盖其中，例如，“原价”“现特价”“特价幅度”“起止日期”等，这样可以让消费者一目了然，也符合通告式促销的特征。

3. 特价≠低质低价

商家开展促销活动的最终目的是扩大知名度、提高市场占有率、拓展销售渠道。而特价是促销的方式之一，但不等于用低质低价欺骗消费者，要结合口碑营销，让已经购买过特价产品的消费者主动成为传播者。

以是三点是商家开展特价促销活动的小技巧，特价可能不会创造太多的利润，但可以代替一部分广告费用，让优质特价品赢得消费者信赖。这样也可以获得不错的营销效果。而通告式促销是在更大的范围内实现另类促销，即以不一样的营销手段吸引消费者，提高客户体验度。

另外，相较其他营销方式，通告式促销比较严谨、单一，所以，这类促销方式有一定的适用范围和行业，商家要根据市场调研、实际产品特点、历史销售情况作出正确判断。

6.3.2　双十一预售：无须等待

距离双十一不到一个月时间，部分淘宝店铺已经提前开启抢购模式，比如，一家品牌卫浴旗舰店宣布，在11月6日即进入双十一狂欢购物节前奏，例如，原价489元的多功能花洒，双十一预售只要269元，现在下单立即发货，无须等待，并承诺买贵补差价。

而且，消费者还可以预存定金享受翻倍增值的特别优惠，只要预交11.11元即可在双十一当天抵500元用。其中，100元超值价预售马桶圈抵扣券，200元预售精品浴室柜抵扣券，200元高级智能感应浴缸抵扣券。

双十一不只是一天的超级优惠购物节，提前预售还能够为活动预热，综合来说，提前预售主要有以下三点优势，如图6-6所示。

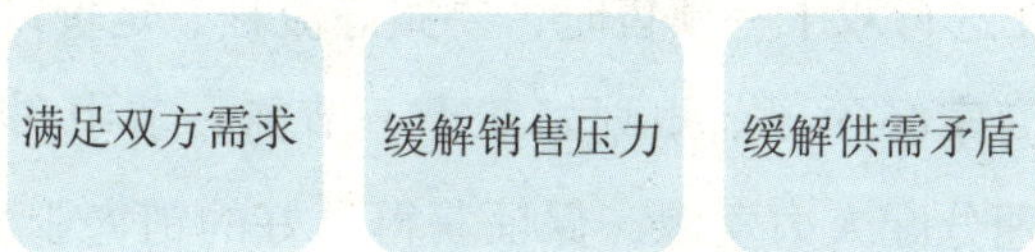

图6-6　提前预售的三点优势

1. 满足双方需求

提前预售是一种营销策略，既能带动双十一大卖狂抢的热闹气氛，也可以大大增加店铺的人气和客流量，拉长活动链。一方面，无须等待的双十一预售活动正好符合买方的个性化需求；另一方面，既然是预售，买家需要提前交定金，如果在双十一当天，由于买家没有支付尾款，订单可以自动取消，并且，卖家不退还定金。

2. 缓解销售压力

提前预售可以减缓双十一当天对系统后台的冲击，减轻高峰时段的强度压力。比如，在发货时间方面，由于双十一前未达到高峰，商家可以根据消费者下单时间的先后依次发货，尽可能做到快速处理。

如果是因为商家原因导致商品无法出仓进入物流系统，要按照提前规定好的补偿政策，给予消费者合理的退换货补救措施。因为即使是双十一之前，也无法保证下单的所有商品都能够快速交到消费者手中。

3. 缓解供需矛盾

提前预售可以缓解供需矛盾。双十一在24小时内完成销售可能会产生难以预测的供需矛盾，可能卖不出去，也可能卖断货。而淘宝店铺通常会在节前大量囤货，通过提前预售可以了解消费者的具体需求，收集客户信息，根据实际订单生产或预测双十一当天的销量，有效缓解供需矛盾。

目前，在淘宝活跃着不计其数的中小店铺以及众多的品牌旗舰店，可以说淘宝这个平台包罗了各行各业，想要借双十一做活动预热当然可以，但要清楚什么样的产品和供应链适合做双十一预售。比如，生鲜类、稀有贵重型商品以及电子、图书等有明确上市时间的商品，或者是大量采购的商品，都比较适合做双十一预售活动。

同时，商家在进行双十一预售时，要做好流程、定价以及注意事项方面的工作。所以，商家必须提前规划好双十一节前、节中和节后的营销工作和促销细节，合理分配人力资源，保证获得良好的销售业绩。

6.4 稀缺性促销

在物质如此丰富的今天，依然有些商品或多或少处于稀缺状态，从本质上来说，绝大多数稀缺商品是由供求矛盾引发的。站在供应端的商家可以通过改变供求关系来实现促销目标，比如，制造某些绝版或紧俏商品的销售状态，这就是稀缺性促销。

绝版唱片，只此一份，爱好者当然会不遗余力地购买收藏。而年度性的购物节日，品牌商的粉丝也不会错过，因为大力度的优惠活动可不是常常都有。特别是稀缺性商品，供应量少，需求旺盛，品牌商当然会以此大做营销活动，比如，苹果新款手机全球发售。

而全国独家代理，仅此一家，则是将目标锁定在货源方面，消费者会认为独家代理品质当然有保证，可以放心购买。

6.4.1 绝版促销，不退不换

重庆谢先生因为喜欢唱片，在十多年时间里共收藏了数万张绝版唱片，并在淘宝上公开售卖部分唱片，绝版唱片因为其稀缺性而比一般商品更有珍藏价值，这也是谢先生坚持收藏的原因之一。

多数绝版商品因其稀缺程度不同，而有不同的收藏和变现价值。同时，商家也将这一现象应用于促销方面。例如，淘宝店家将一款自主原创设计的服装进行绝版清仓甩卖，原价89元的韩国进口欧根纱方格时尚女式半身裙，绝版促销价格仅需50元，质量保证，不退不换。

绝版，从本义上来说，是限时限量发售的商品，或者是小范围发行、存世量稀少的商品。商家以绝版为口号进行促销就属于稀缺性促销策略。俗话说“物以稀为贵”，既然是绝版当然库存量不多，再加上商品本身的独特性，肯定会引发消费者的求购风潮。

社会心理学家罗伯特·西奥迪尼（Robert Cialdini）认为：人们对稀缺性产品的占有欲直接反映了人类的进化史。因为在过去，食物紧缺，物料缺乏，大家都想尽可能获得更多，所以刺激了这些东西价值的提升，而对占有者来说，得到的食物越多，越能够生存下去。除了进化因素外，相关研究也证明了“物以稀为贵”的合理性。

受测试者被要求品尝一块巧克力曲奇饼干，当从装满巧克力曲奇饼干的罐子拿出来给其食用时，受测试者反映饼干味道还不错。但当从一个即将空了的罐子里拿出一块所剩不多的巧克力曲奇饼干时，受测试者认为饼干的味道更棒。这说明在人类的潜意识中，越稀缺的东西越觉得珍贵。

既然人的天性认为越稀有越珍贵，商家也就运用此心理制定了相应的促销策略——稀缺性促销。按照常规来说，商家要保证市场上有充足的产品供消费者选择，而在稀缺性促销思想的指导下，商家反而要调低商品的供应量，制造供不应求的局面。

与此同时，商家也希望自己的商品能够引得消费者抢购，最好还是疯抢，一方面，可以证明自己的产品确实有品质保证；另一方面，也可以在促销中占有绝对优势。而对消费者来说，抢不到的才是最好的，这里就运用了两个消费心理效应，一个是逆反效应，另一个就是契可尼效应，如图6-7所示。

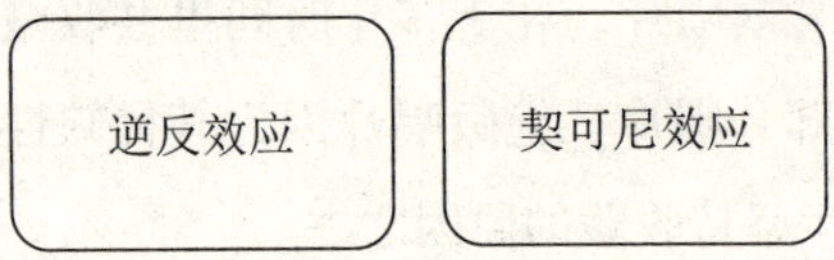

图6-7　物以稀为贵的心理效应

1. 逆反效应

逆反效应指的是个人在情感与行为方面对外界作出负向心理反应的现象，该效应往往还会影响其后续行为，这就是逆反效应的结果。在营销方面，营销策划者可以针对某个推广活动对消费者进行反向刺激，影响其情绪体验和行为倾向，以达到促销的效果。

简单来说，就是营销策划者与消费者“故意对着干”，消费者想买某款手机，营销策划者就偏偏要设置各种程序障碍，使其求而不得，这时消费者在逆反心理作用下，反而会增加购买欲望和动机。但要注意的是，营销策划者要合理运用逆反心理，同时控制过程和结果，引导该效应产生良好的效果；否则，就会遭到消费者真正的逆反抗拒，变成“反感”。

2. 契可尼效应

契可尼效应，又称蔡格尼克记忆效应，是德国心理学家蔡格尼克（Bluma Zeigarnik）在一项记忆实验中发现的心理现象，指的是人们对中断或未完成的事情总是记忆犹新，但会轻易忘记已经完成的事情。契可尼效应是推动我们完成工作的重要驱动力，因为人会倾向于不中断地完成整个过程，但也会有人走向极端。例如，工作狂人会逼迫自己将所有工作一口气完成，而有的人则相反，拖拖拉拉永远也完不成即使看起来非常简单的工作。

以上两个心理效应都能够应用于绝版促销中，借消费者对稀有产品的追逐心、好奇心以及占有欲获得成效。同时，这种稀缺性促销要特别注意施用的范围和力度，不是所有的产品都适合，且在本质上，产品的品质永远是第一位的。

6.4.2 错过一天，再等一年

各大景区几乎都入驻了旅游类电商平台，网上订景区门票成为很多旅游爱好者的习惯。“错过一天，再等一年”这种促销口号非常适合旅游类电商。

传说农历三月十八是后土圣母的生日，山西省万荣县后土祠景区每年都会举办盛大热闹的祭祀活动，并有“汉武大帝”仿古祭祀、品字戏台三戏同唱、锣鼓喧天叫阵祝寿等节目表演。另外，游客还可以品尝到油酥火烧、羊肉热锅麻辣串、荣河拌菜等地方特色美食。“一年仅此一次，错过一天，再等一年”。这是地方性景区以特色节日为促销由头，招揽线上线下游客发展当地旅游业的好办法。以传说中的后土圣母为依据，举办相应的祭祀活动，则为营销推广活动提供了一条合理的主线，是商家借此促销提高销量的绝佳时机。

依据产品特色开展相关的营销活动也是应了稀缺性促销的概念，中国56个民族各有特色，而且各个省份各有自己的特色，再到市级、县级等区域，不同地方有不同的特色。而这就为商家的稀缺营销创造了有利条件，比如，之前的后土祠景区的年度祭祀活动，就合理地应用了地方特色，为商家开展线上线下促销活动找到良好契机。

好酒也怕巷子深，所以，卖家在网上店铺宣传页要突出产品或品牌特色，主动向外推广，拓宽渠道，在更深层次、更大的范围内提高知名度，扩大市场影响力。比如，地方县域特色产业与周边区域或市级资源进行整合营销，并突出本区域内资源的稀缺性，让买家能够看到和获得更多的有利信息，才能打造出更好的营销效果。

比如，2016年十一前夕，努比亚联合苏宁举办了一场大型的“921努比亚牛仔购物节”促销活动，努比亚旗下多款热门手机都进行了或多或少让利促销。消费者在活动当天购买从网上下单nubia Z11 Max可享200元直降优惠，还有买手机赠耳机以及50元优惠券等。错过这一天，努比亚牛仔粉丝们要再等一年才能享受此优惠。

彭丽媛女士随国家主席习近平出访德国时曾使用努比亚手机拍照，引发了众多网友热议，努比亚也一跃成为“国母手机”。

如果说努比亚的购物节和其他手机厂商的购物节没什么特别之处，那么苹果的断货策略就能够被看作是一种稀缺性促销，如图6-8所示。

图6-8　苹果的稀缺性促销

1. 最高机密

苹果在每年的新品发布前夕都会以“最高机密”的标准严守新品信息，即不向外界透露任何相关信息，包括产品类型、尺寸、颜色、预售时间等。这样可以保持最持久的新鲜感，直到最后一秒揭开面纱。以缺货为由，苹果顺利让自家手机成为稀缺性紧俏商品，而这也正是苹果营销的目的。

2. 放低欲望

苹果的营销可以被称作“Next Big Thing”（下一件大事儿）模式，即保持神秘感到最后一分钟。产能不足、限量放货、上市延期、黄牛囤货等都是造成苹果断货的原因，但这并没有降低消费者的购买欲望。

当需求达到一定程度以后，放低欲望、满足需求成为当前唯一的选择。不管是手中的苹果加价还是彻夜排队或者是转手购买而来，总之，购买的欲望得到满足就可以了，过程不重要。在消费者看来，毕竟优质的稀缺性商品值得付出更多。

3. 技术+营销

如果苹果只是以断货策略吸引用户的眼球，那不会是今天的样子。最重要的是苹果站在智能科技的前沿，再以一系列巧妙的营销手段征服了全球挑剔的果粉们，而稀缺性促销正是其中关键的一环。

无论是错过一天，再等一年的年度活动，还是供不应求的稀缺性促销，都是主办方或品牌商“有意为之”，因为稀缺本身就是一种可营销资源。没有卖不出去的货，只有运用不当的营销策略，消费者不是不肯为高价产品买单，而是只有达到心理预期的商品才对消费者有足够的驱动力，让消费者心甘情愿地掏腰包。

6.4.3 全国独家代理，仅此一家

意大利NOVA是全球顶尖的电梯定制商，在2016年9月，旗下品牌思卫塔（Suite）的中国大区代理授权给了北京录科立福电梯科技服务有限公司，使其成为中国的独家代理商。从这里可以看出，北京录科立福公司拿到了意大利NOVA旗下品牌思卫塔的独家代理授权，也就能够和国际知名电梯定制商进行全面合作，负责其在中国大区的相关业务。这就是独家代理制度。

能够进行独家代理授权的多是知名品牌商或有业务拓展需要的商家，就NOVA而言，思卫塔以高端电梯定位，产品用于全球范围内的高档商场、会所以及私人豪宅。授权给北京公司，也是进一步开拓中国市场，因为独家代理模式的优势就是突出"唯一"的特点，没有与其他代理的恶性竞争，市场宽容度比较高。而且，一般来说，被授予独家代理权的代理商应在合同规定的期限内达到最低销售额，突出权益与义务相对等。

在消费者看来，如果商家在其网站上宣传自己是某品牌的全国独家代理商，那消费者会对它产生很大的信任感，认为这个品牌能够将代理权交给某家公司或企业，说明该公司或企业有很强的实力，能够经得起品牌商的考验。

独家代理属于代理商的范畴，与其相似的还有经销商和分销商，接下来，简单介绍代理商、经销商和分销商三者的区别和联系，如图6-9所示。

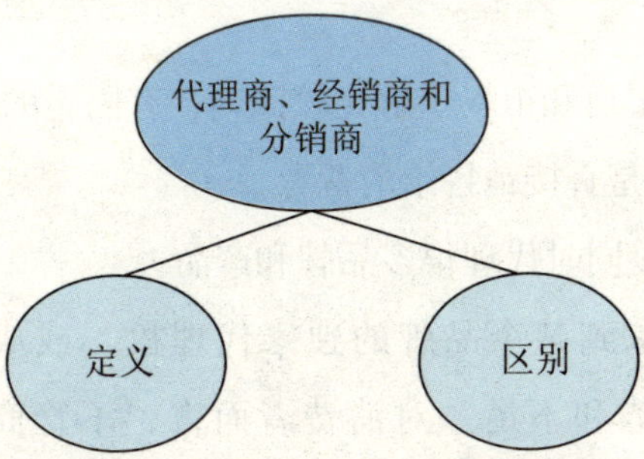

图6-9 代理商、经销商和分销商

1. 定义方面

代理商：从厂家处获得授权，并在特定地区以及指定期限内经销某种产品，相当于代理制造商的产品或服务。

经销商：直接采购并销售特定产品，即买断制造商产品。

分销商：从总代理处分销产品或服务。

2. 具体区别

代理商：（1）代理商是指生产厂家授权给特定区域内的商家，商家有资格销售该产品或服务。它可以分为独家代理、总代理以及分级代理，也可以按照区域分为地区级、国家级或省市县三级等。一般来说，所有代理商都有相应的特权，只是低级别代理商受上一级代理商管理。

（2）一般而言，代理商没有产品的所有权，只收取佣金。相当于替厂家销售产品。

（3）现在，随着代理商概念的扩展升级，代理商不一定只收取佣金，和厂商也有其他的合作模式。

经销商：（1）经销商可以分为普通经销商和特约经销商。普通经销商一般没有限制性条件，而特约经销商则是和厂家在产品定价、销售额等方面有特殊协定。

（2）经销商能够与厂家直接联系，也可能和大型代理商有联系，经销商从厂家处进购产品以后，即拥有产品所有权。

（3）经销商的利润来自买进卖出间的差价。

分销商：（1）分销商是完全独立的商人性质，可以简单理解为分着来销售。

（2）分销商对渠道和市场了解比较深刻，有固定的受众群体，一般都是公司或商店等，而不是直接销售给消费者。

（3）分销商可以同时代理很多品牌和产品。

对商家而言，拿到某个品牌的独家代理权，或成为其经销商、分销商，都有一定的优势和不足。对消费者而言，不管商家的进货渠道是什么，自己最终的目标是买到品质相当、价格公道的产品。所以，商家可以选用合适的销售渠道。同时，厂家对想获得全国独家代理授权的公司或企业（即商家）的要求比较严格，因此，商家要充分考虑自身条件和代理产品特性。

另外，在稀缺性促销方面，商家可以利用独家代理的优势，创造一种紧张氛围，刺激消费者尽快作出购买计划。比如，“全国独家代理，仅此一家”，所以，产品数量有限，限时供应。当然，前提是产品本身独特性强、品质好，确实能够引发消费者的购买欲望。

6.5 模糊式促销

与一般强调目标市场和受众群体的精确定位不同，模糊式促销反而好像忽略了市场和受众的真实需求，研制出一批极具个性的奇葩性产品。如果你认为这些产品肯定无人问津，那就错啦！奇葩产品正是凭借独特创意和超高黑科技给人一种高大上的傲娇感（网络用语，即外冷内热）。

甜品传感器、智能扫帚、广场舞神器、语音识别机器人，这些产品可能你听都没听说过，但上网一搜，它们确实存在于这个地球上。受众群体模糊而广泛，男人、女人、老人、孩子可能都是它的服务对象。所以，商家更要在产品创意、服务理念、推广渠道方面多下功夫。

6.5.1 这样奇葩的产品，只有偶家卖

商场当中有琳琅满目的产品，大家对货架上的绝大多数商品都比较熟悉，即使你不太记得婴儿时是否用过纸尿布，但肯定不会不知道有种叫纸尿布的产品。可你确定见过那些兼具创意与特殊功效的奇葩产品吗？

永远吃不完的糖、印度变态辣椒、67.5度蛇毒啤酒、可可脂含量100%的巧克力、减轻焦虑的睡眠水，这些产品被冠以奇葩的名号一点都不为过，

所以，在消费者越来越挑剔的年代，越奇葩的产品越可以激发消费者的好奇心。人们不仅仅只是为了满足需求而买买买，年轻人群对奇葩产品的追求更上升到彰显个性、表现自我的维度。接下来，介绍四款创意的奇葩产品，如图6-10所示。

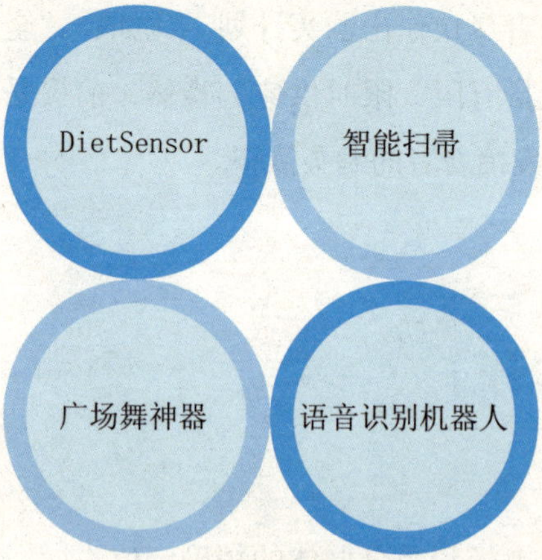

图6-10　四款奇葩产品

1. DietSensor（食物传感器）

DietSensor内置的小型红外线扫描仪可检测食物的营养成分，所以，免去了手动输入食品营养成分和卡路里信息的环节。但它只能扫描成分单一的食品，比如，鸡腿或猪蹄，而不能扫描一个鸡腿汉堡。当然，价格也不便宜，DietSensor的售价为249美元，购买者还需要每个月支付10~20美元的服务费。十分注重营养的你会买吗?

2. 智能扫帚

当你在黑黢黢的沙发底下摸索着打扫时，是不是很期待能够有点上帝的光照亮黑暗世界?所以，有品牌商研制出了一把“智能扫帚”。在扫把头的位置有智能LED照明灯，用户可以在选择常亮状态或智能感应状态。开启智能感应状态以后，扫帚在有光亮的地方不会发光，但在沙发底部的漆黑环境下，这把智能扫帚会自动打开照明功能。

官方说法是该智能扫帚功耗低，亮度高。估计它可以拯救爱干净、有强迫症的小伙伴们，毕竟这些人是不允许有杂物潜伏在沙发底部的人。

3. 广场舞神器

小区街道、花园空地、休闲广场，甚至高速公路都有广场舞大妈们整齐划一的舞步。然而，没有一件广场舞神器怎么能行？所以，“炫舞伴”腾空问世。“炫舞伴”是一款专用于广场舞的便携式扬声器兼投影仪，能够将舞曲音乐控制在一定半径范围内。音乐声会随着半径距离的增加而减小，不会打扰到周边居民休息。而且，它的环视摄像头还能够根据舞者脚步节奏投影出光彩效果，就地创造出一个充满梦幻的舞台。

4. 语音识别机器人

语音识别技术并不陌生，但语音识别机器人到底有什么功能？原来，用户只要对它说一句提前设定好的很长的英文，机器人即可识别出对话人的性别、身高和年龄。不过，性别和身高还好说，年龄嘛，毕竟没有人愿意被说老上几岁甚至十几岁。

但TCL此举难道真的只是想研制这么简单的测试机器人吗？当然不是，语音识别机器人展示个人信息只是语音识别的一个基础功能，重点还是语音识别。

从生活到科技界，奇葩产品以独特的创意加上技术色彩，给人一种奇特的创新感，而这也是模糊式促销的重要特征。模糊式促销是伴随互联网技术的发展以及生活方式的变革而出现的一类新型营销方式，强调一种动态的平衡，借用四两拨千斤的巧劲，实现营销目标。

模糊式促销的突出特点就是目标市场、产品与服务之间的模糊化趋势，比如，互联网、电子商务的发展，使得消费者群体越来越多样化，没有明显的特点和界限，而商家在营销过程中可以对目标人群进行模糊化处理，将重点放在产品本身以及由此带来的消费者观念的转变上。

当然，模糊营销不是忽悠营销，而是将目标市场模糊化处理后的重新定位，实际上，非黑即白的事物并不多见，事物多是处于两者之间的模糊状态。例如，判断一个人是否健康有很多标准，所以无法立即得出某个人是不是健康的答案。因此，商家在促销活动中也要适时将多重要素考虑到促销方案中，灵活机动，刚柔相济，才能有良好的营销效果和长期发展。

6.5.2 全场大降价，给你超值优惠

某品牌旗舰店在某电商开台开展了一次季末大促销，全场大降价！原价500多元的精品男式衬衫，现在4折起狂甩，给你超值优惠，绝不马虎，赶快来抢！

网店进行大促销活动的卖家有很多。为起到更好的促销效果，卖家可以采用模糊式促销的办法，不具体指明优惠多少，只是模糊地说一下现在全场正在大降价、大促销，不限品类、不限款式，消费者当然容易被这种促销手段吸引。

单纯从模糊这个词语来看，语言方面的模糊性指的是具体的范围和边界的不确定，比如，全场大降价，就可以使消费者同网店内的商品们进行对号入座，认为所有商品都是大降价，自己正好想买件风衣，可以去看看。模糊性促销就是通过模糊广告语引导消费者进行消费行为和消费决策，同时，也展示出商家与众不同的促销策略，以便自己的商品能够卖得更多、更快。

商家在营销中，可以将模糊式促销手段运用在以下三个方面，如图6-11所示。

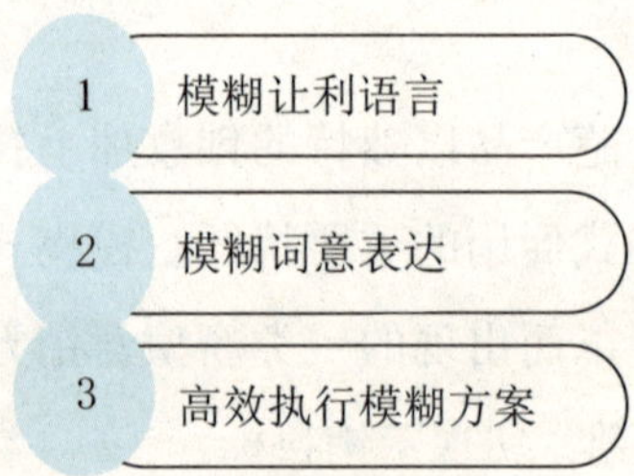

图6-11 模糊式促销的应用

1. 模糊让利语言

典型的模糊让利语言——“全场大降价，给你超值优惠”，并没有说出降价的具体范围和款式，再加上“全场”这个词语，可以让消费者联想到商铺展示页上的任意产品。这样可以模糊具体的促销方案，将促销作为一个整体进行，有利于实现营销效果。

2. 模糊词意表达

模糊式促销在这方面的应用主要是文案广告语的使用，比如，箭牌口香糖的“一箭如故 一箭钟情”、六神特效花露水的“六神有主 一家无忧”、

华力电蚊香的“默默无蚊（闻）的奉献”，都是运用了谐音展现产品优势，引发消费者对产品效果的联想，也是模糊式促销的范围。

比如，“默默无蚊（闻）的奉献”，可以使消费者联想到使用该蚊香，可以没有蚊子骚扰，还没有声音，静静地享受安神之夜。只言片语却体现了多层含义，当然能够吸引消费者的注意力。

3. 高效执行模糊方案

模糊式促销虽然在文案语言方面是模糊的，但商家在执行方面却不能模糊，促销方案或政策确定以后，就需要营销人员不折不扣地执行下去。在执行环节发现问题及时纠正，保证模糊式促销有好的效果。

促销看重的是结果，在执行过程中看重的是效率。当然，商家要考虑到一些动态因素，比如，时间、季节、执行方案的可行性等，对整个促销结果有准确的把握才能收获良好的营销效果。

在“互联网+”时代，互联网更具包容性，促销方式和手段也要更具柔性，在别具一格的基础上，拓展出更多的另类促销方式，才能收获经济高效的营销效果。模糊式促销既是对目标市场的模糊，也是对促销手段的模糊。同时，又要突出产品的独特性、暗示性，这样才能触碰到消费者的消费痛点，激发消费者的想象力，提高其对产品的黏合性。

6.6 纯视觉冲击促销

微电影和短视频的兴起代表了移动互联网正进入一个新趋势，所以，营销思维也要跃升一个维度，由此产生了纯视觉冲击营销。比如，微电影中植入广告，其植入形式可以是道具（即产品）、场景、声音、台词或者是主题。商家可以在具体方案中灵活运用。

一条短视频广告拍出2200万元高价，使得papi酱成为2016年最值钱的网红。应该说，papi酱能火速走红是各方面因素综合作用的结果。但从营销角度看，能够斥巨资买下papi酱视频的贴片权，也是因为投资方看重视频短片广告植入的前景和优势。本节将对视频短片广告的三大要素详细讲述。

6.6.1 微电影广告植入

2016年9月14日，微电影《最长情的陪伴》在河南郑州曼哈顿奥斯卡影城举行首映礼。该微电影时长25分钟，主演有于荣光、庞晓戈、何翯等，由河南本土企业巴奴毛肚火锅斥资百万元赞助，巴奴掌门人杜中兵担任制片人。当天，数百名巴奴粉丝见证了微电影的首映礼。

这部微电影的特别之处是全程不见任何有关品牌的广告植入，只是在电影结尾处，主人翁和家人团聚时，吃火锅的镜头一闪而过。

近年，微电影像微博一样迅速受到大众追捧。微电影本身具有短小经典但结构完整的特点，同时，还有制作周期短、成本投入小的优势，符合移动互联网和碎片化的时代趋势，受到大众追捧。微电影既可以单独成篇，也可系列成剧，主题多样，有幽默搞怪、时尚潮流、公益教育、商业定制等。同时，它也具备电影的核心要素：时间、地点、人物、主题和故事情节。

基于以上特点和优势，微电影成为品牌商们营销的新阵地，最主要的方式就是在微电影中植入相应的广告。但是，微电影的广告植入也有其形式和特点，如图6-12所示。

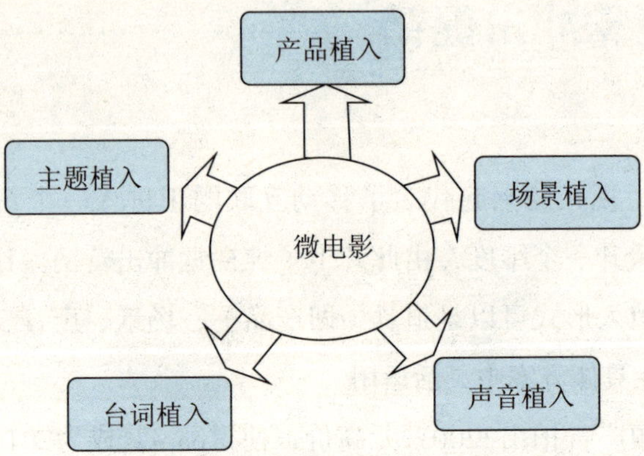

图6-12 微电影植入广告的形式

1. 产品植入

主要是将品牌商的产品直接作为微电影中的道具出现，比如，主人公喝饮料时，镜头给瓶身一个特写或把饮料放置在醒目位置。这种植入比较传统而且生硬，容易给观众一种看广告的感觉，商家要慎用。

2. 场景植入

比如，男女主人公在一家咖啡馆中对话，微电影的镜头中自然出现品牌的相关信息或LOGO等，或者是户外广告牌以及特定环境等，让观众明显识别出这是某个品牌。

3. 声音植入

例如，微电影过程中突然出现马林巴琴声的默认铃声，观众就能够识别出这是苹果手机。这是用特殊的声音植入的方式，也可以用某个旋律和歌词，或者店员叫卖声，暗示给观众特定的品牌信息。

4. 台词植入

主要是通过微电影中演员间的对话体现宣传效应，例如，男主问女主去哪里吃饭，女主顺势报出某家知名餐馆的名字，或者是台词中出现一句经典的广告语。

5. 主题植入

依据微电影的主题和类型，在过程中植入品牌商信息或产品等，当然，这需要微电影编剧在剧本写作时将主题和品牌商信息或产品巧妙结合在一起，而不至于让人产生生硬植入的感觉，同时，也能够增加品牌曝光率。比如，火爆网络的微电影《老男孩》传达出坚持不懈、昂扬向上的乐观精神，这与科鲁兹希望给目标消费者传达的品牌理念如出一辙。

商家在运用微电影广告植入做促销活动时，要以观众的主观感受为重要考量标准，因为观众肯定不是为了欣赏被植入的广告而观看某部微电影的，所以，要遵循巧妙和适度的原则。而广告植入的成功与否除了这些技巧性问题外，还有一个关键因素，即微电影本身的火爆程度。一部无人问津、点击量很少的微电影，其广告植入的效果肯定也不会太好。

所以，商家在选择微电影进行营销投资时，要在前期对微电影进行具体的市场考察和调研，力求在植入广告的同时达到商业性、娱乐性、艺术性的平衡，让微电影和广告看起来和谐又有美感。而事实上，不少微电影都因为植入太多硬性广告而饱受争议，让影片失去本身的主题意境和艺术魅力。

在融合方面，像微电影广告植入这类纯视觉冲击的促销方案，强调的是观众的接受能力和认可程度，包括对品牌本身以及微电影的辨识度和满意度。如果品牌本身的美誉度高，产品优良，再加上微电影中的广告巧妙植入，肯定会收获不小的营销效果。最好是微电影本身也非常火爆，进而带动品牌。

在传播渠道方面，微电影借助互联网、移动互联网的发展及消费者的消费理念升级等趋势，顺利赢得不少消费者青睐，转发、评论、下载、互动以及高点击率，既传播了微电影，又扩大了植入广告的品牌商的影响力。

在表现特征方面，微电影和电影类似，都强调表现某种特定情感，或爱情，或亲情，矛盾冲突越激烈其表现力度越深刻。广告植入的品牌也受益匪浅。因为纯视觉冲击的根本就是让观众在不知不觉中获知并认可促销者想要传达的信息和品牌概念。

6.6.2 视频短片广告植入

2016年4月21日，papi酱的视频广告贴片招标会正式召开，本次拍卖会以21.7万元为起拍价，最后由002号竞拍者丽人丽妆竞拍成功，拍出2200万元高价。拍卖标的物为papi酱系列短视频的贴片广告，发布时间为2016年5月21日后任意一周的星期一，位置为papi酱视频主节目后的菜单位置。

此次贴片广告的回报是：包括papi酱微信公众号第二条位置推送一次，papi酱微博转发一次，投资方罗辑思维的微信公众号多次推送等。

在拍卖会现场，竞争相当激烈，不到6分钟的时间，拍卖价格从50万元直线跃升到1000万元。其间，扫地机器人科沃斯、微鲸电视作为线上竞拍者也纷纷连续加价，微鲸电视则在1800万元之后连续出价。最后，经过26次竞价，002号竞拍者丽人丽妆夺得“标王”。

丽人丽妆是一家专注于品牌化妆品的网络零售公司，获得70多个化妆品牌的正品授权，2015年双十一期间，丽人丽妆的销售收入超百万元，是天猫化妆品的头牌卖家。同时，根据工商注册信息显示，该公司是阿里巴巴投资的公司之一。也就是说，此次霸气夺得标王的丽人丽妆属于阿里巴巴系，同时，此次拍卖会的直播平台是阿里巴巴的优酷，线上拍卖平台是阿里拍卖，可以说，此次拍卖会阿里巴巴才是最大赢家。

再结合参与竞拍的品牌商来看，各大品牌商之所以如此注重此次拍卖会，也是想借新媒体的发展打造从内容生产到内容传播、内容消费的生态体系。

而且，贴片广告最直接的好处是获得了独家的视频短片广告植入的权利，毕竟作为2016年第一网红的papi酱，其视频影响力也相当可观。papi酱的一条广告能拍出2200万元的高价，可以看出短视频广告红利一触即发。

从大的范围和趋势看，移动广告正在蔓延全球。在互联网时代，流量入口是搜索引擎，广告主只能以搜索引擎和页面为依托，投放自家广告。而在移动互联网时代，广告投放渠道已经从PC端转至APP客户端，所以，移动广告自然成为新宠，而短视频广告又是移动广告的重要内容之一，可以看出，广告主开始重视在短视频中的广告植入。

以Fackbook为例，作为社交巨鳄，Fackbook的移动广告发展迅猛。截至2016年9月，其广告客户数量已经达到400万。根据监测数据显示，九成的Facebook客户通过移动设备接入服务，在2016年第2季度，Facebook的移动设广告收入占到总量的84%，约52亿美元。

平均每10位Facebook广告客户就有4位制作了移动广告，有2位制作了视频广告。Facebook 上的视频点击量每天高达40亿次。

强劲的移动广告发展势头，加剧了Facebook与谷歌的竞争，毕竟后者占据着搜索广告市场大部分利润，而Facebook移动广告的崛起势必会影响到这种“平衡”。

可以说，移动广告的快速发展也为企业的营销活动创造了新型的营销手段，即视频短片广告植入方式。

既然视频短片广告如此火爆，商家或品牌商当然要合理运用。最重要的途径就是广告植入，但也要把握好视频短片广告的三大要素，如图6-13所示。

图6-13 视频短片广告的三大要素

1. 成熟技术

文字、图片、音频、视频，这些信息的传播形式的演进也是媒介技术的发展历程，而互联网、移动互联网的兴起，将线下传播拓展到线上传播，其背后是成熟技术的支持。云计算、智能终端设备、APP等，消费者获取视频内容的渠道越来越广，成本越来越低，而广告主的广告投放选择也越来越多。2016年，随着短视频内容的爆发性增长，移动广告成为商家进行内容营销的重要形式。

2. 原创内容

技术的成熟加速时代趋势的转变，所以，广告的内容以及可供匹配的广告形式也在革新。优秀的广告总是在潜移默化中让用户接受品牌信息，从而引发情感共鸣，更简单地说，是用纯粹的原创内容吸引有着相同感受的用户。这也就是papi酱的短视频广告能够如此火爆的重要原因。

3. 用户互动

著名的广告大师约翰·沃纳梅克（John Wanamaker）曾说：“我知道我的广告费有一半浪费了，但遗憾的是，我不知道是哪一半被浪费了。”现在，移动技术的成熟使这一难题得到解决，短视频平台主动监测记录用户行为和互动数据，以此来衡量投放效果和所产生的实际价值。

这对追求精准的广告主来说确实是个好消息。毕竟，单纯的曝光度、转化率已经越来越无法准确覆盖用户数据。

视频短片广告的要素和特点也决定了其广告植入的形式和目标，即在技术成熟的基础上，以原创内容传播品牌信息，以用户互动行为的监测结果衡量广告植入效果，及时修正营销策略。

同时，视频短片广告植入也是除微电影广告植入外，纯视觉冲击促销的另一种方式。并且，两者都属于另类促销的范畴。

第7章 主题促销

7.1 首创式促销
7.2 主题性促销
7.3 公益性促销
7.4 配合平台主题促销
7.5 联合促销

电商平台以某个或某类主题为促销理由，联合平台中的品牌商开展大规模的促销活动，比如，淘宝双十一、京东618店庆等，这些都是首创式促销。

主题性促销则更加鲜明，父亲节也是电商们齐聚打情感牌的好机会。当然，还有母亲节、情人节、七夕节等，促销活动都大同小异。一场冰桶挑战迅速引爆全球，已经超越人与人之间的点名，渗透至品牌商曝光自家产品，所以，小米电视来挑战。

除了具有商业气息的促销活动外，主题促销活动也可以携手公益，为社会公益事业做贡献，比如，为筹集打井费用，百雀羚特别开展“涌泉相报”公益捐助项目；汇聚微小力量的“一分钱”公益；救犬行动或动物认领公益活动等。

另外，3月7日女生节、3月8日妇女节，商家可以借用这些特定群体的节日进行主题促销活动，天猫新风尚促销活动借助淘宝平台，主打新品牌新款式的时尚潮流，吸引最活跃的年轻人。

而联合促销则强调的是品牌商之间的强强合作、优势互补，从最初的“啤酒与尿布”到后来的七匹狼与七格格，都是联合促销的范例。本章将会以上述五大类型的主题促销活动为主，为大家介绍主题促销策略。

7.1 首创式促销

当规模效应达到一定量级时，电商或品牌商自造或首创购物节就成为可能，所以，有了双十一、618以及各个粉丝购物节，基本上都大同小异，都是借助主题做的促销购物活动。毕竟2015年双十一阿里巴巴收获900多亿元的销售额，也是全球消费者特别是女性购物群体共同奉献的结果。

京东的618从最初的自嗨发展为电商平台争夺的流量重地，证明了京东的实力和发展，也是商家开展主题促销活动的绝佳机会。而促销活动成功与否，在很大程度上取决于对主题促销活动的核心要素的把握程度。所以，商家自我检讨修正，拼折扣、讲品质，就是为了在主题活动日获得可观的销售收入。

7.1.1 双十一，就来淘宝狂欢节

双十一不仅仅是消费者的购物狂欢节，也是各大电商以及淘宝百万中小卖家的销量暴涨节。2016年国庆节前夕，距离双十一还有一个多月的时间，杭州的陈婷已经忙活起来了，不是为在淘宝上卖东西而忙，而是作为一个淘宝店主，陈婷要为2016年的双十一做准备。

比如，报名淘宝“天天特价双十一”招商活动。报名方面，查看平台对商家的申报资质规定、填写报名信息、上传商品图片、根据关键词撰写商品标题；发货方面，和物流公司确认信息、沟通相关事宜等。除了天天特价外，陈婷还要策划10月份的在线销售方案，因为淘宝平台对活动前30天的交易量等有要求。

为此，陈婷在8月份就制定了一系列的促销策略。因为8月、9月、10月是平台正式取得诚信综合指标的关键时期，也就是评估店铺整体运营状态的重要时间段。

消费者可能在双十一那天尽情购物，所以商家不能在双十一前夕才开始

做准备工作，因为一系列的审核以及相关工作需要时间。商家要未雨绸缪，早作打算，根据淘宝历年双十一的习惯和本次具体规定，合理设置库存，准确撰写标题。那商家到底在双十一前夕和当天该制订哪些促销方案呢？如图7-1所示。

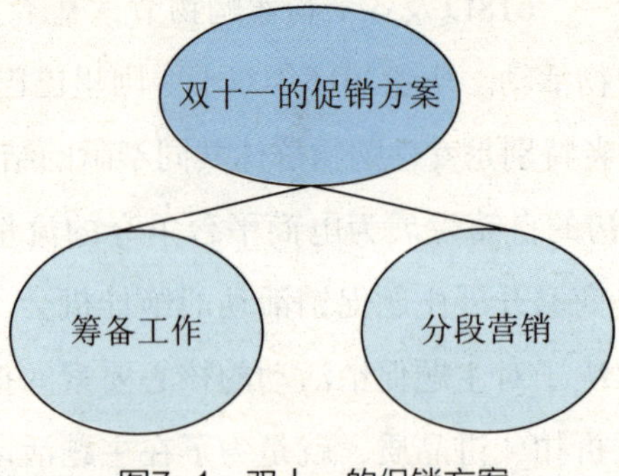

图7-1 双十一的促销方案

1. 筹备工作

筹备工作是整个双十一大战的前奏，包括活动预热、日销量以及库存备货等，都需要商家提早规划，合理铺货。接下来，为大家具体介绍双十一筹备工作的细节。

（1）注重活动预热。双十一看似是当天的超级热卖日，但其重点却是活动预热。据相关统计数据显示，店铺超六成的销售额是在11月1日到11月10日完成的，而双十一当天可能只占三成多。这就是为什么有些淘宝店铺在双十一前就已经开展促销活动，原价129元，11月8日就打出了99元的优惠价，并向买家承诺双十一当天还是这个价格，买贵三倍返差价。

（2）店铺日销量。双十一是购物狂欢节，卖家销量暴涨，但节日过后呢？还剩下什么？所以，在双十一以后，店铺日销量翻倍增长也是有可能的，前提是做好营销工作，用双十一引流，在节后照样提高店铺销量。

（3）合理备货。虽然店铺的库存量是一项重要指标，但故意积压大量库存也不是明智之举，双十一当天就能全部消化库存的想法并不现实，接下来的11月到12月可能都在清库存，这样会直接影响来年的营销计划。所以，要合理备货，不至于造成过度积压。

2. 分段营销

双十一全天24小时的大促期，商家要有针对性地制订不同时段的营销计划。

（1）0：00—5：00

前面提到了11月1日到11月10日的时间段是非常重要的预热期，而双十一当天0：00—3：00也是非常重要的促销时间段。消费者熬夜等着零点下单是因为：多数人都是看中了店铺的大力度优惠，如果全天下单都一个优惠价，为什么要熬夜呢?

所以，商家可以提前发送优惠券，提高收藏量。比如，提前给客户发系统邮件，告知其在0：00—2：00下单可享受特殊折扣。

（2）5：00—18：00

2016年的双十一是周五，上班族工作的最后一天。如果消费者没有急于在凌晨下单，很可能是想通过现场搜索找到想买的商品，或者已经提前放在购物车里了，直接下单即可。所以，店铺的排名还是很重要的，例如，当搜索“女式棉拖”这一关键词后，系统呈现给消费者的是综合排名的结果，因此，商家运用好会场资源和豆腐块展位很关键。

（3）18：00—21：00

这个时间段，要尽量将消费者从碎片化时间拉到购物场景中来。可能消费者正在下班路上、在家吃晚餐、陪孩子写作业等，可以在这段“闲暇”时光中投放大力度的优惠信息，比如，买精品钻戒送iPhone 7等。

（4）21：00—24：00

在最后的时间段内制造紧张气氛，例如，双十一倒计时、抽奖活动即将结束、热卖宝贝优惠截止倒计时等。对消费者来说，得到赠品可能不太兴奋，但失去享受优惠的机会却是一种损失，就像得到100元和损失100元，虽然数量等同，但所产生的心理效应则完全不同，这就是厌恶损失心理。

所以，商家可以通过制造紧张气氛，让消费者感觉自己即将错失最佳优惠期，进而快速作出消费决策。

双十一是由阿里巴巴一手培育起来的全民购物狂欢节，多年的经验和管理系统决定了淘宝本身不只是个购物电商平台，更是一种商业运作思维。所以，商家在双十一不仅要卖货，还要以消费者的角度、商家的态度甚至淘宝的理念来为自己的促销计划做指导。

当然，阿里巴巴本身有很强的实力，为众多卖家搭建营销平台，商家要做的是尽量发挥这个平台的优势，规避风险，以实现最大限度的盈利。

7.1.2 6.18来京东，不只有老板娘

京东的6.18购物节从最初的“自嗨”模式发展为电商行业“普天同庆”的盛宴，2015年、2016年的两届购物节玩出了不少新花样，也吸引不少品牌商的加入。同时，实体商业也以商业联盟的形式浩浩荡荡地挤入这场618的狂欢活动。比如，万达集团旗下的飞凡电商，举办了“百城千店疯狂年中庆”营销活动，全方位无缝连接线上线下，互动模式让消费者在场景体验中真正享受到低价促销的实惠。而6.18的主角京东当然以东道主的姿态，霸气开启2016“品质狂欢节”，尽管平台竞争相当激烈，但这种首创式促销还是有一定的优势。

简单来说，首创式促销指的是平台本身自发组织的促销活动，如双十一是由天猫首创的促销购物节，而618则是京东首创的购物节，还有4月6日的小米米粉节等，以及其他品牌商自创的购物节，多以回馈粉丝、优惠大促销为名。

除了这些电商大咖们的购物节比拼外，一些咖位较小的电商，也是八仙过海、各显神通，各自打出了购物节口号，虽然销量不敌电商大咖，但有总强过无，毕竟能嗨一把是一把的总原则还是要坚持的，比如，1号店、蜜芽、乐视商城、H&M等。而且，年中、年末的大促销本身就是非常有吸引力的促销活动，也是提高知名度、增加曝光度的绝好机会。

总之，以各种购物节为名义的主题促销是电商们自创的购物营销活动，也是真正让利给消费者和众多粉丝的优惠活动，两者都可获利，当然会越来越火爆。

主题促销活动的特点是系统性强、时间周期短、联动效应强，所以，商

家要参与某个电商平台的主题促销活动也好，自创主题购物节活动也好，都要依照主题促销的特点制定促销策略。因此，把握好主题性促销活动的核心要素才是关键，如图7-2所示。

图7-2　主题促销活动的核心要素

1. 主题定位

既然是主题促销活动，当然要有一个合适且能够准确表达利益诉求的主题，同时，这个主题要和消费者的利益相关。比如，百度糯米的517吃货节，以美食为诉求点，2016年以“为爱送餐我来买单”为主题，准确定位了吃货这一目标群体。

2. 客户体验

“客户体验”这个词频频出现在各种促销活动中，说明客户体验确实是营销策略中的重要话题。主题促销活动也不例外，准确的主题定位吸引来消费者以后，就要为消费者创造极致的客户体验，包括优质产品、快速物流、售后服务等，涵盖交易的全过程。

主题促销也是促销，是增加交易量的一种方式，所以，依然要保障消费者的权益，可以高价但必须和品质对等。

3. 优惠折扣

主题到位，客户体验也不错，但距离下单还有那么一小步，如何让消费者顺利跨出这一小步呢？优惠折扣，而且是不同以往的优惠折扣。只有商家将优惠折扣真正做到家，才能打动消费者芳心，下单购买。所以，商家参与主题促销活动，要确实给予消费者一定的优惠，但要综合考量各项因素，因为最终卖给消费者的价格并不是成本+利润这样简单的计算方式。

4. 最大效果

一场主题促销活动可以极大地拉动销量，或者只是比平常多出一两成销量。虽然一个品牌或产品很难仅凭一场主题活动同时告知全国十几亿人，但只要将信息最大限度传递给目标消费者，就可能产生最大程度的促销效果。

大型品牌商或电商平台可以首创促销购物节，中小型商家可以借助电商平台的购物节售卖自家产品，其中都运用到了主题促销手段。同时，随着智能手机和4G网络的普及与成熟，移动端的流量入口也越来越多样化，促销活动的形式和手段也要随之变革，购物节不仅仅是传统电商的资金库，线下商家也在汇聚能量。

例如，本小节开头提到的飞凡电商在618联合3000+举办的大型营销活动，其本质就是线下商家对抗线上电商的有力反击。这也是电商要慎重对待、理性思考的未来发展方向和趋势。

7.2　主题性促销

父亲节、母亲节、七夕节、情人节等中西方节日交叉，在这一年中给了电商开展购物节活动的绝佳由头，而广告营销策划当然也要秀一把。比如，广告文案大师为品牌商撰写的父亲节长文案，像一篇散文诗一样娓娓道来，最后才点了芝华士的名，成为文案界的经典之作。所以，感恩父亲节的营销策划也要有味有料，才能征服挑剔的消费者。

冰桶挑战则是由人与人之间的链接拓展到手机、电视界。继三星手机湿身挑战后，小米电视也经受了一场冰水的洗礼。小米此举让网友们重新认识了小米电视。抛开小米的意图不说，单就冰桶挑战这一公益活动就够让商家或营销策划者研究了。

冰桶挑战能够快速席卷全球的原因总结起来就是一句话：在合适的时间让合适的人做了合适的事情。

7.2.1 感恩回馈，一起为父亲祝福

前面刚说完京东618，第二天就遇到了2016年父亲节，而且正是“欧洲杯”期间，无论是“电商大促”还是“足球元素”，可以说父亲节又是个营销的好时机，因为绝大部分人对父亲都有自己的感受，无论是身为或将为父亲，还是平时羞于对父亲表达情感的儿女。所以，父亲节的营销受众群体广泛，最重要的是品牌商也会以各种方式“替你”传递对父亲的爱。

比如，广告文案大师大卫·阿博特（David Abbott）为芝华士（Chivas Regal）撰写的一段父亲节广告语，全文内容如下：

因为我已经认识了你一生

因为一辆红色的RUDGE自行车曾经使我成为街上最幸福的男孩

因为你允许我在草坪上玩蟋蟀

因为你的支票本在我的支持下总是很忙碌

因为我们的房子里总是充满书和笑声

因为你付出无数个星期六的早晨来看一个小男孩玩橄榄球

因为你坐在桌前工作而我躺在床上睡觉的无数个夜晚

因为你从不谈论鸟类和蜜蜂来使我难堪

因为我知道你的皮夹中有一张褪了色的关于我获得奖学金的剪报

因为你总是让我把鞋跟擦得和鞋尖一样亮

因为你已经38次记住了我的生日，甚至比38次更多

因为我们见面时你依然拥抱我

因为你依然为妈妈买花

因为你有比实际年龄更多的白发，而我知道是谁帮助它们生长出来

因为你是一位了不起的爷爷

因为你让我的妻子感到她是这个家庭的一员

因为我上一次请你吃饭时你还是想去麦当劳

因为在我需要时，你总会在我的身边

因为你允许我犯自己的错误，而从没有一次说“让我告诉你怎么做”

因为你依然假装只在阅读时才需要眼镜

因为我没有像我应该的那样经常说“谢谢你”

因为今天是父亲节

因为假如你不值得送Chivas Regal这样的礼物

还有谁值得

这则父亲节纯文案也成为广告界的经典，作者大卫·阿博特说：“如果你需要一个标题，你就会发现为什么我没有写。”看起来像是一则广告文案，但读起来更像是一段亲情告白或者是一篇表达父爱的散文诗。在这四百多字里，让读者感受到父爱的浓浓深情。

除了长文案外，父亲节的促销活动也有很多，其宗旨都以父亲节为媒介，在品牌和受众间架起一座沟通的桥，传递情感，回应诉求。所以，很多商家也会借父亲节开展主题促销，感恩回馈，一起为父亲祝福。既然是节日性的主题促销活动，肯定要将产品镶嵌在父亲节中，并且要注重情感投入的方式和比例。因此，父亲节的促销策划要结合以下四点内容，如图7–3所示。

产品定位

节日情感

传播渠道

优惠方案

图7–3 父亲节促销策划的内容

1. 产品定位

父亲这一社会角色本身就覆盖了很多人群特征，包括不同年龄、职业和地域等，同时，与父亲角色相关的又会涉及更多方面。因此，要将产品定位和父亲节相匹配，包括产品的名称、使用人群和差异化等。比如，2016年吉列（Gillette）的父亲节营销方案就是“微博+H5小游戏”，将父亲节的节日内涵融入剃须刀这一男性剃须护理产品中。

2. 节日情感

既然是父亲节的主题促销，当然少不了父亲这一主角，无论是网页宣传文案还是海报风格或者是线上线下活动等，都要恰当地加入与父亲有关的要素。比如，高大的背影、山、感恩、回忆、粗糙的手等。

3. 传播渠道

可以以社交媒体平台为主，包括微信、微博、APP、H5网页等，还要根据活动的不同量级确定传播层次，是以海报文案为主，还是要深入线下做全方位的促销活动。

4. 优惠方案

不管是父亲节、母亲节还是儿童节，主题促销当然要有优惠折扣方案，比如，受众兴致勃勃地看完了文案，翻到底部有商城链接以及秒杀优惠券等，虽然常见但确实奏效。

大卫·阿博特的经典父亲节文案为大家带来了与众不同的节日文案体验，在最后巧妙地点出了芝华士的存在，这种有温度不生硬的广告语当然会赢得消费者认可，直到现在也是营销界的经典。

尽管现在营销方式和渠道更加多样化，但也要遵循主题促销的特点，在情感诉求中传递品牌信息，让消费者易于接受和认可。

7.2.2 冰桶挑战，小米一起来加油

ALS冰桶挑战（以下简称冰桶挑战）最早是由美国波士顿学院前棒球选手Pete Frates在2014年发起的，旨在唤起社会公众对肌萎缩侧索硬化症（ALS，也叫渐冻人）的关注，英国著名物理学家史蒂芬·霍金（Stephen Hawking）就患有此病。参与者要被冰水浇遍全身，然后上传到网络接受大家检验，最

后可以邀请其他人参与。被邀请者要么选择在24小时内接受冰桶挑战，要么就捐献100美元，用于对抗肌肉萎缩性侧索硬化症。

很快，这一公益活动风靡全球，科技界的知名大咖纷纷湿身挑战，比如，美国硅谷的圈子里，包括微软的比尔·盖茨、Facebook的扎克伯格和桑德博格、亚马逊的贝索斯、苹果的库克等。而在中国冰桶挑战同样吸引了很多公众人物，比如，小米的雷军、360的周鸿祎、百度的李彦宏。

但随着冰桶挑战的扩展和升级，已经不仅限于人与人之间邀请与挑战了，连手机和电视都积极加入，比如，三星手机Galaxy S5代表手机界试水冰桶挑战，并在YouTube频道发布视频内容。紧随其后的是小米电视2接受西山居手游的点名挑战，代表电视界急速加入冰桶挑战。

鉴于电视无防水功能，所以，工作人员在测试之前对小米电视2做了防水处理，毕竟电视是高精密度仪器，被这么冷不丁地灌上冰水，后果难料。但是视频显示，在接受冰桶挑战后，小米电视2仍然可以正常观看。

最后，小米表示，接受冰桶挑战的这台小米电视2将会以微博拍卖的形式销售，所得款项将全部捐给瓷娃娃公益项目。虽然有声音说小米此举有作秀嫌疑，但抛开小米电视2的牺牲不说，仅就冰桶挑战这一全球性的公益活动而言，小米也值得做一次借力营销活动。所以，事件的重点不在于是否被质疑，而在于冰桶挑战的主题营销本身的影响力，而这也是商家需要关注的焦点。

冰桶挑战项目本身能够在短时间内获得病毒式传播，也有自身的营销技巧，所以，接下来，重点分析冰桶挑战公益活动能够成功的四点原因，如图7-4所示。

1	时间合适
2	名人效应
3	简单可复制
4	产品导购

图7-4　冰桶挑战成功的原因

1. 时间合适

冰桶挑战活动首先在2014年6月开始小范围传播，在当年8月达到顶峰，这个时间段正是北半球的夏令时，长长的假期，加之温度升高，一桶冰水正好和炎炎夏日形成鲜明对比，所以，冰桶挑战的时间把控非常到位。设想一下，如果该活动是在寒冷的冬天发起，会有多少人冒着得肺炎的高风险去参与？毕竟，参加公益活动也要以身体健康为前提。

同时，将接受挑战的时间限定在24小时内，也就是说，在短时间内，全球网友就能看到四面八方的英豪们尽成落汤鸡，低调奢华有内涵，与其平日稳重公正的社会形象相差甚远，而这也正是吸引网友们的重点之一。

2. 名人效应

参加此次活动的多是互联网科技界的重量级人物，本身受关注度就非常高，而且，冰桶挑战活动以邀请与被邀请的模式拓展开来，名人点了谁的名、是否接受挑战都可以直接暴露出大咖间的关系。这种链条式的名人效应本身就增加了不少新鲜度和吸引力。

3. 简单可复制

参加冰桶挑战的方式非常简单，而且可以以点名的形式无限复制下去。而且，名人们也可以借此展示自己与众不同的地方。比如，比尔·盖茨为冰桶挑战特别设计了一个“浇水架”，自助浇水。亲自设计、喷漆，只为“我要做得更好”。看，科技大佬就是不一样。

所以，商家在制订促销活动方案时，除需要突出活动的互动性和创意外，最好秉持简单可复制的原则，以利于广泛传播。如果过于复杂，可能短时引爆后很难持续下去。

4. 产品导购

一切促销活动的终极目的是完成购买行为，如果一场营销活动非常火爆，但观众只是看个热闹，没有记在心里，那也只是成功的传播而已。所以，真正成功的营销活动是自带产品导购，冰桶挑战的产品导购是为公益筹款，这才有了接受挑战或捐款100美元的二选一。

这次冰桶挑战公益活动也为美国ALS协会收获了千万美元善款，而上年同期只有不到两百万美元。可以说，这是一次非常成功的公益营销活动。当然，科技大咖也展示了一把自己的公益心。

除了像冰桶挑战做公益捐款这类事件以外，还可以在公益活动中加入促销环节，比如，下单即可获得网店为您提供的为灾区人民捐赠物品等。对于这类促销活动，卖家要多动脑子，突出创意和优惠。

以特定的主题作为促销活动的主线索，配合产品和品牌理念向公众传递自己的社会价值，进而吸引更多的消费者，增强自己社会影响力，这是主题促销的结果，也是主要目标。所以，营销人员或团体在策划主题促销活动时，要对时间、参与者、复杂程度等方面进行整体把控，以获得理想的促销效果。

7.3 公益性促销

公益性促销与主题性促销有相通之处，或者说两者结合才能造就成功的促销活动，百雀羚“涌泉相报”公益系列促销活动的成功就说明了这点。善于整合资源，多方有机联合，从活动启动到活动执行，百雀羚旗舰店围绕公益这一主题将义卖活动搞得有声有色，销售额就是有力证明。

另外，“一分钱”公益活动突出微小力量汇聚大能量的内涵，既增强消费者购买欲望，又增加品牌知名度和销量，这正是公益性促销的积极作用。

而面对救犬行动的争议之声，或许我们不可轻易下定论，但善待动物却成为大家认可的行为，所以，领养动物的公益促销活动得到许多人的支持。

7.3.1 百雀羚，涌泉相报

公益+营销的促销模式，结合得好就能够获得良好的活动效果，但前提是商家要全面准确地分析各方面的资源优势，优化组合。而百雀羚的“涌泉相报”的公益促销活动就是用资源整合出良好效果的经典案例。接下来，为大家简单介绍并全面分析百雀羚“涌泉相报”公益促销活动。

事件背景：

2011年7月份，《新京报》报道了年迈老人坚持种树绿化荒山的事迹，4位老人在15年间先后种下14万棵树，但却因严重的干旱缺水问题，十几万棵树面临枯死。为了挽救即将枯死的大片树林，需要打一口井来缓解干旱问题，但打井费高达30万元，这对4位靠退休金辛苦度日的老人来说，无疑是天文数字。

百雀羚方面得知此消息，马上与相关部门和人员联系，沟通捐助事宜，并制订了活动方案，也就是后来的百雀羚“涌泉相报”公益捐助项目。

公益营销过程：

1. 活动启动

上海百雀羚日用化学有限公司联合中国青少年发展基金会莲花爱心基金及淘宝商城、淘宝网、一淘网、窝窝团等电子商务平台，在百雀羚80周年盛典上，与形象代言人国际巨星莫文蔚共同启动“涌泉相报”系列公益活动。并且，百雀羚官方还授权百雀羚电子商务运营团队实施活动的具体运作。

2. 营销方案

（1）活动形式和时间。

在线义卖的形式，活动为期50天。

（2）活动预热。

正式义卖前，百雀羚开展“肌肤十万水急，百雀羚十万水润套装涌泉相报”的付邮免费试用活动，为涌泉相报公益活动预热。3小时内10万份补水套装被抢购一空，37万人在淘宝论坛上热烈讨论。

（3）正式上线。

义卖产品的折扣在7~8.5折间，并附带与环保主题相关的赠品，每卖出一套产品即捐赠5~20元。同时，标注每套产品捐多少钱，可以救活几棵数。这样，让消费者直观看到自己购买的产品和公益活动的直接联系，间接提升转化率。活动期间，旗舰店的日均营业额都在7万元左右，远高于活动前。而且，在活动结束后的第二天，百雀羚官方旗舰店内搜索“涌泉相报”的次数还高达2000多次，足以说明这次公益营销是非常成功的。

仅仅为期50天的义卖，百雀羚就顺利筹足30万元善款，并在中国青少年发展基金会举办捐赠仪式。打井的款项有了着落，14万棵树有了泉水，这也应了百雀羚“涌泉相报”公益活动的主题。下面，从营销角度分析百雀羚的公益促销成功的原因，如图7-5所示。

图7-5 百雀羚公益促销成功的原因

1. 主题定位

有着80年历史的百雀羚可以说是“祖母级”的正宗国货化妆品品牌，在消费者心中有一定的认知度和品牌基础。而且百雀羚也积极创新，与时俱进，聘请影视巨星莫文蔚担当形象代言人，专注草本护肤市场，将义卖活动放在在线渠道，借80周年庆典时机举办“涌泉相报”公益活动启动仪式。

这些都与民族品牌的“滴水之恩，涌泉相报”的情怀相应，专注补水护肤、天然不刺激的理念也与本次“涌泉相报”公益活动相映衬。当然，促销不应只是为了主题做活动，而要巧妙结合品牌和受众定位，合理营销。

2. 资源整合

（1）阿里巴巴系。

百雀羚与淘宝商城及淘宝网合作，在商城品牌日活动、试用中心、新品中心等位置放置百雀羚的活动信息。同时，百雀羚的电视广告中也添加淘宝商城的LOGO，可谓是互利共赢。

（2）品牌商。

线上义卖活动势必要与线下活动有所冲突，特别是线上单纯的降价会引来品牌商的不满，所以，此次百雀羚参与“涌泉相报”公益活动的产品实行的买赠的促销形式。另外，百雀羚还获得了曼姿10000双丝袜支持，作为满额赠品。

3. 活动执行

虽然“涌泉相报”公益活动是一个主题类的营销策划，但也是由多个大小活动整合在一起执行的。比如，在“涌泉相报”公益主题下，有窝窝团专场义卖、新浪微博种豆赢北京绿色3日游、双十一专场、淘宝免费试用、互动发帖等。

并且，在具体执行过程中，每一项都具体到人，起止时间、工作类别、注意事项等都有详细的执行安排表，以保证活动顺利进行。

4. 营销成果

正式义卖前夕的预热阶段，“涌泉相报”公益活动付邮试用在3个小时内10万件套装一抢而空，当日营业额超80万元，转化率高达30%。双十一当天，百雀羚旗舰店以“一切为了公益”为主题，5折大促，最终营业额高达两百多万元。

凭借“涌泉相报”公益促销活动的巨大成功，以及团队积累的营销经验，百雀羚旗舰店一举夺得淘宝“我是赢家”的最佳整合营销奖及全国总冠军。

应该说，百雀羚旗舰店的“涌泉相报”公益促销活动是非常成功的，而且也给商家提供了营销实战经验，特别是在资源整合营销方面，百雀羚充分考虑到了各方面的因素，最大限度地集合品牌商、电商平台以及消费者资源的支持，这也是商家需要学习和借鉴的地方。

7.3.2 你每花一块钱，就有一分钱送给希望工程

近年来，以公益为口号的主题活动已经不仅仅是口号，也不只是富豪才能做的动辄过亿的慈善捐助。而是换个角度，将很小的力量汇聚起来，这就构成了现在“一分钱”公益活动的主旋律，常常有人说，如果全中国每个人捐献一分钱加起来也有一千多万元呢。看起来没有问题，但实际可操作性却非常差。当然，这不是说一分钱没有用，而最大的难点在于汇聚的方式和渠道。

所以，这也成为公益营销的突破口，比如，消费者购买一件（套）产品，从中抽取一分钱投入公益。对消费者来说，一分钱并不值得考虑，交易过程没有变，但购买了商品相当于支持了公益事业，当然会支持。商家也能够借此提高品牌形象，提升企业的社会责任感，向社会公众传递品牌信息，增强品牌的认知度和信任感。

而“一分钱”公益也以越来越丰富的形式进入更多消费群体的视线。比如，2016年5月13日—18 日，百度糯米联合百度公益基金会、中国扶贫基金会共同发起“糯米公益日”活动，以“为爱送餐我来买单”为主题。同时，借助5.17百度糯米吃货节的营销优势，为解决贫困地区的儿童营养问题贡献一分力量。

在“糯米公益日”活动期间，客户每支付一笔订单，就有0.1元捐献到中国扶贫基金会“爱加餐”公益项目中。同时，百度糯米还开通了“爱加餐”公益团单项目，客户可直接捐款，所有收入都会直接投入指定项目——专款专用，接受社会公众监督。

除了指定性的公益性项目外，大型电商平台还运用众多卖家的力量汇聚更多的微小爱心，产生更广泛的影响力。淘宝的“公益宝贝”就是其中之一。淘宝卖家在后台将自家产品成功加入公益宝贝后，每当有买家购买该公益商品时，系统会自动从支付的钱中扣除一部分用于支持公益事业。对淘宝卖家来说，开通公益宝贝是有爱心的表现，又能够扩大知名度、提高店铺形象。

同时，阿里巴巴作为中国电商巨头，也在积极探索互联网公益的有效模式，将筛选出的一些优秀的公益项目链接到平台，让更多的人参与进而产生更广泛的社会影响力，但是公益活动要成为社会大众的自觉性行为还需要时间培养和制度激励。

2016年4月，阿里巴巴联合中国扶贫基金会、中华儿慈会、爱德基金会等三家公募基金会，共同启动“阿里巴巴联合公益暨公益宝贝2.0计划”，该计划旨在加强互联网的公益模式，发现和培养更多优秀的公益项目。

阿里巴巴公布数据显示，2015年有2.7亿网友通过阿里系平台（不含支付宝）参与公益30亿次，累计产生捐赠1.9亿元。未来，阿里巴巴的公益愿景是将公益参与的方式融合到生活场景中，让越来越多的人参与公益活动，并成为生活常态。当然，捐钱不是联合公益计划唯一的方式。

互联网平台组织和动员参与公益活动的思维也值得商家学习，以立体化的公益思想融入生活场景，让公益成为常态项目，这样才能吸引更多的人参与。同时，商家也能够收获品牌效益。

电商平台积极布局公益，一向多金的商业银行也加入公益活动行列，比如，中国工商银行。2016年春节前后，很多人都在忙着在线抢红包，有时候虽然只是一分钱，但会获得远高于一分钱的满足感。所以，中国工商银行联合酷派开展“工银e支付一分钱，赢取锋尚MAX”的公益促销活动。

客户只需要关注“工银互联网金融”的微信公众号，然后，点击“一分抢酷派”活动，邀请好友帮自己砍价，即有机会“一分钱赢锋尚MAX”。而客户支付的一分钱会全部捐赠给“青少年基金发展委员会爱心美术教室”。在为期30天的活动中，中国工商银行每天会送出5台价值2499元的酷派锋尚MAX。此次公益活动可以说是互联网+金融的有益探索，让公益成为移动互联网时代的新风尚。

有这么多的电商或企业加入到公益行动中，说明公益性促销本身就有很强的优势。相比单纯的以提高销售为目标的促销活动，公益性促销更突出其社会作用和差异化。总体来说，公益性促销有两点积极作用，如图7-6所示。

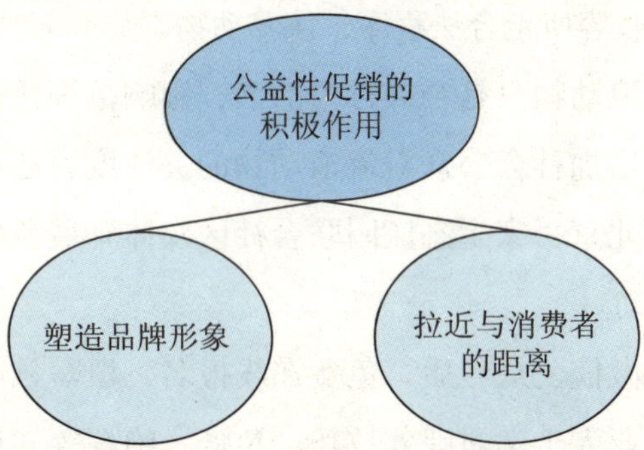

图7-6　公益性促销的积极作用

1. 塑造品牌形象

公益性促销以开展公益活动为主题，在过程中直接或间接向社会公众传递了品牌理念，有助于塑造良好的品牌形象，增强社会效益。

2. 拉近与消费者的距离

在纯商业模式下，商家与消费者可以说是处于对立状态，但在公益性促销下，两者却是和谐共生的有机体。商家组织公益活动，消费者积极参与，以实现共同的目标，即帮助需要帮助的人。

7.3.3 拯救狗狗在行动，敢买就敢捐

爱狗人士与狗贩之间的战争已经上演多次，从广西玉林的民间夏至“狗肉荔枝节”就可见一斑。爱狗人士认为贩狗者违法经营，要将狗狗从危机中解救出来，而贩狗者则认为：狗狗是我们花钱买来的，没有理由任由爱狗人士带走，否则，自己的损失怎么算？

发展到后来，救犬行动已经升级为人性与道德的高度，爱狗人士与狗贩之间的矛盾冲突严重，难以弥合。大部分人可能认为狗狗充满忠诚，与人类的和谐共处，虐待狗狗应当受到道德甚至法律的严惩。而对是否食用狗肉的问题双方意见极端对立，中立者不予强烈反对或支持，认为是个人行为。

冲突导致对立，对立升级矛盾，看似不可调和的矛盾让救犬行动陷入尴尬境地。而抛开救犬行动，善待动物本身却成为社会共识。比如，有能力和条件者到流浪动物收容所走合法程序，认养动物。

如果说领养流浪动物只是个人行为的话，影响范围比较小。那团体性的组织领养活动可以增加社会公众对流浪动物的关注度，还可以顺势开展公益促销活动。比如，北京一家生态庄园联合社区媒体开展免费的“萌宠认领”的爱心公益促销活动。

参与者可关注微信公众号后，免费在线报名，填写领养申请表，然后到生态庄园现场向专业人士学习喂养技巧、免疫、绝育等知识。在互动环节，认领者可与动物们亲密接触。最后，现场确定认领哪只动物，并填写相关资料。工作人员会在七个工作日内审批申请人是否获得领养资格。

生态庄园“萌宠认领”爱心公益活动的负责人表示，此次活动得到了当

地社区媒体的大力支持，既可以为流浪动物找到合适的去处，又可以增加生态庄园的知名度。

动物认领公益活动确实能够激发不少有爱心人士的关注，但从公益营销角度看，类似的公益活动要从营销本身去考虑，才能获得更好的营销效果。在运作方面，要把握好关键点，同时，要关注以下三个方面，如图7–7所示。

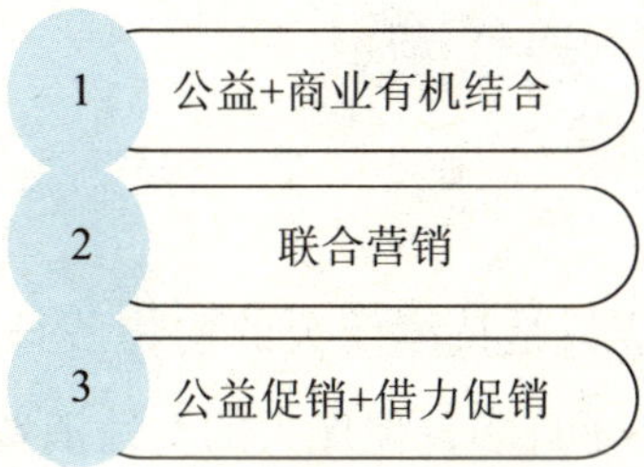

图7–7　公益促销的注意事项

1. 公益+商业有机结合

企业开展公益活动的出发点往往是以社会效益为主，但背后却免不了涉及商业利益，所以，商家不能单纯为公益而做公益，也要避免为商业而做公益的营销思想。一场优秀的商业运作是公益与商业的有机结合，即建立一条可持续的良性循环链，互惠共赢才是王道。

2. 联合营销

一家企业可以做公益营销，但如果和实力相当的合作伙伴携手开展联合公益营销，会产生1+1>2的效果。双方或多方围绕一个主题，从多个维度开展公益营销活动，保证企业活动的连贯性和有效性。同时，也可以联合NGO组织，突出公益元素，扩大公益影响力。

3. 公益促销+借力促销

公益促销可以融合借力促销，借助一些社会热点事件，以解决社会公共难题为宗旨。同时，加入产品和品牌因素，一举两得。比如，可口可乐赞助中国希望工程的公益活动，帮助中国政府解决教育方面的难题，也塑造了自身作为外企的正面形象，减少了中国消费者的排斥。

公益促销的主题最容易触发人们内心柔软的部分，特别是面对特大灾害性事件，比如，地震、洪水、泥石流等不受人为控制的天灾，此时企业以公益为名开展促销活动也能够达到营销目的。但要注意细节和执行情况，否则，即使是好事网友也不一定买账。王石的“捐款门”事件就是警示，企业或营销策划团队要避免这些问题。

7.4 配合平台主题促销

虽然女生节、妇女节只是持续两天的购物节日，而且，似乎和声势浩大的双十一相比，气势小了许多，但庞大的女性消费者群体却不容小觑。所以，各大电商纷纷推出“闺蜜节”“ 宠爱女人节”“ 女神节”等，都将女性消费者捧到了一定高度，毕竟只有获得芳心才能够收获销量。由此，也诞生并促进了“她经济”的强势发展。

除了女性消费群体的各种购物节外，配合平台的主题促销还有天猫新风尚的营销活动，虚拟试衣间、直播互动、个性化定制以及粉丝趴等，满足消费者对新潮品牌和时尚的极度追求，匠心打造的精致服装更能打动那些挑剔的消费者。接下来，本节就详细介绍配合平台的那些主题促销活动。

7.4.1 聚划算女生节，一起来打折

3月7日是女生节，3月8日是妇女节，两个女人节接连涌来，可让电商们为此着实动了一番脑筋，既想让女生们开心，又要得妇女们欢心，还要顾及销量、业绩。所以，淘宝聚划算特意集中打造属于聚划算的女生节。比如，2015年女生节期间，聚划算联合近900个品牌展开特惠促销活动，其中包括Prada、Gucci等国际知名奢侈品品牌，超一线大牌限时闪购。

2016年3月8日妇女节前夕，聚划算推出“娘娘有礼——百万服务大礼免费领”的定制服务，包括洗衣福利、高级外套定制以及鲜花定制等，满足消费者对美妆、服饰与运动户外等非标准化产品的差异化需求。

同时，主攻北京、上海、广州、深圳等一线城市的女性消费市场，合作品牌包括阿芙、伊芙丽、探路者等多个天猫商家，旨在提供高品质的消费服务，打通线上消费与线下体验。

既然是众多女性的节日，其他电商肯定也不甘落后，纷纷推出主题促销活动。比如，京东的蝴蝶节，消费者在乐享超低折扣的同时，还有机会获得总价值千万元的红包，随机派发红包，看运气而得。苏宁超市的“闺蜜节”，定位在美妆、个护、母婴等品类，并在节日期间全程实时对标京东超市，部分爆款单品价可比京东便宜15%以上。

可以说，苏宁的“闺蜜节”将“闺蜜经济”全方位运用到主题营销活动中。什么叫“闺蜜经济”？ 闺蜜经济是一种以女性受众为消费主体的市场经济行为，强调的是女性好友之间的亲密关系。而且，现在越来越多的女性经济独立、人格独立，有追求品质生活的实力和意识，消费能量不容小觑。所以，这也是苏宁“闺蜜节”的重要基础和关系链条。

另外，1号店也顺势推出“宠爱女人节”。还有亚马逊中国针对妇女节，在服饰、珠宝等品类中开展的满减大促销活动。

一个女性的节日可以引发女性消费者的购物狂欢，也能够让电商在“她经济”中获益匪浅，除了销售额外，还有对女性消费者群体的精准把握。所以，电商们纷纷掘金“她经济”，而“她经济”产生和发展的主要因素还是“经济实力+消费意识”的变革升级。

有数据显示，超过八成的家庭消费决策由女性做主，并有六成的女性掌管家庭财政大权，所以说，女性直接决定着家庭消费的品质。

其实，女性消费群体一直都是网购的主力军，阿里巴巴的数据显示，在阿里旗下的在线电商销售额中，女性消费者贡献了七成。所以，商家特别重视针对女性消费者的促销活动。在“她经济”中，商家要寻找适合的营销方法和策略，如图7-8所示。

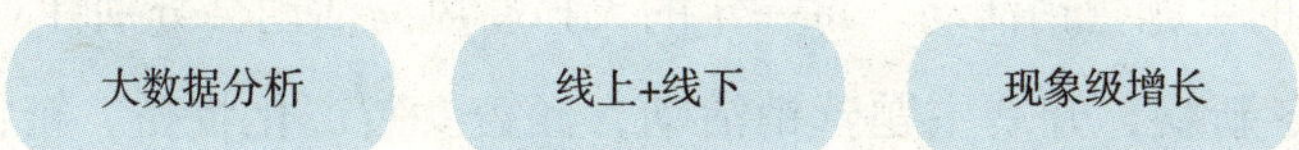

图7-8 “她经济”

1. 大数据分析

有人说，要想赚女人的钱，先懂女人心，这句话确实有一定道理。电商运营要想抓住女性消费者的心，必定要先了解其消费行为。第一财经商业数据中心的《2016中国女性消费市场研究报告》数据显示，在消费品类中，女性消费者倾向于服饰、母婴产品、化妆品以及家居用品。

除了买买买外，女性消费者也偏向于转发分享。有数据显示，在社交平台上的分享总量中，女性占比高达79%，这也对应了“闺蜜经济”中的沟通交流特性。所以，商家可以运用这些大数据分析得出消费者画像，有针对性地开展营销活动。

2. 线上+线下

线上购物已经拥有有目共睹的优势，但线下商业模式的拓展和升级也有新的面貌。线上+线下的联合促销活动已经不是个例，比如，在APP中举办线上组织活动，再发展到线下举办的女性跑团。就是线上+线下立体结合的有效探索。

3. 现象级增长

2015年双十一天猫能够有900多亿元的交易额，是马云背后“败家”女人们的“无私”奉献，所以，电商纷纷瞄准“她经济”，抓住女性消费群体，增加女性用户黏度。这些都直接推动了“她经济”的现象级增长。

因为女性消费群体蕴含着巨大的商机，所以，商家在营销策划中要为“她经济”制订更加精细化的方案，赢得女性芳心。针对女性消费者不同的社会角色，打造不同的优惠活动，吸引其加入和购买。

7.4.2 秋天来了，引领天猫新风尚

夏日的热浪还未完全褪去，2016年8月25至27日，天猫就开展了“秋冬天猫新风尚”的主题营销活动。每一年的天猫新风尚活动会分别针对3月春夏新款和8月秋冬新款，开展主题营销活动，涵盖女装、化妆品、箱包等多个品类，携手国际以及一线品牌进行联合宣传。

为突出新风尚的“新”和“风尚”的特点，天猫品牌店大力度推出秋冬新品，很多品牌都带来了最潮流的新款产品。同时，很多男装和女装品牌都推出商城同款产品，女装部分最多可达27000款，丰富的产品类型让消费者能够随心挑选。另外，为使客户得到更佳的购物体验，大型品牌商联合线下门店，提供线上下单、线下配送的优质服务。

而且，天猫新风尚活动还吸引了国际大牌、潮流品牌、轻奢品牌、定制品牌加入，虚拟试衣、直播互动、个性化营销以及粉丝趴等为消费者“买买买”提供新的客户体验。下面为大家介绍四项天猫新风尚的新玩法，如图7-9所示。

图7-9　2016天猫秋冬新风尚的新玩法

1. 虚拟试衣间

在新玩法方面，在2016年的秋冬天猫新风尚活动期间，天猫女装与虚拟试衣应用“好买衣”合作，针对合作品牌推出在线试衣活动，客户可在指定界面进入好买衣的虚拟试衣间，足不出户即可“量体裁衣”。

2. 直播互动

天猫新风尚与二次元in App联合开展直播活动，直播互动期间，in的10位美男达人在天猫商城进行直播，并为多家天猫旗舰店做宣传推广，包括雅诗兰黛官方旗舰店、New Balance旗舰店等。美男主播+“软广告”的方式获得了网友的好评，这次合作直播收获了超17万的点赞以及近3万的客户评论，实现了客户、品牌、平台三方共赢的良好效果。

3. 粉丝趴

天猫新风尚的新玩法——以小游戏打造“粉丝趴”，也成为本次营销活动的亮点。在内容方面精益求精，强调与粉丝的互动。同时，运用平台优势，为品牌宣传造势，让粉丝们享受时尚潮流品牌的福利。

4. 个性定制

新风尚期间，天猫特别推出“TMALL MAN定制周——风范生活由我定”活动，向消费者展示天猫平台在服饰方面的定制风范。以全程直播的方式向观众传达“匠艺传承、另类标杆、精密空际、跨时代大师”的主题，合作品牌包括九牧王、报喜鸟、红蜻蜓等。

多维度、全方位的新玩法为品牌赋能，为平台助力。从实力来看，天猫平台聚集了全球最丰富的时尚品牌，因此也吸引了各种消费者群体。另外，国际知名品牌的入驻也为天猫在时尚潮品方面增添亮点，形成了韩风、二次元风、轻奢风等不同圈子。

综合来看，天猫新风尚的促销活动是以淘宝天猫为平台，针对新品牌、新款式开展的宣传活动，这就是配合平台主题性的促销活动。区别于天猫双十一、京东618等首创式促销活动，突出品牌的联合效应，打造出个性化的产品。

从大的方面看，配合平台主题促销依然属于主题营销范畴，所以，商家可以在主题促销的指导下有针对性开展平台主题促销活动。很多商家对开展主题营促活动并不陌生，但优质的服务要贯穿全程却不是件容易做到的事情。

比如，消费者购买产品后，第二天向客服人员表达了不满情绪，要退换等，这就涉及促销活动之后的售后服务问题。所以，售后问题也是主题促销活动的重要环节，商家要特别注意。

以网店为例，商品在到达客户前要经过出仓、物流公司接收派送、客户签收等，如果客户反映有问题，客服人员要及时确定问题、安抚客户情绪、共同探讨解决方案。同时，也要及时准确评估本次主题促销活动的效果，进行经验总结，提升营销品质。比如，销量总体情况、执行效率、客户评价、同行对比等，都需要进行全方位评估，规避风险，为以后的促销活动提供经验。

7.5 联合促销

习惯了电商煞费苦心的优惠促销活动，二合一的联合促销可能更触动消费者的心，买尿布的同时带上一罐啤酒放进购物篮，著名的“啤酒”与“尿布”的故事由此而来，这也是联合促销的早期版本。不同风格甚至完全没有关系的产品联合在一起，或许更能产生不一样的效果。

七匹狼与七格格的“网络联姻”收获了众多网友的祝福，也增强了各自的品牌知名度和销售业绩，这就是合体的威力。同样，买笔记本电脑的同时，可以优惠购买配件，也是联合促销在发挥作用。而输入法和电影公司的联合促销，更让人感叹不同产品的结合能够产生奇特的效果。

7.5.1 互补促销，啤酒与尿布更配哦

在有婴儿的家庭中，当妈妈在家中照看婴儿时，就会指派年轻的爸爸去购买尿布。爸爸在购买尿布时，往往会顺便为自己购买啤酒。如果年轻的爸爸在超市只能买到一件商品，那很有可能会放弃购物，到旁边的商店去寻找，直到能够一次性购买到啤酒与尿布为止。

所以，看上去毫无关系的“啤酒”与“尿布”会同时出现在一个购物篮中。而沃尔玛发现了这个现象，并将啤酒与尿布摆放在相同的区域，以方便年轻的爸爸尽快找到这两件商品，同时放入一个购物篮中。这就是“啤酒与尿布”故事的由来。

有美国学者提出，通过分析购物篮中的商品集合，可以找出商品之间的关联关系，利用计算机及数学算法，也就是后来的A prior算法，可以分析客户

消费行为，指导商家进行营销活动，或用于网络安全等领域。同时，也衍生出购物篮分析（Market Basket Analysis，简称MBA）这一术语。

购物篮分析实际上也是一种数据分析，具体来说，是对消费者消费行为的精确分析，目的是合理规划哪些商品能够放在一起，比如，啤酒与尿布。看似没有关联但却隐藏深刻的购物行为和习惯，不同的客户选购什么样的产品及购买的原因和用途，从大量的实际案例中找出规律，从而提高竞争力。

比如，洗发水和沐浴露、蔬菜和肉类、服装和鞋子等。当然，数据分析都有其内在的运算法则，客户不需要了解得过于详细，可以用专业的数据分析工具，直接从结果入手，指导营销规划，也是方便快捷的方法。

不同产品是由不同的厂商提供的，所以，电商平台可以联合不同的品牌商，为营销活动提供便利，这也是本节的重点内容：联合促销。联合促销指的是两个或两个以上的品牌商合作开展营销活动，其特点是将不同品牌同时出现在消费者面前，而品牌商能够以较小的营销成本获得比较理想的活动成果，也胜过单独营销，产生1+1>2的营销效果。

比如，在网店促销活动中，推出两件商品单价相加是123元，现在只要支付99元即能同时获得这两件商品。这也是联合促销想要达到的目的之一，即最大限度地让消费者一次性购买多件商品。联合促销强调的是品牌之间的合作，接下来为大家介绍一下开展联合促销活动的步骤，如图7-10所示。

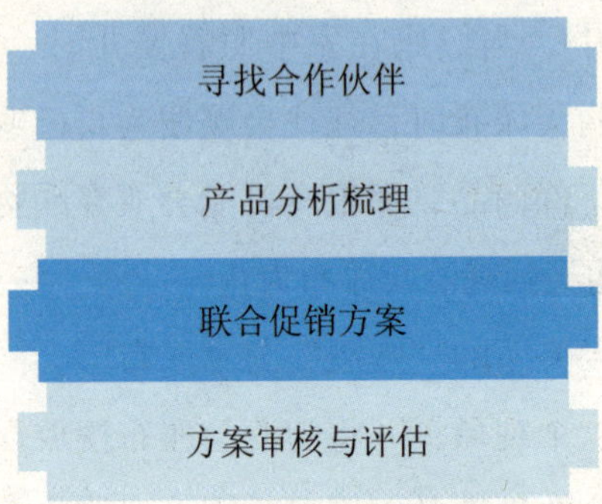

图7-10　联合促销活动的步骤

1. 寻找合作伙伴

既然是联合促销，肯定不是一个品牌商在单打独斗，而是要寻找合适的合作伙伴，以互惠共赢为目的，综合考量对方的产品系列和品牌影响力，洽谈相关事宜，确定合作方式等细节工作。

一般来说，啤酒和休闲食品、家居和家用电器、月饼和快递公司等，都可以在特定时间和范围内进行联合促销活动。

2. 产品分析梳理

确定合作伙伴以后，要对双方参与联合促销的产品进行梳理，以确定产品是否在合理范围内对营销结果产生有利影响以及销售业绩的预测。如果过于粗放，会影响联合促销的整体效果，而过于精细又会花费精力，加大成本。所以，最恰当的是参与产品营销为双方的契合点，能够有利于实现共同目标。

3. 联合促销方案

以上两个步骤完成以后，就要确定最终的联合促销方案，比如，什么样的产品能够或适合放在一起，消费者对此有何反应，预期的销售业绩怎么样，是否有更优方案，活动执行和监督方面的工作如何开展、由谁负责，如果品牌商之间对某些点有争议，又如何解决等。这些都应该包含在联合促销方案中，并且制定应急预警机制，避免突发紧急状况。

4. 方案审核与评估

确定好联合促销方案以后，要对活动方案进行全方位的审核与评估，保证强有力地贯彻执行方案，特别是大型的周期较长的联合促销活动，双方共同协商出一套方案并不是终结，在活动期间还要密切配合。也可以请第三方策划机构参与营销活动的完善和实施，确保联合促销有一个比较好的成果。

从合作方、产品以及营销方案等各个方面进行把控，才可能实现比较成功的联合促销，最直接的目的是增加消费者重复购买的次数，以及努力提高消费者购物篮中的商品件数。预判和引导消费者行为，将产品进行合理的搭配或摆放，增加促销活动的可操作性。

7.5.2 七匹狼与七格格在这里等你

每年11月11日的“光棍节”必定是许多年轻人自我调侃的好日子，而电商以此为契机创造五花八门的购物节，目的就是吸引消费者买买买，但除了这些购物节以及其所附带的优惠折扣外，还有什么样的营销手段能够吸引越来越挑剔的消费者呢？如何能够在海量的信息中脱颖而出，赢得消费者芳心？

当商家在卖力吆喝“血本甩卖，品质保证”“双十一特价”等口号时，有的品牌商已经在开展创意营销活动了，比如，七匹狼与七格格的联合促销。

双十一前夕，著名的男装品牌七匹狼宣布将正式“迎娶”淘宝热门潮流品牌七格格，并在活动期间大摆7天“流水宴”，以“宾客送礼”和“新人回礼”的互动形式发放优惠券，让网友们共享网络大婚盛宴，引发了消费者网购热潮。

七匹狼是国民男装的代表，七格格是女装淘宝品牌中的潮流风向标，这场“门当户对”的网络大婚以强强联合的营销方式让人眼前一亮，也为此次营销创造良好的合作基础。同时，联合促销的全方位运作也是七匹狼与七格格成功合作的保证，如图7-11所示。

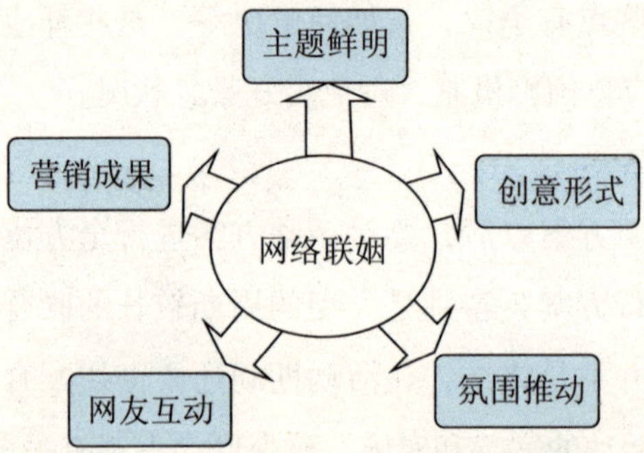

图7-11　七匹狼与七格格的“网络联姻”

1. 主题鲜明

“光棍节”和“网络大婚”这一鲜明的极具反差的事件，构成了七匹狼与七格格联合促销的主题，在被称为“百年一遇”的光棍节期间，广大网友要眼看着两位新人的联姻，所以，受重视程度注定居高不下。另外，七匹狼还发起“誓死不过光棍节”话题，引导网友们大胆示爱，摆脱单身。

2. 创意形式

不同于以往的电商营销方式，七匹狼高调举办线上婚礼，“迎娶”七格格，本身就是富有创意的促销形式。同样是宣传卖货，这种形式让网友主动关注并参与其中，在不知不觉中成为创造者和传播者，增强营销效果。

3. 氛围推动

既然是网络大婚，就要突出喜庆的氛围，为广大网友营造氛围感，增强参与热情。为了有更好的营销效果，七匹狼将活动专题主页设计为鲜亮的大红色。

4. 网友互动

在活动期间，网友可以在微博为“新婚夫妇”赠送虚拟礼品，还可以分享新婚祝福语到微博，个性化、趣味性的营销形式得到了网友的热情回应和互动，提高了营销活动的参与度和转化率。

5. 营销成果

在共同利益驱动下，七匹狼与七格格紧密结合，高频互动，在7天时间内七匹狼的官方微博账号快速增长3倍粉丝量。七格格的单品爆款销量破两万，两家店的总销售额高达千万元。七匹狼与七格格的“网络联姻”顺利实现了品牌传播和销售额的双重丰收。

可以看出，品牌与品牌间的良好合作能够带动和实现良好的营销结果，这也是联合促销的优势。在第二年的双十一活动中，七匹狼和七格格再度携手推出“我要上爱墙”活动，发布爱的小纸条即可获得优惠券。同时，举办“结婚周年庆”，让网友们再次见证联合促销的十足魅力。

除品牌间的合作外，借助大型主题促销活动，各品牌商联合促销，打破了以往各自为战的界限，能够取得更大发展。例如，2016年双十一前夕，19家品牌商家举行联合促销，以“双11 All In”为主题，霸气开启电商合作营销模式。

这19个商家都是本行业内的领导性阵营品牌，而且分别对应一个品类，这些品牌商家在2014年阿里平台的电商总额加起来高达50亿元。在宣传方面，有关部门为此次“双11 All In”的主题活动特别制作了长达1分钟的广告大片。

此外，19个品牌商家的一把手还特别在《南方都市报》接力“出镜”，为自家品牌站台，还推出自家的All In宣言，即针对此次双十一的抢购秘诀，号召大家一起来参与。

品牌间的联合促销能够最大限度地整合双方或多方资源，在互惠共赢的前提下，向对方开放品牌营销资源，建立营销生态圈，实现优势互补，以达到提高销售量、提升品牌的目标。

7.5.3 买笔记本，配件大降阶

湖北武汉某电子城为迎接国庆黄金周，特在其网站首页上推出“买笔记本，配件大降阶”的优惠活动，根据电脑笔记本的不同型号和规格，配件有不同的优惠，最高可享受5折优惠，配件包括鼠标、鼠标垫、外接键盘、键盘膜、屏幕贴膜、散热风扇以及散热底座等。

方先生购买了一台某品牌的笔记本电脑，商家超值赠送周边配件套餐，包括鼠标垫、耳机和散热风扇，原价499元，现优惠价为399元。刚开始方先生认为配件价格有点高，但在线客服表示：这是正品原装配件，绝对实惠。经过考虑，方先生还是选择了全额付款。

这种买一件（套）产品，以低价或优惠的形式附赠周边产品的方式也是联合促销的一种方式，即买产品加价获得赠品，而单独购买的价格肯定高于套餐式购买。综合来说，联合促销有诸多好处，如图7-12所示。

降低成本、扩大收益

巩固已有市场地位

互惠共赢、协同发展

以强带弱、优势互补

图7-12 联合促销的优点

1. 降低成本、扩大收益

在联合促销策略下，多家品牌商可以分摊广告宣传费用以及成本投入，进而降低总成本，同时扩大收益，收到更好的营销效果。比如，在京东超市

只要购买五包纸尿裤，即可获得奶粉试用装一包或婴儿苹果泥一瓶。

同样，购买婴儿纸巾套装，再加少许钱即可获得纸尿裤单片试用装等，这些买赠或加价购的营销方式属于联合促销。品牌商都会使消费者在心中对产品形成一定印象，而且，可以降低广告总投入。

2. 巩固已有市场地位

尽管有些知名品牌已经具有较强的市场地位和业绩，但不代表一直拥有优势，因为在市场机制作用下，总会有新手不断地加入，也会面临同等级对手激烈的竞争。所以，品牌商要巩固已有市场地位，必须加强营销，特别是一些已经比较成熟的行业，通过联合促销品牌就能够保持或提高市场占有率。

3. 互惠共赢、协同发展

和家电产品相比，一瓶饮料不会占用多大空间，但家电产品的现场促销却能够引发消费者的兴趣。所以，农夫山泉和TCL冰箱开展了联合促销活动并在网站上大力宣传。TCL冰箱在终端点、路演活动、媒体展示中为农夫山泉提供了曝光机会，同时TCL冰箱借助农夫山泉展现自己“新鲜”的特点。农夫山泉也在自己的广告资源中增加TCL产品的曝光度。两个品牌商互惠共赢、协同发展，以联合促销实现了各自的营销目标。

4. 以强带弱、优势互补

如果合作的品牌商之间有强弱之分，那强势品牌可以通过联合促销带动弱势品牌，而弱势品牌也可以借自己的特色为强势品牌加分。

当然，联合促销不仅仅都是优点，也有自身的弊端，例如，联合方在成本费用方面无法调和，对立尖锐；具体的营销细节难以统一，各方都希望以利于自己的方式开展活动；在营销过程中，各方刻意吸引消费者，甚至互相拆台，导致合作关系破裂。所以，在确定开展联合促销前，各方要协调好各种因素，制定应对规则，将不利影响降到最低。

尽管联合促销有不可避免的弊端，但也挡不住品牌商间的跨界联合，比如，你能想象输入法和电影有什么关系吗？当然有联系。

例如，输入法开发商和电影公司达成合作，确定开展创意营销。全球最大的手机输入法开发商Kika与二十世纪福斯电影公司成为合作伙伴，后者允许前者使用自己的电影形象开发产品，前者为后者提供一款专属键盘。

《佩小姐的奇幻城堡》（*Miss Peregrine's Home for Peculiar Children*）是获得授权的电影，于2016年9月30日在全球上映，而该款电影专属键盘也已经进入市场，用户能够在Google Play中下载安装并使用。其中，键盘风格和形象都与电影角色、场景等元素相融合，用户在聊天中即可使用专属表情和贴纸。

Kika作为中国互联网的出海公司，专供海外市场，其创始人希望将输入法打造成中国最好的输出产品。截至2016年7月，Kika的全球用户数量在1.5亿，月活跃用户5000多万，用户群体以13~24岁的年轻用户为主。而这或许也是二十世纪福斯电影公司看中Kika的原因，因为精准快速触及用户是电影公司的目标之一。

输入法开发商和电影公司，两个看似没有联系的不同行业的企业，在联合促销的作用下发生化学反应，实现Kika、二十世纪福斯、用户三方共赢的良好局面，也值得商家借鉴。

第8章 时令促销

8.1 清仓
8.2 季节性促销

季末清仓、疯狂甩卖、全场3折，在城市街头、中心商场都可以看到这些促销优惠活动。商家根据时令变化制订不同的促销计划，特别是在季度末期，为了抓紧时间售出库存的产品，商家往往会开展不同形式的促销活动，这就是时令促销。

不管是夏季清仓，全场3折，还是反季清仓，夏天的冬衣对折，都以清仓为促销活动的由头，将商品甩卖。这种促销活动对追求实惠的价格敏感型消费者比较受用，这类消费者不太在乎产品的样式是否过期，或者现在是否适合，而只想从季节时令差价中获得收益。所以，夏天卖冬天的衣服也有一定市场。

季节性促销则强调根据产品季节性强弱程度制订相应的促销计划，比如，旺季促销，天气转冷，品牌店冬装热卖或春装上市，件件最底价，就是根据季节的变动，消费者有了新的消费需求而开展的促销活动。

8.1 清仓

夏季清仓大甩卖、亏本处理、全场3折起，是大家常见的清仓甩卖口号，多见于服装鞋帽以及其他应时商品，也是时令促销活动。季节变化、温度起伏，会对人们的衣食住行产生深刻影响，进而影响商家的营销行为。季末甩卖商品，商家的目的是最大限度地增加销售业绩，提升品牌知名度。当然，商家也要考虑时令促销面临的问题和影响因素。

而反季节促销则是将过季商品在当季出售，一般折扣力度非常大，例如，反季清仓，夏天的冬衣对折卖，就是典型的冬装夏卖。

8.1.1 夏季清仓，全场3折

夏末秋初，秋季新款已经上市，而对夏季还没有卖出的服装，商家都采取季末清仓的促销手段，想趁着最后的促销消化库存。特别是对价格敏感的女性消费者，会上网狂扫打折服装和鞋子。潮流时装、运动品牌或者时尚潮牌，都会有不同力度的打折活动。对商家来说，夏季清仓有两个主要好处：一是可以清仓，为秋季新品腾挪仓储空间；二是可以回笼部分资金。

某淘宝卖家以前客流量比较少，最近她做了一次促销活动，店铺一下子人气爆棚。一位买家蒋女士说："之前早就看好了一件雪纺半身裙，但价格太高，会员价还要489元，现在会员价基础上还能够打3折，实在太划算了，必须入手！而且趁着温度还不是特别低，现在还能穿上几天。"像蒋女士这样的买家并不少，都是等着季末甩货时买到之前原价没买的衣服。

2016年8月底，跟着里约奥运会的运动风，很多运动品牌网店也开展全民欢购季的时令促销活动，夏季流行运动品牌大清仓，全部3折起；而且，除少量新款原价外，全新上市的大部分秋装打折幅度都在9.5折到8折。另外，男装男鞋类还有特惠品。

一边是夏季商品大力度打折，一边则是新品优惠高调登场，很多消费者在选购秋装新品时，也会顺便带上两件季末清仓的夏季服装。

一般来说，产品销售的旺淡季转换期是最利于清仓的绝佳机会。当然，一件产品是否适合做清仓活动，主要是由产品本身属性决定的，比如，冷饮、空调、冰箱等，在夏季的需求量远高于冬季，而羽绒服、毛衣、火锅、热饮等则是冬季为需求旺季。还有彩电、干洗店等也都有旺季和淡季之分。

此外，不同地域的消费者也会受到季节性影响，而有不同的消费需求。例如，冬季，我国东北地区异常寒冷，羽绒服销售火爆，而在海南羽绒服可能就不会如此受欢迎。

因此，商家要根据产品、地区以及习俗等制订差异化的营销方案，针对淡旺季的销售情况开展相应的促销活动。

在消化库存和带动新品销售方面，时令促销确实有一定优势，但商家也不能过分依赖时令促销，因此商家在时令促销时，也要考虑以下三个方面的问题，如图8-1所示。

图8-1　开展时令促销要考虑的问题

1. 品牌效应

一般来说，在旺季期间，商家会在广告投入方面花费相当多的精力，比如，炎炎夏日，电商平台首页上多展示某饮料的形象代言人以及广告宣传语，看起来霸占了整个饮料市场；但在冬季，则大幅度减少饮料广告宣传的投入力度。那么，商家就要考虑淡旺季相差甚多的投入会给品牌带来何种效应，除了铺天盖地的网站宣传外，还有其他方式能够让产品维持或提高销售量，尤其是在淡季期。

同时，商家还需考虑品牌建设如何更好地渗透进时令促销，将品牌形象与短期时令促销结合起来。也就是说，品牌建设的长期目标与促销的短期利益发挥互补作用。

2. 消费者反应

商家应该意识到，短期性的大幅度促销会对品牌在消费者中的地位造成影响，这种影响具有两面性，可能是利大于弊，也可能是相反的结果。而且，面对已经见惯了形形色色促销方式的消费者，时令促销是否能够真正吸引消费者，消费者购买时令促销产品的目的是什么，商家弄清楚这些问题才能更好地开展营销活动。毕竟，消费者是实现购买的最终承担者，从某种程度上说，研究消费者行为，让消费者心甘情愿购买商品成为回头客，比短期性的销量增长更有意义。

3. 投入与收入

既然是时令促销，商家肯定会在一个周期内在网站上对淡旺季产品投入不同力度进行营销推广。如果单纯在时令促销方面加大投入会不会导致销售成本增加，给企业资金链带来压力，如果出现紧急突发情况企业如何应对，这些问题都是商家需要考虑的问题。

一方面，商家要结合市场和自身情况，制订系统性的年度周期促销计划，又要针对淡旺季或不同的市场情况确定投入比例，包括资金和人力成本的投入；另一方面，在时令促销的同时，是否有创新意识，开展与众不同的促销活动，在合理投入的范围内最大限度地获得营销效果，也是商家要考虑的问题。

时令促销（包括清仓）确实能够增加短期性的销售收入，但商家要衡量好时令促销与品牌、消费者以及成本之间的关系，在平衡中获得理想的销售业绩。

8.1.2 反季清仓，夏天的冬衣对折

众所周知，服装具有很强的季节性，特别是在我国大部分地区，季节变化明显，人们需要根据春夏秋冬不同季节搭配不同的服装。所以，商家会在季节转换时，制订时令促销方案，以吸引消费者注意力。除此以外，还有反

季节销售，即夏天出售冬季服装。例如，某网店卖家打出“反季清仓，冬衣5折销售”的优惠口号，夏天时在货架上摆上一排排冬季羽绒服、厚毛衣之类的冬季必备品，还有秋冬卖夏装的反季节促销，疯狂甩卖过季商品。

市民翁女士表示，自己在冬天看中这家网店主页上一件大红色羽绒服，原价要700多元，再加上其他原因，所以没有买。“五一”刚过，她发现这款羽绒服竟然在5折大促销，询问客服人员以后得知正好有自己需要的尺码，所以果断下单了。

对于购买原因，翁女士说：“除了低价诱惑外，自己对羽绒服的款式没有太大要求，毕竟冬季走在街头，看起来大家的羽绒服并不像夏天衣服那样款式多样，色彩艳丽。所以，去年的羽绒服今年冬天再穿上身也不显得那么不合时宜。”

对商家来说，在经营中有效提高经济效益是促销活动的主要目的，所以，要配合相应的促销手段，包括换季甩卖、优惠大酬宾等。在反季节促销中，商家可以用价格对比来吸引消费者。

甩卖促销的同时，在店铺黄金展位放置本季度最新产品，原价出售不打折，可以高出同品类。同时，将反季节促销品摆放在这些新品旁边，当消费者在浏览最新产品时，会顺便看反季节促销产品，特别是优惠以及价格的差异，会吸引消费者不自觉地作出比较。

但事实上，有的消费者不一定只会看中低价，甚至会对反季节促销产品产生怀疑：“反季产品，会不会是别人退换过的呢？”“反季卖的商品，很多都是型号或尺码不全，价格便宜点也是应该的，所以，没有合适的我也不会买，反正已经过了最需要的时候了”“这么低的折扣优惠，会不会是残次品？”

消费者的这些顾虑肯定是有理由的，也是合情合理的，毕竟一分钱一分货，所以，商家要针对消费者的顾虑作出相应的解释，如果确实是产品型号不全或有些许瑕疵要对消费者提前讲明，若消费者不接受、不购买也正常。同时，商家切忌以“次品贱卖”的思维主观强调低价，掩饰瑕疵问题。商品可以打折扣，但在商品质量、服务态度以及售后服务方面不能打折扣。

在价格方面，反季节促销商品无法与当季新品抗衡，这也是消费者看中反季甩卖商品的主要原因。但对商家来说，要合理使用反季清仓的促销手段，不能一味地仅靠这个提高销售额。商家要注意以下四个问题，如图8–2所示。

图8–2 反季清仓的注意事项

1. 广告宣传

反季清仓多是和降价促销联系在一起，广告宣传的口号、优惠力度以及形式等要在显著的位置标注出来，让消费者一目了然，同时，也要适当遮盖部分信息，吸引消费者进一步关注促销活动。

2. 合理降价

反季清仓促销活动也要注意合理降价，即使是真正的低价售卖也要考虑最低成本，把握好促销商品的比例和优惠力度。有时候可能并不适合全场一律3折，有差异化的设置打折梯度，可能会有更好的促销效果。

3. 保证质量

参与反季清仓促销的商品也要保证质量，而不是低价贱卖地随意出售商品，消费者可能会对降价感兴趣，但粗制滥造品也很难让消费者动心。

4. 服务体系

服务体系包括工作人员的服务态度和产品售后服务，要让消费者感受到工作人员的用心和热情，不能因为购买低价促销品而冷淡待客。如果消费者对店铺和商品的评分过低，商家很可能就会损失一位甚至多位潜在的回头客。所以，服务体系也是重要的口碑营销。

实际上，如果反季清仓的促销手段运用得当，也会吸引不少消费者，甚至使他们成为回头客，为商家积累客户资源。

8.2 季节性促销

与反季节促销不同，季节性促销强调的是当季商品的热卖法则，例如，天气转冷，品牌店的冬装开始进入热卖期，春装上市，件件最底价。不管是原价不打折，还是新款低价卖，都是以当季商品为销售重点。同时，商家要想获得理想的销售效果，就要从消费者心理入手，比如，运用从众心理对消费者进行购物引导。

另外，对处于不同生命周期的产品，是新品上市期，还是相对成熟期，或者是进入衰退期，如何规划当季的促销活动，也是商家要考虑的促销内容。对这些产品的促销形式和试用范围如何界定，都是做好季节性促销活动的关键因素。处理不当则会造成当季商品滞销、过季产品卖不动的困境。

8.2.1 天气转冷，品牌店冬装热卖

相比之前的反季节促销，季节性促销在产品款式、零售价格以及流通渠道方面都有明显优势。在深秋季节，特别是进入11月份以后，温度下降明显，不少市民开始为过冬准备棉衣，因此，冬装进入热卖旺季。

黑龙江佳木斯市一家品牌综合服装网店的客服人员说："11月中旬以后温度下降比较剧烈，每天前来选购冬装的人特别多，客流量明显增加，特别是儿童和老年人的冬装卖得比较火爆，部分单品甚至断货，我们网店已经在和供应商协调，紧急补货。"

天气变化引发消费者的购物热潮，是季节性销售的典型状态。除了天气等自然原因助力外，商家还要从自身出发，尽可能地在运用当季优势实现更

好的销售业绩。所以，需要商家对消费者的消费心理进行揣摩和把握。

在生活中，常常可以看到这样的场景：甲购买了一件当季品牌热销单品，然后告诉了乙，并和乙探讨使用感受，最后，乙也认为该产品不错，马上也购买了这件产品，尽管他可能并不是十分需要。从消费心理来看，这是从众心理引导的结果。

所以，营销人员在制定营销策略时，就要运用消费者的从众心理，打造当季爆款，引领消费风尚。因此，营销人员要从影响从众心理因素方面着手，如图8–3所示。

图8-3　从众心理的影响因素

1. 群体

一般来说，群体规模越庞大力量越强大，群体意见越一致，所产生的从众效应就越广泛越深刻，这些都容易使消费者产生从众心理，引导其购物行为。

2. 场景

构建产生从众心理的场景对营销来说也是非常重要的，例如，权威人士的判断、突出优势信息、完善购物链等，都能够使人产生从众心理。营销策略要注意这些方面。

3. 个体

虽然绝大部分人都会受从众心理影响，但事实上，个体的从众心理程度却不同，有的人主见性强，不容易产生从众心理；而有的人则乐意听取周围人的意见，比较容易产生从众心理。这就是个体差异，主要受人格特征、性别差异、文化环境等影响。

一般来说，女性消费者较男性消费者容易受到从众心理影响，经济发达地区消费能力较高、选择性多，从众心理影响因素也比较多。

营销人员要从以上差异中找到产品或品牌的切入点，尽量打动消费者的心，使消费者在良好口碑的影响下，受从众心理的影响完成购买行为。解决了消费者的心理障碍，接下来就要在具体的促销活动中确定合理的营销方式和手段，做到旺季旺销，为了达成上述目的，主要从以下两点出发。

一是主推爆款。主打产品必须放在店铺的黄金展位陈列，让消费者能够一目了然，显著位置放置主推款能够增加销售氛围，因为没人会认为一件隐藏在角落里的商品会是本季度的热销款。爆款产品的销量要比其他产品的售卖情况好，所以，商家要制订详细的爆款营销方案，要在库存以及物流渠道方面做好准备。

二是消化当季滞销品。如果同时开展爆款和反季节促销活动，可能会使当季爆款热卖，也能够消化上季度的库存，但可能会造成当季非热买品的滞销，又会造成积压。所以，商家也要合理消化当季滞销品，在价格和折扣方面适当倾斜。

以服装为例，如果消费者对当季滞销服装的款式不满意的话，商家可以在搭配上下功夫，以整体的优势适当遮掩单品的劣势；如果是因为价格而消费者不买账的话，商家可以采用一定的折扣，或者是当作本季特价款销售，也可以采用满额赠、满额减的形式。但要注意不能与主推爆款相冲突，分散消费者对爆款的购买意向。

如果有效结合以上两点的销售技巧，商家既可以发挥当季热卖品的促销优势，又能够及时处理反季促销品和当季滞销品。这样，店铺的促销体系才能够真正活跃起来。

8.2.2 春装上市，件件最底价

春节期间，为迎接马上到来的春季销售小高峰，浙江金华某服装店铺在其网页上推出“新品春装欢乐购”的促销活动，近六成的春装新品，优惠力度在8~9.5折之间，件件最底价。在换季风潮真正来临前，店铺就打出新品折扣，确实吸引了不少消费者进店选购。再加上春节换新装的传统，所以，对春装新品的需求量比较大。一时间，网店内流量激增，工作人员也非常忙碌。

商家也会趁着销售旺季新品的折扣力度比较低，主推店内新款，以拉

动季度内的销售业绩。当然，并不是所有的新品都适合作为主推款，原价售卖。产品的价格和促销活动要根据产品和市场情况综合考虑。一般来说，商家要对在不同阶段的产品制订不一样的促销方案，如图8-4所示。

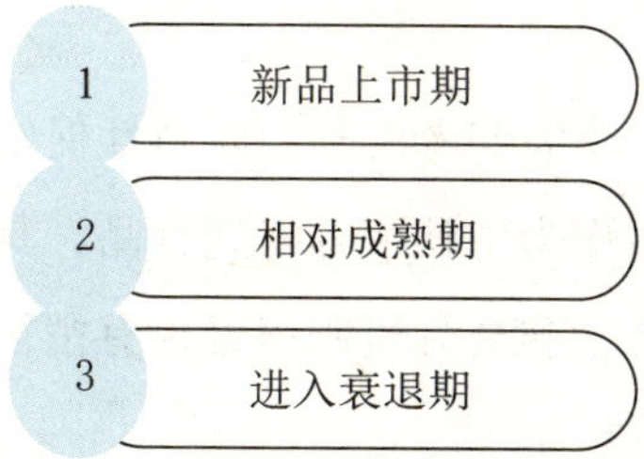

图8-4 不同阶段的产品促销方案

1. 新品上市期

季节过渡期，往往也是新品上市时期，所以，前期可以将重点放在市场试探方面，即试探市场对该款新品的接受程度，在展位陈列、店员推荐以及营销方案方面进行重点倾斜，但不建议上市就开展打折促销活动。这样可能会降低该产品在消费者心中的地位。商家可以在试探比较准确，而且促销方案相对完善的情况下进行打折促销活动，这样也可以给新品一个适应的缓冲期。

2. 相对成熟期

一个（套）产品或者是一个产品线，可能不会在上市以后就立即引发销售狂潮，而是经过一段时间的培育和完善以后才会进入相对成熟期。比如，一件比较受欢迎的女装外套，去年秋季已经作为新品上市，今年依然是秋装主打款。

商家可以根据去年的销售情况、客户反应等进行略微调整，以持续巩固既有的消费群体，在保持风格一致的前提下，适应消费者的不同消费需求。同时，辅以促销优惠来吸引、汇聚新的客户资源，减少客户流失带来的损失，采取综合措施以保持产品比较良好的销售业绩。而在实际营销过程中，确实有热款持续走俏的案例。

3. 进入衰退期

顾名思义，这样的产品已经开始走下坡路或者呈现疲软状态，加上同行竞争产品，以往的促销手段很难保证产品的市场占有率。所以，商家可以将这类产品搭配新品重新组合，增加其附加效益，保持或延长产品的生命周期，甚至也可以直接放弃，转而投资新的产品，以减少持续扩大的成本投入。

除了从产品本身的生命周期考虑外，季节性促销还非常强调时令因素，比如，中秋节月饼。月饼作为中秋节的专属食品，具有很强的时令性，需求量大，可一旦过了中秋节，剩余月饼则很难再有销售高峰。所以，月饼厂商制订了一系列的节前促销方案。

比如，提前上市并造势，在6月底即小范围供应商场，试探消费者的反应；提前派发折扣券，在微博、微信朋友圈、微信商城、糕点店铺等线上线下派发折扣券，在中秋节前一个月内可持折扣券直接购买月饼，既能扩大宣传又可以增加销量；增加团体订购更低价的优惠方案，欢迎集体团购。

在节前充分造势，提高销量。因为时令性的原因，中秋节过后仍然没有卖出去的月饼，商家会在保证成本的前提下以低价出售，减少库存。另外，时令促销可以结合其他的促销主题进行联合促销。

比如，在国庆节前夕发布新品。2016年9月28日，湖北格力举行“智控生活”2017年度新品品鉴会，将在国庆期间上市的11款共29个型号的格力空调新品提前亮相，在其首页上进行展示。新品兼具颜值和实力，外观漂亮，节能效果强大。此外，还有自动匹配人体体温、空调室内机自洁、人机对话等新技术，赢得了活动现场嘉宾的赞叹。

“国庆+新品”是格力抢占十一黄金周而推出的重要组合拳，尽管本年度空调的销售高峰已经过去，但2017年夏季，这些新品必定成为格力的主推产品。

第9章 限定式促销

9.1 限时促销

9.2 限量促销

9.3 单品促销

9.4 阶梯式促销

限定式促销，顾名思义，就是限制某些要素，比如，时间、数量、商品或者折扣等，促使消费者尽快作出消费决策，这就是限定式促销。

仅限今日立减100元、1小时秒杀、苹果手机1元起就是典型的限时促销，限定在某个时间段内减价或者秒杀等。而限量促销就是从商品数量方面进行限制，刻意保持某些商品的供应量，从而营造一种紧张的氛围，现在不买以后就没有了。

仅仅一款简单的罗马仕充电宝就可以创造千万级的年销售额，这就是爆款单品的力量，只卖一款产品也能够成为经典。另外，打造单品爆款也要遵循一定的步骤。本章将有详细讲述。

阶梯式促销则更加直接地促使消费者作出购买决策，即使离春节还有一段时间，但旅行社早已拟订了出境游路线，本着早买早便宜的原则，引导消费者的消费行为。还有第一天上装，第二天下装也是这样。阶梯式促销也有自身的优势，所以，吸引商家不断开展此类促销活动。

9.1 限时促销

限时促销，顾名思义，就是在特定时间段内进行的促销活动，比如，满额立减100元、1小时秒杀、苹果手机1元起等。而限时活动中，限时抢购又是一大亮点，例如，唯品会就是凭借“精选品牌+深度折扣+限时抢购”的正品特卖模式成为典型的限时促销案例。同时，商家在进行限时抢购活动时要做好四个环节的工作，涵盖活动的前、中、后，而且商家也要保证消费者抢到的商品有质量保证。

1元秒杀苹果手机则是在极短时间内的“秒杀”抢购营销活动，其运用了“抽奖+众筹”的模式，在用户和商家之间寻找到利益平衡点。利用的就是消费者对抽奖秒杀活动的参与热情，而商家也因此达到了营销的目的。除此之外，商家也要讲求限时秒杀促销的策略性技巧。

9.1.1 仅限今日，立减100元

2015年双十一前夕，天猫超市宣布只要购物满188元立减100元的大力度优惠促销活动，此外，消费者还能获得100元现金优惠券。并且，首次在天猫超市下单的北京和上海地区的消费者还能够额外获得50元现金红包，活动时间从11月1日到11月10日。这是天猫超市在双十一前夕发起的购物福利预热活动，让消费者提前感受到了双十一的疯狂抢购氛围。

在品牌合作方面，天猫超市携手全球超300个知名品牌商，涉及个护清洁、生鲜食品以及进口食品等品类。还有超低价抢购和部分爆款，比如，1分钱商品等。

从营销角度看，天猫超市开展的满减活动属于限时抢购活动，就是在指定时间段内满足商家规定的条件，即可享受优惠的促销活动。而且，限时促销活动的优惠力度都比较大，以此对消费者形成购买驱动力。

从类型上说，限时折扣可分为定时限时折扣和非定时限时折扣，天猫超

市的满188元立减100元就属于前者，而后者是在不固定的时段对部分商品进行优惠折扣。

除限时折扣外，还有一种限时类促销活动，叫限时抢购，是在限时折扣的基础上增加限制条件，就是说，只有抢购才能最终享有优惠价格。例如，唯品会的限时抢购。

唯品会是以“精选品牌+深度折扣+限时抢购”的正品特卖作为促销模式，亲近年轻人的购物习惯，成为当下中国电商产业的重要形态。从商家角度来说，以限时抢购的方式进行营销宣传不失为一种好方法。

一方面，消费者需要安全感。因为从心理学上来说，人出于对安全性的考虑会囤积货物，这种“晴带雨伞、饱带饥粮”的预备性心理会促使人产生购物行为，例如，“我现在买了，没准以后就可以用得上”。为了防范未来风险，增强安全感，人们很可能购买限时抢购的商品，以备不时之需。

另一方面，“稀缺性”商品。“限时”和“抢购”这两个极具引导性的字眼，暗自传递给消费者时间性和商品数量的信息。这件“稀缺性”商品在特定时段打1折，先买先得，售完为止，错过这个时间如此高的折扣力度可就没有了，大家都在“抢购”，我也不能落后。消费者基于对“稀缺性”商品的判断，很可能会下单购买。

对于电商平台或商家来说，如果限时抢购活动非常成功，不仅可以带来流量和销量，还可以为店铺产生后续的客户资源。但在现实情况下，做限时抢购活动的商家很多，而结果参差不齐，有的销量暴涨，有的业绩惨淡。那如何才能将限时抢购活动做得有声有色呢？下面，我们以服装电商开展限时抢购活动为例，介绍四个重要的环节，如图9–1所示。

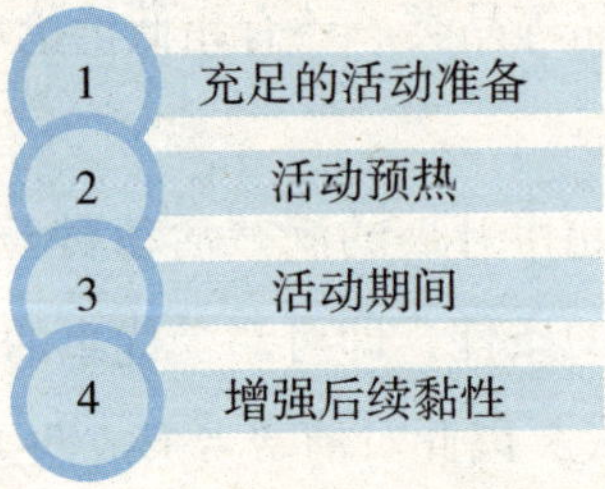

图9–1　限时抢购活动的四个环节

1. 充足的活动准备

在进行限时抢购活动前，商家或营销策划人员要做好充分的准备工作，例如，活动期间不同服装的优惠力度、价格、服装搭配等问题。另外，要处理好平台问题，例如，淘宝、唯品会等平台对开展限时抢购的商家有不同的要求，商家要提前申请。

2. 活动预热

利用平台做限时抢购活动的电商可以充分利用自身优势，例如，每年的双十一是电商的商品爆仓节，也是消费者的购物狂欢节。电商还可以充分利用节假日等促销节点开展限时抢购活动。另外，在预热阶段，要做好宣传工作，网络新媒体、电视电台、纸质媒体等都可以作为宣传媒介。

3. 活动期间

在限时抢购活动期间，由于浏览量激增，服装电商要做好后台客服工作，当有客户询问时，要确保第一时间回复。

4. 增强后续黏性

一次购买行为结束，不代表这个交易活动终止，而是新的交易活动又开始了，为什么？因为此时售后服务工作开始发挥作用。客户在购买商品后，可能会出现使用方面的问题，电商的客服工作需要为客户耐心细致地解决。这样才能够真正增强后续黏性，留住客户资源。

商家开展限时抢购活动的目的是激发消费者的购买兴趣，引导其完成购买行为。但同时，限时抢购作为一种营销手段，其本质还是以真实为主。例如，商家在宣传阶段使用“打折”“限时抢”等字眼吸引消费者注意力，在消费者以1折的低价购买了该商品后，商家却用劣质品应付消费者，这是违背市场运行机制的做法，也有损品牌自身的形象，甚至造成无法挽回的损失。

限时促销或限时抢购是在一种相对紧张的氛围中对消费者造成“压迫感”或激起其兴奋感，以促使消费者尽快作出消费决策。但也要注意其适用范围和使用力度。

9.1.2 1小时秒杀，苹果手机1元起

自从2016年9月初苹果召开iPhone 7/7 Plus新品发布会以来，全球果粉和伪果粉们纷纷尖叫，iPhone 7的预订量也节节攀升。大家都想要一件紧俏商品，为得到商品除付出商品价格外，有人还会以其他方式“曲线救国”——“1元秒杀”之苹果手机，这也是商家开展的促销活动。

比如，在秒杀网站，用户可以每次投入1元钱，参与抢购活动，系统规定需要总抢购次数达到5555次，才能开放抢购平台。也就是说，大家每人1元钱，5555人参与活动，其中，只有一个人可以免费获得苹果iPhone 7/7 Plus，其他人则没有。

对消费者来说，投入1元钱就有可能获得一部许多人都想得到的苹果手机，虽然不中奖的概率非常大，但试试总是可以的。对商家来说，规定总参与人次是在保证自己利益的同时，激发大家的参与热情，为营销活动造势。

“1元秒杀”的活动集抽奖与众筹模式于一身，能够吸引大家参与的关键是平台提供的是爆款商品，很多人都想得到，但目前的购买渠道尚未畅通，所以，才会有人感兴趣并愿意参与“1元秒杀”的促销活动。

京东商城、苏宁易购、淘宝等电商平台都推出了类似的“1元购”“1元秒杀”活动。还有的平台会增加秒杀筹码，有十元、千元甚至万元夺宝活动，而且，不限次数，投入越多，获得的秒杀优惠码也就越多，抽中的概率也会越大。

对商家而言，设定限时秒杀是在时间、参与条件等方面设定门槛，以低价吸引消费者的注意力，从而扩大活动影响力，提高销售业绩。这也是商家开展限时秒杀促销活动的主要目的。接下来，为大家介绍一下限时秒杀促销的策略性技巧，如图9-2所示。

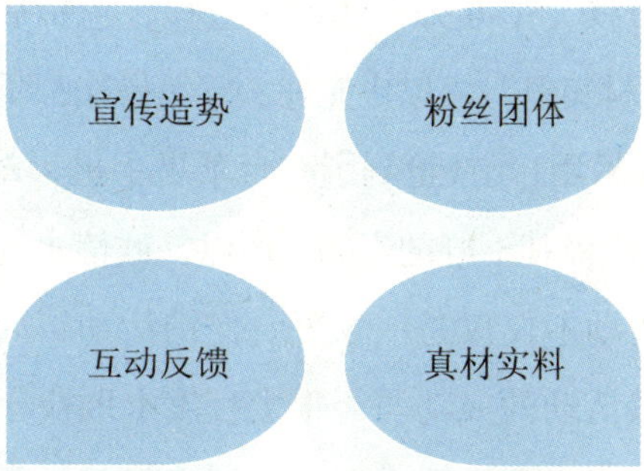

图9-2 限时秒杀促销的技巧

1. 宣传造势

互联网、移动互联网、4G、智能手机、无线网络等为限时秒杀活动提供造了技术基础和支持，同时，商家也要善于运用互联网新媒体在传播手段和方式等方面的优势，主动出击，在社区论坛、微博、微信、QQ群以及各大电商平台等尽可能地传播，让更多的网友参与进来，只有这样才能制造秒杀氛围。

2. 粉丝团体

在粉丝经济大行其道的今天，秒杀活动也势必要借助粉丝的力量，例如，苹果的果粉、小米的米粉、华为的花粉等，因为粉丝在新产品宣传和口碑传播方面有不可替代的作用。所以，商家要汇聚属于自己的粉丝群体，充分调动粉丝群体的积极性，在粉丝间建造良好的口碑，然后让这些种子粉丝去传播，进而产生更好的宣传效果，为秒杀营销做好舆论准备。

3. 互动反馈

秒杀活动是促销方案中的组成部分，但不是全部，商家在前期凭借秒杀活动汇聚一大批用户以后，要将这些用户尽可能多地留下来，与用户积极互动，设置反馈渠道，使其成为真正的用户，进而转变为客户资源。而不是单纯地为秒杀而秒杀，活动结束即迅速离开，无法触及限时秒杀活动背后的营销本质。

4. 真材实料

许多网友参加平台秒杀活动，是相信平台开展的是公平、公正、公开的透明性促销活动，所以，主办方在活动全过程，包括后台门槛设置、奖品设置等中，都需要“真材实料”，以次充好、暗箱操作都不会取得长远的利益。

如果用户好不容易用1元钱抢到了一台苹果手机，却发现是假货，这将会对平台和商家声誉造成极其不好的影响。所以，诚信永远是市场经济的灵魂。

可以说，秒杀活动不仅仅是一场限时促销活动，而是应用互联网思维进行的整合营销，秒杀活动的成功与否很大程度上取决于商家对活动整体设计方案的实施和执行情况。整合平台资源，汇聚粉丝力量，才能够为限时秒杀营销活动做好铺垫。

同时，商家要在活动之后及时进行经验总结，在营销基础上拓展出更深层次的内涵和意义。限时秒杀是一种限定式的促销，却需要综合运用很多营销的理念和方法，商家应及时沉淀与积累。

9.2 限量促销

与限时促销不同，限量促销强调的是“量”的限定条件，仅此100件，售完为止。对消费者来说，限量促销比限时促销更能激发购买欲望，因为“量”一定的情况下，抢不到就没有了，而限时促销，今天没有成功明天还可以通过别的渠道获得。

新品大促销，此时尚单品只售99元，限量供应100件，也就是说只有100名消费者有机会得到。在“物以稀为贵”的消费心理作用下，抢购成为必然，这也和小米的饥饿营销有相似之处，都是在供应量方面设定限制。即使很难抢到，消费者的购买热情依旧高涨。

同时，一降到底也是一种限量促销手段，为数不多的商品低价出售，总会打动一部分消费者的心。而且，这对高质高价商品同样适用，所以，苹果手机会遭到全球果粉们的哄抢。限量供应的促销策略加上高科技的完美结合，苹果iPhone 7/7 Plus依旧延续了火爆的销售趋势。

9.2.1 新品大促销，仅限100件

某高档服装的天猫店铺在新品上市的第一天推出此款，时尚衬衫单品100件限量供应，只售99元。还有限时优惠折扣，最高返299元的减免优惠，满999元赠品牌面膜礼盒套装。此网店负责人介绍说："本次新品活动的力度可能不是最大的，但品牌和品质是吸引消费者的关键。很多消费者都是我们连锁店的老客户，就是冲着这个品牌来的，折扣和优惠反倒不那么要紧。"

一般来说，新品上市为打造知名度和提升业绩，都会开展各种形式的促销活动，比如，限量供应就是促销手段之一。简单来说，限量促销就是限制商品的销售数量，以"物以稀为贵"来引发消费者的购买欲望，运用的是消费者对稀有商品的急切求购心理。

按照常理来说，商家应该满足消费者的一切需求，但"反其道行之"也是一种营销策略，限量供应也是运用"物以稀为贵"的道理，刺激消费者的购买欲望。商家当然希望自己的商品能够引起消费者抢购，最好还是疯抢。一方面，可以证明自己的产品确实是品质保证；另一方面，也可以在促销活动中占据有利地位。而从消费者心理来说，抢不到的才是最好的。在这方面就不得不提小米的饥饿营销。总体来说，小米饥饿营销可以简单地分为五个步骤，如图9-3所示。

宣传造势 → 召开发布会 → 预约预售 → 正式抢购 → 米粉活动

图9-3 小米饥饿营销的步骤

1. 宣传造势

拿着大喇叭，打开扩音器，召唤大家来关注小米有新品将要发售，要大家搬好小马扎，摆好姿势，这就开始了小米的宣传造势之旅。各种爆料信息迅速引爆网络，成功登上热门话题榜首。小米新机红米Note4，在前期宣传造势方面，微博@红米手机发布一张新品发布会的宣传海报，画面中国民手机代言人刘诗诗手持红米"新机"出镜。

小米系列产品的每一次前期宣传都吸引了众多米粉围观，要先将消费欲

望调动起来，才能够进行下一步。

2. 召开发布会

微博互动、视频直播、BBS发帖跟帖的全方位网络营销。例如，2016年“小米7.27新品发布会”在北京国家会议中心召开，正式发布红米系列手机中的新旗舰——红米Pro。红米系列主打低端市场，官方称过去已累计销售1.1亿部。而且，小米邀请了吴秀波、刘诗诗、刘昊然三位代言人为红米新品站台。发布会成功将米粉对新品的期待提升了多个梯度，未售先热才是饥饿营销要达到的效果。

3. 预约预售

召开发布会之后，米粉还需要等待一段时间，时间越长越增加米粉对小米手机的关注度。预约期相当于在正式抢购前增加了一个小环节，进一步提高了在等待期对产品的关注度。

4. 正式抢购

在正式抢购前半小时，早已经有米粉进入小米官网，摆好了抢购的冲刺姿态。为了提高成功率，团结所有能团结的朋友、同学、同事帮着自己抢购。可惜，大多数米粉到头来却还是什么都没有抢到，须臾间战斗已经结束，只好等待下一轮抢购。可以说，小米手机凭借“饥饿营销”的抢购模式成功占领国产手机畅销榜首的宝座。

5. 米粉活动

抢购模式当然不是小米饥饿营销的终结，米粉活动又是继抢购新品的另一个营销重头戏，例如，米粉节。米粉节是小米为感谢米粉的支持而举办的答谢活动，活动期间米粉可在小米官网以优惠价格购买小米产品。例如，官方公布的数据显示，2016年第五届米粉节期间，小米产品的总销售额突破18.7亿元，远超过2015年双十一期间在天猫的小米旗舰店12.54亿元的销售成绩。

以上就是小米饥饿营销的五部曲，虽然小米不是饥饿营销的创始人却是它的集大成者。限量供应与饥饿营销都是在商品供应端给消费者制造紧张氛围，好东西大家都想得到，才能够达到商家预期的抢购效果。

同时，限量促销活动并不能实现全行业通吃，商家要将产品的特性和市场反应结合起来考量。

9.2.2 最后100件，一降到底

不管是新网店开业还是周年庆等特殊节日，很多网店必有大力度的促销活动。

例如，夏季女式服装最后100件，29元大甩卖，一降到底；鞋类特惠49元起；女装特惠1~2折起；化妆品特惠酬宾，周六日满199立返50元；部分品牌化妆品最低5折起。一降到底的促销往往伴随着限时限量供应，商家要对促销活动有时间和数量规定，这样才能更好地激发消费者的购买动力。

又如，苹果的断货策略。从iPhone系列手机的面市就可以看出，苹果用限量供应为自己的产品铺张声势，让果粉们彻夜排队购买。市场研究公司Canaccord Genuity的报告数据显示，苹果手机在智能手机市场的销量份额虽然仅为20%左右，但在全球手机市场的利润却占到了90%以上。

限量促销在刻意激发消费者强烈的购买欲望的同时，却通过限量使消费者的欲望难于及时满足，进而引发消费者更强烈的购买动机，最终形成了市场上供不应求的抢购现象，这种营销策略也为品牌商带来极大的盈利和品牌效益。

苹果前CEO约翰·斯卡利（John Sculley）说："20年前，没人愿意考虑收购苹果，因为'它压根不值得买'；20年后，仍然没人考虑收购苹果，只不过这一次是因为'它压根买不起'。"

限量供应是按照物以稀为贵的经济规律开展的促销活动，但商家要注意商品的"稀"和"贵"，不是所有的商品都适合限量供应。首先，大众化商品不适宜做大规模的限量供应促销活动，因为一般来说这类商品的可替代性强，消费者可以到其他网站购买，或者是放弃购买计划。

其次，高档商品或奢侈品，比如，新款手机、名表、名车、工艺品等。这些产品的供应量本来就有限，消费者的购买目的可能是出于炫耀或展示，如果大家都能买到就没有稀缺性，当然也很难激发强烈的购买欲望。

最后，限量销售过程中，商家不应该随意增加供应量，要保持商品的紧俏性和稀有性，这样才能激发没买到的消费者的购买欲望。

另外，限量供应的关键是制造限量促销该有的氛围，当有1000人都想购买某件商品时，可以将这些人合理安排，最好是分批次抢购，既能增加销售业绩，又可以提高品牌知名度。

限量促销能否成功除了产品和促销策略外，还要在实施过程中有较强的执行力，商家或品牌商要对限量营销的整体以及细节有完善的把握。当消费者的购买欲望被充分调动时，高价或限量供应依然会吸引大批购买者，手机界的抢购风潮就是最好的证明。

9.3 单品促销

淘宝网某电商卖家，通过直通车做推广，打造了一款爆款——罗马仕充电宝，一款充电宝在网店内竟卖到年销量额直逼1000万的业绩。这就是单品爆款的神奇之处。

从商业运营角度来看，商家想打造单品爆款，就要对产品全方位把控，包括市场调研、前期选款、活动预热、宣传推广、服务工作，以强执行力和高效率一步步将产品推向爆款。以单品促销为手段，打造热销产品，树立品牌形象。

9.3.1 只卖一款

2016年7月，某淘宝卖家引进一款罗马仕充电宝，品类属于10400毫安净容量。在推广这类目宝贝的时候，此店铺卖家重点把握品牌优势来精准匹配自己宝贝的特点。由于近几年曝光的移动电源自然爆炸事件频发，因此买家更加关注移动电源的安全问题，所以，很多买家都是奔着品牌来的，苹果、三星、品胜、羽博、飞毛腿、MIUI/小米等这些品牌都是做充电宝比较好的品牌。如果可以做这些品牌的产品，销量自然会好一些。不过，一些品牌虽然很有名，但客单价太高，很多买家也不会买。而此卖家选择了罗马仕的充电宝，价值在60~70元，很适合广大消费者。

选择正确的宝贝之后，然后再利用直通车等营销方式做大量推广，此款宝贝现在的销量情况已经处于疯狂的状态了，近一年的销量达105万件，最近一个月销量达16万件。这个店铺只重点打造这一款产品，就为店铺带来了巨大的销量、利润、人气、权重，让卖家从一个小小的网店，一下子上升为爆款店铺。

从罗马仕这一爆款可以看出，只卖一款单品也能够成为经典。对中小型电商来说，大规模的投资可能不太现实，但通过一款单品走红却不是不可能，这也是本小节单品促销的核心理念。

打造爆款需要有一个渐进的过程，因为同种类型的产品，有些店铺能够做到爆款，供不应求，有些店铺却无人问津或销量惨淡。所以，商家在运作单品爆款时，大致要遵循以下五个步骤，如图9-4所示。

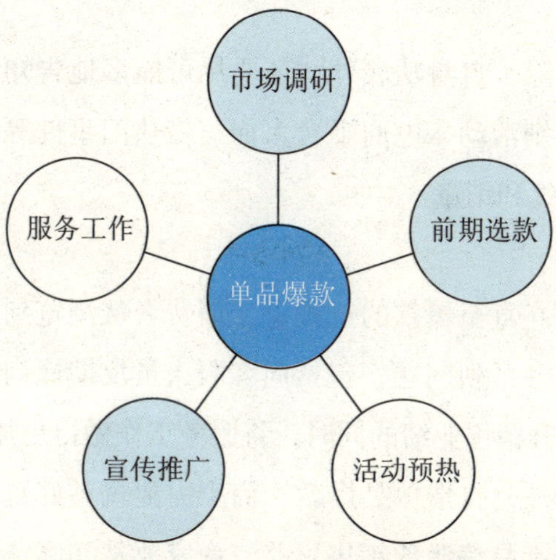

图9-4　打造单品爆款的步骤

1. 市场调研

既然要做爆款肯定要先对产品以及行业做全面的分析，还要对消费群体做整体判断，分析需求程度、购买意向、行业前景以及国家的大政方针等。另外，除了常规分析外，最好对同行的失败案例也进行分析，避免走别人走过的弯路。

2. 前期选款

选款工作也是影响爆款成功的关键因素，一方面，要考虑产品的特点，这个非常重要。产品特点和卖点息息相关，也是绝大多数买家重视的因素，不单单指个性化产品。另一方面，就是产品的定价。如果是高端路线，就要突出产品的高价值；如果是中低短路线，要侧重产品的优势，做到“人无我有，人有我新”。

3. 活动预热

选款工作完成后，就要进入活动预热阶段，包括营销策略和店铺优化。比如，一家淘宝店铺只卖个性化水杯，在推出新款之后，会在价格不变的情况下对初期买家附赠优惠条件，以获得初期买家的好评，这个对后期买家也有指导作用。在店铺优化方面，对搜索关键词、店铺流量、产品排行榜、客服询问量等都要进行全方位的监控和提高。

4. 宣传推广

单品打造爆款除了自身功底外，还要尽可能多地告知消费者，利用淘宝直通车、第三方促销活动、电商平台大促、借热门事件等，在宣传推广方面着力提高爆款的人气和销量。

5. 服务工作

在销量慢慢提高直至爆款的过程中，消费者从浏览到下单，再到评价的购买行为中会出现一系列问题，包括向客服人员反馈或询问、物流发货等，所以，商家要在提升销售业绩的同时，将服务工作做得更加细致、到位。

除了以上步骤外，打造单品爆款，商家需要调整好自己的心态，过于急切或以销量定输赢都是偏激的销售思路。商家要从实际情况出发，对人力、物力、财力等进行综合评判，量力而行，才能平稳过渡到爆款的状态。

9.3.2　单品店铺

现在，很多餐饮店在外卖平台都在主打单品销售，一家店铺只做专业的特色招牌菜，比如，韩国的八爪鱼餐厅，日本的拉面馆、寿司店，中国的中式早餐店等。单品店铺都是凭借单品或独有的特色饮食来支撑整个店铺，再配合以少量配菜、甜品、饮品等，快速运作并且成熟起来。

在市场经济机制下，大众化餐饮逐步走向单品细分的小而美模式。单品店铺模式走红的原因主要有以下三个方面，如图9–5所示。

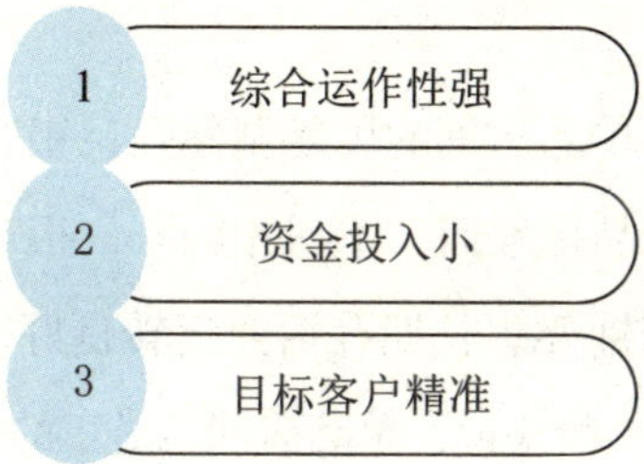

图9–5　单品店铺模式走红的原因

1. 综合运作性强

单品店铺基本上都是标准化操作，工作人员分工明确、各司其职，人均效率非常高。相对综合类店铺，单品店铺要求比较低，十几平方米的铺面即可开张营业，准备工作少，便于运作。

2. 资金投入小

虽然单品店铺在规模方面没有太大优势，但这也决定了店铺不需要太多的启动资金，投入小，回报周期短。

3. 目标客户精准

单品店铺的主打商品特色鲜明，消费者能够第一时间想到店铺的产品，比如，拉面馆主营拉面，运动服装店铺主营运动服饰。这样可以准确吸引目标客户的注意力，精准把握客户需求。

正是因为单品店铺有这些优势，众多商家都实行这样的经营模式，特别是一些中华老字号店铺。许多社会公众人物，比如，孟非、赵忠祥等，也都加入单品店铺的经营队伍。

当然，商家对单品店铺也不要过于乐观，因为其自身也有一定局限性，其风险主要有以下三个方面。

一是持续性比较差。刚一开始，消费者对单品店铺充满新鲜感，但好奇心过去之后，单品店铺对消费者的吸引力就会下降，随之而来的就是客流量大大减少，经营状况不佳。

比如，某创意水杯网店，消费者刚开始可能因为好奇而购买，但水杯属于可长期使用的商品，不像快消品那样会在短期内重复购买，不可能今天买个水杯、明天再买个水杯。所以，缺乏丰富的产品搭配也会影响店铺对消费者持续吸引力。

二是竞争对手太多。单品店铺的可复制性强，很容易引起竞争对手追风模仿，又因为缺乏统一的产品标准而“不尽相同”，很难让消费者有忠诚度。在恶性竞争环境中，单品店铺要想长期存活并运转良好，不是件容易的事情。

三是人员流动性大。一般来说，单品店铺对员工的总体要求不是很高，工资也不会太高，一旦陷入经营困境，很可能会裁员，这也直接导致单品店铺的人员流动性大。再招聘的新人要重新培养，稳定性差，不利于店铺的长期发展。

单品店铺的优势和限制都非常明显，这就需要商家综合把握店铺经营与管理，实现盈利，让店铺进入良性的商业循环。所以，营销人员也要围绕单品店铺的优势发挥特长，合理规避风险。

9.4 阶梯式促销

阶梯式促销也是限定营销方式的一种，强调的是将折扣、优惠等作为限制条件，以引导消费者尽快完成消费，达到商家预期营销目标。例如，一场为期七天的优惠促销活动，第一天4折，第二天5折，第三天6折，以此类推，直到第七天恢复原价。在消费者看来，这次优惠活动的第一天折扣力度最大，而后会逐步减小。如此一来，在第一天下单是最划算的。

同样，即使离春节还有很长一段时间，但各旅行社却早早在各大旅游类电商平台推出促销活动，为出境游客制订了出境路线以及套餐方案，“预订就送大礼包”的优惠活动也是想让消费者尽快作出选择，再结合早买早便宜的折扣原则，消费者自然会心动。

既然商家都在开展阶梯式促销，那该促销方式必然有其优势，本节第二部分就为大家详细介绍阶梯式促销的优点。当然，促销手段不只一种，商家可以根据实际情况结合使用，营销效果才会更好。

9.4.1 早买早便宜

在距离春节还有3个月时，旅行社已经在网上接受春节期间的出境游报名了。有人会想，现在就预订，是不是有点太早？其实不然。

北京朝阳区一家国际旅行社负责出境游线路的郝经理说：“根据往年情况，春节期间，许多游客选择出境游，因为部分旅游热门线路比较抢手，而且相关手续也比较复杂，需要尽早预订。为鼓励游客及早预订，我们旅行社还特别推出了‘预订就送大礼包’的优惠活动。总体来说，打算春节期间出境游的游客，越早打算，越划算。”

受机票涨价等因素的影响，临时报名参加旅行社的游客可能会多交团费。所以，旅行社还是鼓励大家早买早便宜。

旅行社鼓励大家提早预订出境游路线还有其他原因，一方面，可以根据游客报名情况安排相关手续；另一方面，这也是旅行社阶梯式促销手段。

简单来说，阶梯式促销是根据目标受众已有的认知和价值判断，运用阶梯空位塑造产品和品牌形象的营销手段。例如，航空公司对旅客实行细分会员等级管理，共分为三个等级，分别对应铜卡、银卡、金卡。设定三个等级是根据管理定律中的二八法则，也叫最省力的法则，即八成利润是由两成旅客创造的。对电商来说，可以将客户粗略分为顶级的20%，中档的50%，一般的20%，剩下的20%是重度停滞客户或自然客流。所以，企业要抓住前三类客户资源，创造更高盈利。

阶梯式促销就可以按照二八法则制订营销方案，为不同的等级客户提供对应的服务，让低等级客户产生超越心理，并伴随企业成长。但企业在运用阶梯式促销也要注意以下三个方面的问题，如图9-6所示。

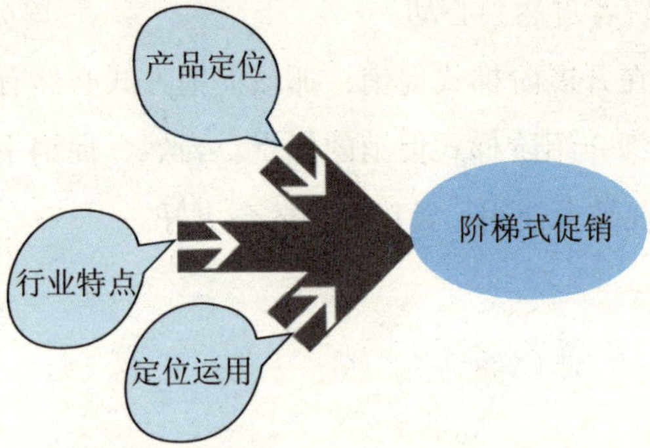

图9-6　阶梯式促销的注意事项

1. 产品定位

这里的定位指的是产品在消费者心目中的位置。人类大脑处理信息的重要规则就是筛选，然后对这些筛选的信息进行排列。同时，这也从侧面解释了为什么人们似乎只能看到自己想看到的。所以，企业在运用阶梯式促销时，要明确产品或服务在消费者心中的排位。

2. 行业特点

有些行业分级非常细化，比如，家庭日用消费品行业，宝洁和联合利华成为行业内的“双子星座”，用户使用频率高。而部分行业却等属于低频率消费品行业，例如，行李箱、割草机等。所以，不同的行业以及产品有不同的特点，商家或营销人员要具体分析各自的特点。

3. 定位运用

产品在消费者和行业中有了定位，如果不是第一名，企业可以通过阶梯式营销理念来提升产品定位。比如，以情感定位抓住消费者的心。

早年，浙江纳爱斯雕牌洗衣粉的广告，孩子为下岗的妈妈干活的画面传递出母子情深，很容易打动消费者，进而使品牌深入人心。所以，阶梯式促销可以和精准营销相结合，但不能仅凭小范围的样本就盲目地为产品定位，要有宏观和微观并重的理念。

从早买早便宜到二八法则，再到产品和行业定位，其目的都是运用阶梯式促销来提升营销的整体效果。因为成功的营销活动不是单独存在的，而是与市场、行业和消费者动态结合的结果。

9.4.2 第一天上装，第二天下装

2016年十一黄金周期间，一家化妆品旗舰店在网店内开展了为期七天的优惠折扣促销活动，全场新品第一天4折、第二天5折、第三天6折、第四天7折、第五天8折、第六天9折、第七天即恢复原价。另外，深圳罗湖区的一位淘宝卖家根据“第一天上装，第二天下装”的原则打出了上装6折、下装7折的优惠促销。

这种阶梯价格的优势在于给消费者造成一种紧迫感，今天不抓紧时间购买的话，第二天就错过这样的优惠折扣了，以此刺激消费者的购买欲望，促使其立即下单完成交易。阶梯式促销的好处之一，就是可以根据产品在消费者心中的印象制订不同等级的促销方式。比如，当想到凉茶时，加多宝和王老吉就会出现在脑海中；而想到婴幼儿奶粉时，会有惠氏、雅培、美素佳儿等。

消费者购买时会想起这些品牌而不是其他品牌，就说明该品牌在消费者心中有很高的认知度和渗透力，进而影响消费者的消费决策。

当然，品牌的定位不只是从行业排行榜中得出结论，而是从产品开始逐步拓展到消费者的需求层次，这就是大家总是能够记住行业第一，但对行业第二或第三很可能就回答不上来的原因。

商家或品牌商当然希望自己的产品或服务在消费者心中能够有一个好的定位，但阶梯式促销并不是单纯强调自己的产品在消费排名中的位置，而是综合性的实力表现。

对商家来说，阶梯式促销最主要的应用就是前面提到的阶梯式打折优惠活动，以刺激消费者尽早作出消费决策。比如，某化妆店卖家为了尽快打开某新款面膜的市场，可能会采用每推一次盘，价格都比上一次略高的阶梯式价格策略，再加上消费者“买涨不买落”的心理作用，会认为新款产品随着

市场的打开上涨是必然趋势，所以赶紧下单。

阶梯式促销强调的是通过指定量的规律性变动来实现预期营销目标，并且，阶梯式促销也可以为规范行业秩序提供指导性方法。例如，随着移动互联网以及4G技术的普及和发展，人们的流量需求越来越大，但相应的资费套餐却没有实质性的改变。

鉴于此种情况，有人建议，运营商应该改变现有的打包资费服务，实行阶梯式收费，即每一项服务内容根据客户实际使用情况来计算，避免出现部分服务项目要额外购买而有些却用不完的浪费现象。同时，根据客户具体使用情况，制订最低消费服务包，保证充分利用服务内容。另外，阶梯式折扣的优势主要有以下两点，如图9–7所示。

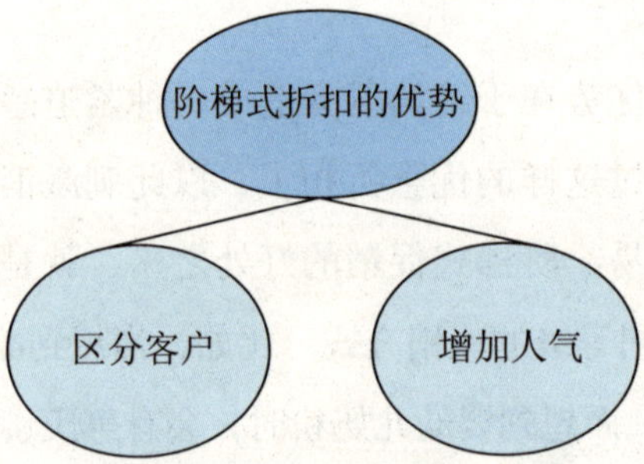

图9–7 阶梯式折扣的优势

1. 区分客户

不同的消费者有不同的消费需求，同一系统有多款产品及搭配组合，消费者购买的理由有很多，商家可以根据消费者行为制定更加合理的阶段式营销策略。

2. 增加人气

阶梯式折扣的力度往往是从大到小，目的是激励消费者尽快购买产品，而有吸引力的折扣当然能够增加人气，提高品牌知名度和影响力，还可以与其他促销活动相区别。

例如，双十一期间，购物网站开展“史无前例阶梯价”优惠促销活动，具体规则：活动分为四波，从零点开始，每8个小时一波，每波活动会推出最优精品，进行阶梯式打折。比如，零点的折扣为6折，到第二波改7折，以此类推，直到双十一结束。但本次阶梯折扣活动为限量发售，售完为止。在抢购最激烈的6折区，多款商品都是秒杀。

所以，商家在进行促销折扣时，可以将阶梯促销与其他促销手段结合起来，以争取获得最好的促销效果。另外，商家要对促销活动的各个环节都有详细的准备，以防出现错误，影响折扣进展和客户体验。

第10章 引用举例式促销

10.1 产品特性促销

10.2 产品案例促销

10.3 效果对比式促销

本章引用举例式促销是以产品以及产品效果为切入点讲述促销方式。例如，依据产品特性选择推广文案和形象代言人，突出产品最吸引人的特点。也可以以正品品质保证，打出假一赔十的承诺性促销口号，这点对于追求品质的消费者很受用。

高品质产品当然会使消费者不自觉成为产品口碑宣传者，向朋友推荐，这也是产品案例促销常见的情景。

效果对比式促销则从效果方面强调产品特点，也可以成为引用举例式促销手段。比如，某款专门针对胖MM的服装，使其穿上去很显瘦，轻松遮掩肚子上的肉肉。通过使用前后的效果，直观对比突出使用后的明显效果。

10.1 产品特性促销

各个行业的产品都有其自身的特性，特别是快消品，多以便捷、实用、绿色、营养等为特点，比如，有机牛奶。而这也是商家制作广告文案的着力点。有机奶和王菲的结合使金典成为家喻户晓的高端有机奶品牌，金典有机奶的绿色营养加上有着天籁之音的王菲，让人联想到有机奶和天后一样，纯天然、无公害，来自大草原的味道。

和追求品质的有机奶一样，电子商务平台上的商品也以高质量为目标，向消费者郑重承诺“全网正品，假一赔十”。假一赔十的承诺既来自于品牌商对产品的质量保证，又是对经销渠道的把握，这也与质量营销的本质相契合。同时，商家在开展质量营销活动时需要注意一些问题，本节将有详细讲述。

10.1.1 纯天然、无公害，来自大草原的味道

在伊利官方网站首页上，一袭白衣，前额散落着几绺秀头，接过孩子手中的金典有机奶，有气质的王菲与“无污染，无添加”的金典有机奶相结合，让人联想到来自大草原的味道，而且，广告文案强调牛奶的纯天然、无公害，与有着天籁之音的王菲也有异曲同工之妙。温暖的亲情路线让人很容易联系到家人、孩子，接受金典有机奶天然无污染的高品质特性。

可以看出，伊利之所以选择王菲作为形象代言人，就是看重其独特的气质和个性以及空灵的歌声，金典有机奶也和天后一样，至真至纯，不染尘埃。现如今，品牌商寻找或邀请明星代言已经不足为奇，由形象代言人来为产品站台，拉近与消费者的关系。

相比各种形式的促销手段，产品本身更具有说服力，毕竟消费者首先获得的是产品的使用价值，其次才是品牌效应等附加值。所以，好的产品或者是有特点的产品，才能够真正吸引消费者。那如何运用产品的特性实现更好的促销效果呢？如图10-1所示。

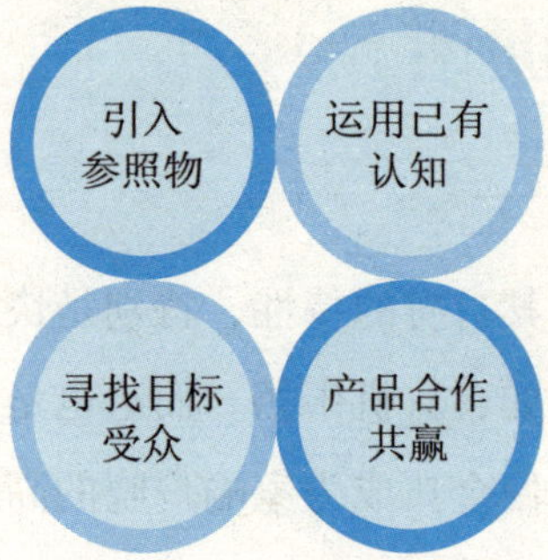

图10-1　产品特性促销方法

1. 引入参照物

如果商家自己一味地强调产品的优质，消费者可能不会买单，因为过于片面。“这是你自己的说法，我怎么能相信你呢？”所以，引入参照物就是一个很好的办法。比如，网约车没有出现时，出租车是人们出行叫车的唯一方式，但网约车的出现打破了现状。与传统出租车相比，网约车更快捷也更便宜。

为了进一步提高消费者的接受度，各大网约车品牌的补贴力度非常高，甚至烧钱抢客户。有了对比和参照，消费者当然会选择对自己有利的一方，所以，滴滴、优步（现在已经合并）、易到、神州专车等都非常火爆。

2. 运用已有认知

人通过不断的社会实践活动获得属于自己的认知，但是对具体的认知，特别是对损失并没有精确的量化。比如，儿童专用座椅可以在发生突发紧急状况时减小对儿童的伤害，这是大家的共识，但具体如何降低损失却没有定量比较。

所以，品牌商在广告中用数据说话，在发生恶行交通事件时，说明没有安装儿童专用座椅对儿童造成的伤害，同时与安装座椅作对比，以此突显儿童专用座椅对安全的重要性，家长当然会认可这种儿童专用座椅。所以，促销产品应具有独特的卖点，这样促销才更有效。

3. 寻找目标受众

在新产品上市初期，消费者的接受度没有那么高，这时商家可以寻找一批目标受众，让其成为第一批种子粉丝，进而拓展传播范围，将产品的知名度推出去。如果消费者使用该产品，并向自己的朋友推荐，那朋友接受这项产品或服务的概率会大大提高。

4. 产品合作共赢

消费者对单独的一项产品可能不会有太大的好奇心和购买欲望，但如果将两个产品或多个产品组合在一起，可能就会增加消费者的购买动力。比如，冷鲜肉和鸡蛋，冷鲜肉店里的肉和鸡蛋搭配出售，再配合其他的优惠折扣信息，最终实现产品之间的合作共赢。

产品营销是一个过程，而运用产品特性作为促销亮点，就需要突出产品的特点，或品质，或用途，或趣味性。总之，有特点的产品是要用某个点来抓住消费者的心。如果产品本身已经符合这些要求，那产品能否顺利上市并产生良好的促销效果，在很大程度上取决于营销计划的制订和执行情况。

特别是新产品上市，如果商家急于一炮打响，就需要在营销造势方面下功夫，运用“未见其人先闻其声”的营销手段，引发消费者的好奇心。如果商家想让产品在市场中有试错的阶段，以便进一步完善产品和营销体系，可以在产品品质和粉丝方面做文章。让产品和用户亲密接触，商家及时反馈，及时修正，再寻找恰当的时机隆重推出。

产品特性强调的是产品本身的特点，同时，为了获得更好的营销效果，可以利用各种因素为产品背书，即突出产品的优势。生产环境、所获证书以及国家有关部门的肯定等，都是品牌背书的方式。

例如，某品牌是奥运会全球合作伙伴，借助奥运会的强大基因，消费者会认为该品牌的产品肯定错不了，因而增强对品牌产品的信任感。当消费者面对同等类型产品时，很可能优先选择该产品。这样一来，既能区别竞争对手的产品，又能够加深消费者对品牌的认可度。如果卖家选择这类产品做促销，买家的关注度、下单量会很高。

10.1.2 全网正品，假一赔十

2016年春节刚过，阿里巴巴集团旗下的农村淘宝项目立即展开了声势浩大的“百县万村战春耕”活动（以下简称春耕大战），为期一个月，由此正式拉开了电商平台参与农村春耕大战的大幕。此次活动是农村淘宝联合国内外众多农资品牌商，依托农村淘宝的平台优势及渠道优势，即遍布全国的村级服务站，让品牌商的正品农资直接送到农民手中。

一直以来，农业生产资料等产品多是通过线下的传统商家以县、乡、村的层次逐级分销，而且，农资的造假、掺假、售假时有发生，导致农民很难买到质优价廉的正品农资。农资的困境正是农村淘宝要解决的难点和突破点。

为保证产品质量，农村淘宝与参与合作的品牌商签订协议，特别针对所有农资农具类目推出“假一赔十”的保障措施。除此之外，农村淘宝还要求商家必须通过严格的审查才能进驻平台，包括提供营业执照、税务登记证、品牌注册证或授权书等证明；并向入驻品牌商收取10万元保证金，订单量较大的要加收保证金。这些举措都是从源头上保证农民从农村淘宝上购买的商品绝对都是正品，假一赔十。

在注重保障农民权益的同时，农村淘宝也会在这个过程中培养农民网购农资的消费习惯，在卖方和买方之间全方位提升农业产业链的工作效率。

农资产品质量的好坏直接决定农民的切身利益，农村淘宝的“百县万村战春耕”活动迅速在很多地方启动，既保障了消费者权益，又扩大了农村淘宝以及各大品牌商的知名度。农资方面，平台和品牌商的直接参与，保证了质优价廉的正品农资直接送到农民手中。

不考虑其他影响因素，消费者以成交价购买了商品，理应是分量十足，质量过关的产品或服务，但现实情况却复杂得多。假冒伪劣、制假售假等现象严重扰乱了市场经济的正常运行，又损害了消费者的正当权益。所以，消费者担心自己购买的商品有质量问题，商家就可以以突出正品这一产品特性作为促销卖点，可以说，这会准确刺激到质量敏感型的消费者。

以突出自家产品质量为促销点来营销，但不仅仅包含产品质量，这涉及质量营销的范畴。质量营销的“质量”包括产品质量和营销质量等，并将这些融合到各类营销手段中，提高消费者对企业、产品以及品牌的质量感知的满意程度，其中，产品质量又是消费者的最关注因素。例如，消费者可能不太在意洗发水到底是谁生产的，但会非常关注它的质量。

此外，商家在开展产品质量促销活动时要注意以下三个问题，如图10-2

所示。

图10-2　产品质量促销活动的注意事项

1. 特性

同样一件产品，会有多个厂家生产，质量外观都相差无几，如何突出优势，那就是产品特性。放大产品的特性才能吸引消费者的注意力，也才能在激烈的市场竞争中难以被模仿和超越。

2. 专业性

除了产品质量过关外，商家要在营销过程中以专业姿态审视自身、市场环境以及竞争对手。这也就是为什么会有许多商家聘请专业的咨询公司，为其在发展策略、营销方案等方面把关。另外，在保证专业性的同时，可以走多元化道路，以丰富的优质产品覆盖更多的消费群体。

3. 满意度

这里的满意度倾向于消费者的满意和认可程度。赢得了消费者才能赢得市场，这是有一定道理的。企业生产的产品使消费者满意，营销方案促使更多的消费者作出购买决策，这就是满意度的表现方式。

以产品特性为促销突破点的营销方式，更倾向于产品的质量，即让消费者感受到该品牌商的产品质量过硬，营销方案满意度高，市场竞争力超过甚至领先对手。此外，除了产品的质量特性外，营销策略本身也要追求质量，这是商家要注意的有关促销的重要问题之一。

10.2　产品案例促销

商家希望自己的产品能够被消费者认可，消费者希望自己能购买到货真价实的商品，买卖双方的本质需求体现在营销活动中，就是商家提供高品质产品，消费者为其做口碑宣传。这是一条简单的供求传播链。商家在促销活动方面也是向这些靠拢，即注重产品的品质以及在消费群体中的传播。“品质内衣，用了都说好”是商家的宣传口号或文案标语，也是在向消费者间接传递肯定性产品信息。而消费者对产品的反馈大部分集中在评论体系，例如，淘宝的“买家评论”版块。

另外，还有向朋友推荐的口碑传播，这里就涉及营销系统中的病毒式营销，所以，商家或营销策划者要了解具有病毒式营销特征的产品有哪些特点。只有明白这些，产品案例的促销工作才会事半功倍。

10.2.1 品质内衣，用了都说好

2016年8月的里约奥运会，拔火罐作为正宗的中国元素强势登陆奥运会赛场，“菲鱼”迈克尔·菲尔普斯（Michael Phelps）肩膀处就有明显的火罐印痕，所以，拔火罐和菲尔普斯一样迅速成为全球舆论关注的焦点。菲尔普斯对拔火罐这一专属中国的古医疗法赞不绝口。另外，很多外国运动员也发现了拔火罐的独特魅力，纷纷变成拔火罐的忠实“粉丝”。可以说，“拔火罐”这个用了都说好的中国传统物理疗法迅速火爆全球。

从营销角度看，“用了都说好”这一广告语是以消费者的口吻夸赞和肯定产品，进而感染更多的人，这就是产品案例式的促销方式。而这个“用了都说好”的广告语本身就成为网店卖家的促销口号。例如，深圳某美女卖家以自营内衣品牌为主，有时也会根据市场情况为其他品牌代工。

这位美女卖家打造的内衣品牌在初期和大多数的内衣企业并没有太大区别，但后来，随着一系列营销方案的出炉，该品牌内衣成为深圳本地市场上的一匹黑马。首先，她聘请有名气的女性模特作为代言人，还联合多家线下实体店开展一系列的促销活动以及在网店黄金展位、电商平台首页等做大肆推广、促销。其次，在互联网等新媒体方面投入大量的营销成本，将广告一句话文案设定为“某某内衣，用了都说好”；最后，实时监测营销效果，她还加强了内衣产品的品质和售后服务。

尽管只是区域性的本土品牌，但该美女网店卖家的营销方案借用“用了都说好”的广告文案，以产品案例的促销方式迅速在竞争激烈的内衣市场中占据了一席之地。

类似于消费者的口碑，“用了都说好”的促销口号也是以消费者的口吻说出了该产品的品质，但消费者总会认为商家的话言过其实，只有拧干了水分才能见到真实模样。这就是为什么消费者对厂家的自卖自夸并不买账，而其他消费者的评论却成为自己购买决策的重要影响因素。

所以，商家要从消费者的角度思考营销问题，将消费者的评论体系纳入自己的营销范畴。而事实上，众多知名品牌商和电商平台就是主动为消费者搭建完善的评论体系，进而宣传自己。接下来，为大家介绍四个运用评论体系进行促销活动的典型，如图10-3所示。

图10-3 评论体系的促销典型

1. 内容评价

以亚马逊、当当等典型的图书类电商平台（当然不只是图书），就是以图书为媒介，为消费者提供了评论空间，好处是既能够宣传图书的内容，又能够建立并实施平台的营销方案，从而实现盈利。

2. 平台评价

淘宝网为消费者直观提供海量产品信息，在网络的虚拟环境中建立平台、商家、消费者三者的闭环。以信任和真实为基础，消费者可以对产品进行评论，这些评论的高低同样也是卖家提升等级的重要阶梯。

3. 品质评价

前面提到产品的质量是消费者最为关注的元素之一，所以，以品质为切入点的营销总是能够准确直击消费者的痛点。在618店庆中，一直标榜品质的京东也是一如既往，承诺永远为客户提供高品质的产品。

还有上一小节提到的“假一赔十”的承诺性促销口号，也都是强调产品的品质过硬、赔偿有道的优质服务。

4. 经验评价

碎片化的时代，消费者的注意力被剥夺得所剩无几，每天大家在互联网上的时间越来越多，消费的内容和层次也越来越丰富。营销人员如何用产品案例的形式向消费者有效传递自己的信息，这是营销活动的难点。

而从消费者来看，网友们的经验评价可以为自己省去很多时间，所以，这也是营销人员重视第一批种子粉丝的原因。让网友的经验评价触及其他网友，以裂变和拓扑的形式快速传播和渗透，才是成功的营销。

从拔火罐到品质内衣再到评论体系，都是借用消费者的口吻评价产品或服务，同时，这也是商家开展营销活动的着力点。毕竟，仅凭自卖自夸式的促销口号并不一定能够打动消费者，商家的产品或服务能够获得一致好评才是真正的高品质。

10.2.2 朋友推荐的，用着还不错

姚兰从闺蜜那里得知，某品牌化妆品网店新上市的一款护手霜非常不错，闺蜜也试用过，效果挺好，再加上当时正值国庆大促销活动。所以，姚兰跟同事要了该网店的链接，一口气购买了三支玫瑰护手霜，还送给同事一支。拿到产品以后，同事也说“用着还不错”。

这是生活中常见的熟人推荐产品的过程，而这个过程也反映出一条深刻的促销关系链，即一定关系圈内的营销传播，现实生活中大家也经常能够见到这种场景。

例如，只要向别人推荐一款APP，并且被推荐者成功下载，那推荐者即可获得指定报偿，可能是现金，也可能是优惠折扣等。这种通过熟人或朋友推荐的营销方式可以归为病毒促销。

病毒促销是运用人际关系网迅速传播特定信息，其特点是时间短、速度快、影响范围广，因此，病毒促销信息可以以拓扑的形式传递或渗透给更多的受众，类似于病毒的传播和扩散，故称之为病毒促销。病毒促销是常见的营销方法之一，适用于新产品快速打开市场。

在日常生活中，大家经常看到病毒促销的案例。比如，有一家知名的互联网公司曾推出一款新产品，即在业界首先试水大容量免费邮箱。从市场认可度来说，消费者非常喜欢这种既免费又实用的产品。这家公司为了获得更好的传播效果，采取了测试邀请的促销方式。

该公司的测试版产品不对外公开，但可以通过本公司员工在内的首批注册用户邀请获得测试资格。也就是说，首批注册用户拥有特定的账号权限，可以邀请自己的朋友申请注册。注册成功后的接受者也获得同样的权限，再邀请其他朋友或熟人。这种裂变式的模式使其快速传播开来，让每一个参与者都以传播大使的身份为产品代言，也就是“让大家告诉大家”。

而回归到产品本身，产品的独特创新性感染了消费者的思维，让消费者愿意为其主动传播。同时，在促销过程中要加入某些情感元素作为引爆点，以促使消费者主动传播。比如，幽默、焦虑、有趣甚至是哀伤。

而病毒促销正好符合这些传播特点，同时，也要知道现在海量信息在蚕食受众注意力，那电商运营者应该选择什么样的产品进行病毒促销，有利于取得大众信任？下面，为大家介绍具有病毒促销特征的产品的三个关键点，如图10-4所示。

图10-4　病毒促销的三个特征

1. 互动性

互动性是病毒促销的核心功能，因为病毒促销本身就是在用户的人际关系网中所进行的活动。例如，前面提到的大容量免费邮箱案例，邀请者与接受者之间的互动实现了病毒促销，也诠释了分享创造价值的新理念。

相反，如果产品本身没有任何互动属性，那商家和营销者可以创造或搭建某些分享类功能，或直接给予用户互动补偿。例如，推荐返现、好评返现等，运用奖励激发人的分享意愿。

2. 易用性

易用性是病毒促销产品的第二个关键点，其特性可以包括实用性、趣味性、便捷性等。这些因素影响产品在人际关系网的传播效果和运用程度。病毒促销的目标是让产品在短时间内传播出去，如果产品说明操作复杂，当然很难吸引消费者。毕竟很少人喜欢向朋友推荐使用复杂、步骤过程曲折的产品或服务。

3. 循环性

用户对产品的依赖性很大程度上取决于促销是否具有完整的循环性，进而影响用户黏性。病毒促销的产品能够吸引消费者使用，再通过良好口碑获得传播，如此循环才能实现病毒促销的目标。也就是说，用户与用户之间可以是单一的闭环链条，也可以是放射状的传播模式，但都具有循环性特点。

以上是从病毒促销的特征分析产品案例促销的。事实上，在营销过程中，用户还是注重产品的品质问题，因为用户与用户之间能够进行互动分享的前提是产品本身质量过关或特性吸引人，才值得推荐。对网店卖家来说，如果产品符合以上条件，再加上卖家制订的一系列促销举措，其产品或服务必定能够获得受众认可。

10.3 效果对比式促销

效果对比式促销（以下简称对比式促销），顾名思义，就是根据产品使用效果作为营销切入点，向消费者直观地传达产品优势信息，促使其作出购买决策。例如，专门为胖MM们定制的福利，穿上去很显瘦的服装，或者是产品使用前后的效果对比，这些都是商家的对比式促销手段。

可以看出，效果对比式促销具有明显的优势，帮助消费者扬长避短，将胖MM的肉肉轻松遮掩起来。与此同时，制订相应的促销方式，加强使用前和使用后的效果差别，突出使用后的明显效果，也可以促使消费者作出消费决策。

例如，脸上长痘的妹子，使用了一款具有遮瑕CC霜，均匀涂抹后痘印几乎看不到了，再附带一张使用前后的效果对比图，当然能够打动挑剔的消费者。另外，商家在开展对比营销时要遵循一定的步骤，不能盲目实施。

10.3.1 胖MM福利，穿上去显瘦

炎炎夏日，正是妹子们穿出好身材的时候，但胖MM可不这样想。经常在各大网店穿梭，每看到一件自己喜欢的衣服都要考虑自己穿着到底好不好看，能不能把肉肉遮掩起来，会不会太热？搭配怎么样？场合对不对？然后再搭配下装，然而很多时候满心欢喜地迎来快递，可是真正把衣服穿到自己身上时，总是搭配不出又美又显瘦的效果，这让胖MM们很抓狂，到底该怎么办呢？

尽管服装尺码是从小到大排列，但市场上的大部分服装还是为体型较瘦的人设计的，这就让胖MM犯难，很多时候她们无论是逛网店，还是逛商城，都买不到合身的服装。所以，有的商家会专门针对体型偏胖以及超胖的人设计服装，还做别设计了对比呈现效果。即让同一位胖MM穿着本品牌服装和其他服装作对比，可以看出前者的瘦身效果明显强于后者，这就是对比营销的妙用。对有些卖家来说，他们正是切中胖MM这类人群的一些痛点，做了专供胖MM消费的服装网店。在网店开张前期，做了一系列对比营销方案，再加上强大的促销力度，让网店快速扩张。

在电视上大家也经常能够看到这种对比式促销手法，以突出本品牌产品的优势。对比式促销是直观展示不同企业产品的促销方式，即通过本企业的产品或服务与同行竞争对手的产品在效果和功能上的对比，使消费者能够直观看到两者之间的区别和差异，引导消费者购买本企业的产品。

对比促销的核心是对比，因为在市场竞争中，产品、服务、品牌、售

后、渠道或者是价格等方面都可以形成对比，几乎涉及产品生命周期的所有环节。而这也是商家开展营销活动的突破点，既能对标竞品，又能够树立行业规范，让消费者一目了然，进而引导其作出购买本产品的消费决策。

综合来说，对比式促销确实有一定优势，但商家或营销策划人员也要扬长避短。接下来为大家介绍一下对比式促销的优势和劣势，如图10-5所示。

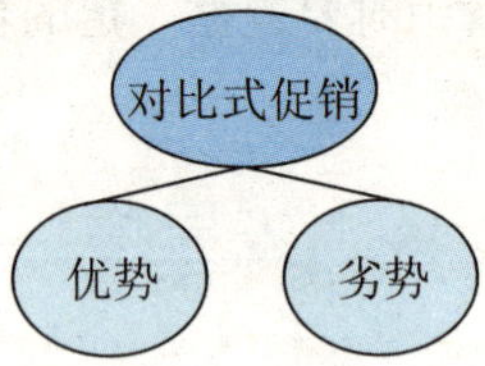

图10-5 对比式促销的优势和劣势

1. 优势

商家和营销策划人员之所以看重对比式促销，最主要的还是因为对比式促销有强大的魅力，能够为消费者带来直观感受，让产品好上加好，而且价格优惠，以引导消费者作出购买决策。例如，前面提到的极端式促销里面的顶级手机配置敢与iPhone 6s叫板，就是与行业第一对比的营销策略。

对比式促销能够让相对弱势的品牌在特定方面的对比中占尽先机，而之前的对比式促销的成功案例也正好能说明这点。所以，作为商家，当你还在为促销没有效果发愁时，不妨试试对比式促销。

2. 劣势

既然是对比，必然会有参照物，所以选用合适的参照竞品非常重要。尽管在军事策略上“以己之长攻其之短”是个不错的办法，但在市场竞争中，竞争对手不是纯粹的敌人，而且，这种“敌我”关系处在动态变化中。所以，对比式促销不能一味强调竞品的缺点或弊端，进而抬高自己。这也是对比式促销的劣势。因此，商家要适度使用，强调技巧性和突出性。

避免在对比过程中揭竞争对手的短，处理不当很可能会涉及侵权问题，这也是商家在开展对比式促销时要特别注意的一点。

一般来说，对比式促销是以产品为案例，在某些方面进行双方或多方对比，比如，穿着这件服装会使胖MM看上去很显瘦，本产品的某个特点功能性对比竞品非常明显等。这些都是对比式促销的应用举例。商家可以合理运用，也要注意避免出现过分贬低同行竞品的情况。

10.3.2 使用前PK使用后

美颜类APP为用户设置了“使用前PK使用后”效果，即用户为图像美颜之后，可以直观感受美颜前后的效果对比。使用前后有什么变化，一眼就能够看出来。同时，商家也可以将此功能移植到营销活动中，为消费者展示使用前和使用后的效果。例如，淘宝购物平台化妆品类产品“使用前PK使用后”，以突出自己产品的效果。这就是对比式促销的应用实例。

商家在开展对比式促销时，要自行将行业内的品牌与其他要素搭建联系，进而使自家品牌、产品快速进入消费者视野，并且赢得消费者信任。再通过巩固新建立的关系，最终在市场中占据一席之地，甚至是行业第一。

可以说，能够快速提升品牌形象，在市场竞争中占据有利地位，对比营销确实是一种有效的营销手段和策略，因为运用得当即能够起到四两拨千斤的作用。蒙牛的快速发展受益于对比营销，也是对比式促销中的经典案例。

结合以上分析，商家在开展对比式促销要有一定的步骤，不能率性而为。接下来，为大家介绍一下开展对比式促销的四个步骤，如图10-6所示。

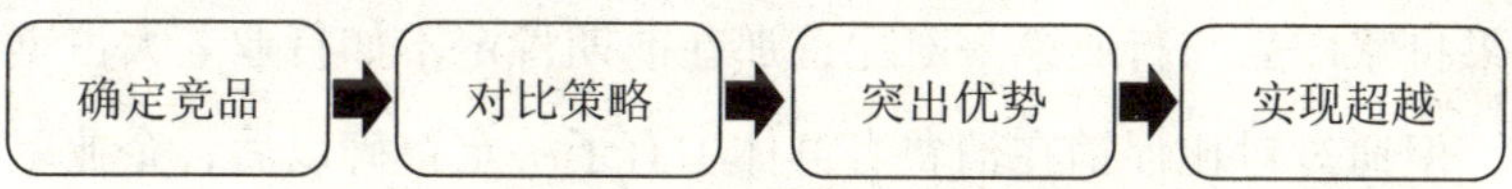

图10-6 开展对比式促销的步骤

1. 确定竞品

既然是对比就需要寻找一个参照物，即对比竞品。这是营销工作的准备期，也是整个策略的制定阶段。一般来说，竞品都是行业内的领军品牌，这样做的好处有两点：一是可以直接对标行业第一，跨过其他竞争对手直奔领头羊，可以使自己迅速“上位”；二是对消费者形成强烈冲击，平时可能只购买行业第一的产品，现在突然杀入一匹黑马，会忍不住关注到底是什么品牌，进而有更多的人对其投入更多的注意力。

2. 对比策略

一方面，对比策略中看重的是对比哪些方面，因为一个产品或品牌能够对比的方面有很多，从实际情况出发，对产品、服务、品牌、售后、渠道或者价格等，可以选择其中一项，也可以是多项。

另一方面，对比策略中是与行业第一硬碰硬，还是迂回对比，这要根据企业品牌和产品的实际情况确定。蒙牛在对比策略中实行的是迂回对比，在初期看似追捧伊利为“老大哥”，向其“虚心学习”，但实际上是要赶上甚至超越伊利。

而硬碰硬的对比则多见于实力相当的双方，声势浩大的对抗性广告宣传是建立在双方的实力和财力相当的基础上，比如，百事可乐和可口可乐，对弈双方针锋相对，大打口水战。既赚足了眼球，又收获了销售量和知名度。

3. 突出优势

对比竞品是为了突出自己产品或服务的优势，最好是有1~3个突出优势，便于消费者记忆，也避免被强大的竞争对手掩埋。例如，同样是冰淇淋，有的品牌可能坚持传统路线，口味不变，如马迭尔冰棍，以“坚持传统”的理念赢得消费者，这时新产品就可以对比口味多样、更多选择，占领市场。因为有人喜欢一成不变的味道，但还有很多人喜欢尝鲜和多变。

4. 实现超越

如果自家产品与行业第一对比，那在前期肯定不如行业老大占据的市场份额多，但通过对比促销在消费者群体中有了一定口碑以后，企业就要乘胜追击，实现超越。让对比促销转化为实际的销售业绩，提升品牌知名度，加速企业发展。这才是对比促销的最终目的。

效果对比式促销能够取得预期效果只是实现了万里长征的第一步，从企业的长远发展来看，对比营销应该是通过一时的轰动效果为自己争取展示的机会。网店卖家在要学会利用这种促销方式，打造店内爆款。

同时，在对比促销过程中，商家要避免过分贬低对手，还要尽可能突出自己的优势，更要以长远利益为重，避免弄虚作假。如果将对比营销比作速效剂，那实力和品牌才是商家能够获得长久发展的稳定剂。

第11章 赠送类促销

11.1 礼品类促销

11.2 惠赠式促销

一次性购物满额即送精美礼品，这是常见的赠送类促销方案，本章讲述两种类型，一是礼品类促销，二是惠赠式促销。

买就送、多买多送和万元礼品等你来拿就属于礼品类促销，在达到特定条件后，即可获得赠送品或者是可能的大礼包。同时，商家在制订礼品促销方案时要注意一些问题，包括成本、赠品管理方案、活动时间以及效果等。另外，商家和营销人员还要对赠品进行全方位的把控，尤其是赠品的品质。

惠赠式促销则区别于礼品类促销，强调的是赠送的类型，买一送一、送红包、双倍积分等都属于赠送范围。商家要根据产品特点以及营销目标等进行综合规划。除了认识到惠赠式促销的优势外，商家还要把握好开展红包营销的原则。同时，采取灵活多变的积分活动能够最大限度地激发消费者的购买热情。

11.1 礼品类促销

满额赠礼品的促销方式比较常见，也是最见效的促销方式之一，因为绝大多数消费者对赠品并不排斥，会认为自己购买商品以后还能够得到额外赠品，这简直就是“不劳而获”。

例如，陈女士在京东超市购买了一些食品，下单金额总计188元，这时她发现京东超市此时在做促销活动，活动要求凡是一次性购物满199元即可减99元，这么大的促销力度让陈女士很心动，所以，为达到了满赠条件又多购买了29元的商品。很多像陈女士这样的消费者，会因为赠品多购买一部分商品，这也是赠品的魅力。

买就送，多买多送或者是万元礼品等你来拿，都是运用了礼品类促销的方式，提高客单价的同时，增强促销效果，提升品牌知名度。

11.1.1 买就送，多买多送

2016年十一国庆节期间，京东化妆品店铺开展了“买就送，十一购不停”的大型促销活动，活动规定：凡一次性购物满99元即可获得店铺会员资格，全场享8.8折优惠，部分特价品7.8折。另外，店铺还赠送价值108元的美妆超值大礼包。

赠品梯次增加，一次性购物满199元即可获得价值219元的精品加绒打底裤一条；满299元赠送价值358元的银饰项链一条；满399元赠送价值466元的精美厨具一套；满499元赠送价值699元的品牌美容金卡一张，多买多送。因为该店铺的客单价普遍在200~300元之间，所以，此次满赠活动最高设置在499元档次。如果一次性购物额超过此梯度，客户可主动联系客服人员，协商满赠优惠事宜，将有神秘大礼送出。

满赠活动属于礼品类促销的一种，即购物满一定额度以后消费者可以获得某些赠品，具体赠品和价值店铺或商家根据实际情况确定。而本次提到的满赠活动都提示了所赠商品的实际价值，一般来说，标明价值的赠品都要比消费者付出的实际价值要高。

还有一种情况是不标明赠品价值，例如，满599元赠精美饰品一件。这件饰品只用“精美”加以描述，不涉及真实价格。所以，消费者很难用599元去衡量饰品的价值，从而忽略自己实际付出价值与饰品的价值的对比，不会产生“赠品都是次等品”的概念联想。

另外，满额送礼品的促销活动中的赠品主要有两个特点：一是可以现场获得；二是赠品与产品本身不冲突，通常是与产品差别很大的类型，例如，买火腿肠赠玻璃水杯。赠品是随商品本身附赠给消费者，不附带其他限制条件。

对于商家或营销策划者来说，合理运用赠送礼品的促销方式，可以有效提高商品销售业绩，但有人会问消费者到底喜欢哪些赠品，商家在选择赠品时需要考虑哪些影响因素。研究发现，赠品的影响因素主要根据赠品本身特性决定，比如，实用性以及耐用性强、质量过关、外观精美、操作方便等。

实际上，绝大多数消费者还是喜欢实用性强的质量好赠品。而且，消费者对赠送所得的物品不会有太大的抵触情绪，但前提是赠品不会让消费者觉得是商家积压的处理品。因此，商家要以此为出发点，根据自身产品定制恰当、独特的赠品，同时，礼品类促销的本质是引导消费者完成购买行为，提高客单价。

综合以上情况，商家在制订礼品促销方案时要注意以下四个问题，如图11-1所示。

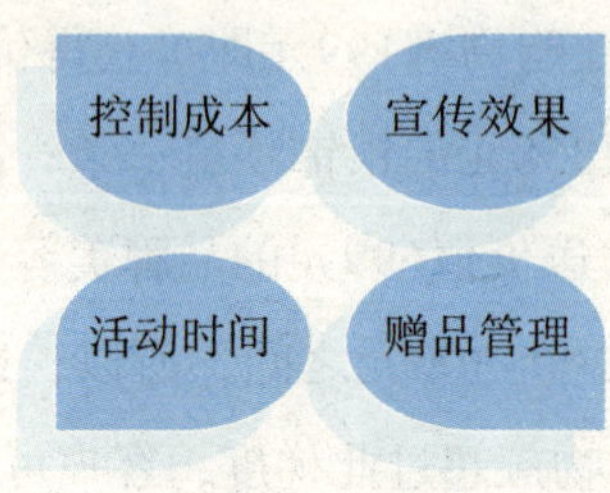

图11-1　开展礼品类促销的注意事项

1. 控制成本

在成本方面，商家要考虑的因素有三点：一是赠品的成本，二是赠品包装，三是销售渠道。如果这些问题计划不得当，很容易造成浪费，超出经费预算。

2. 宣传效果

进行赠品优惠活动的最终目的是宣传商品，提高商品销量。商家可以充分利用电视、报纸、互联网等进行全面宣传，如果经费有限，则可以在赠品和商品包装方面下功夫。总之，要最大限度地提高礼品促销活动的宣传效果。

3. 活动时间

赠品优惠活动要有时间限制，不宜过长，因为随着时间的推移，已经得到赠品的消费者很难对商品再有兴趣点，进而转向竞品。所以，商家要合理规划赠品的实施过程，包括赠品设计、调整生产、投放市场等。

4. 赠品管理

商家要根据赠品与商品包装的关系，制定赠品的管理使用规定。

如果商家在礼品促销活动中运用得当，可以用较低的成本获得高额的市场回报，因为消费者对赠品总是有无尽的期待。但赠品营销要获得成功不容易，需要商家联合各方面渠道，充分利用商业资源，从赠品选择和销售渠道方面创造新的商业价值。

礼品类促销属于赠送类促销，即用满额赠礼品的手段吸引更多的消费者。同时，针对赠品的价值是否标明、流通渠道、管理工作以及赠送的范围和梯度设置等问题，商家要制订详细的营销方案。另外，商家要注意赠品本身的质量和特性问题，即使赠品与产品本身没有太大关联，也要把好质量关和执行关，以达到或超过预期的营销目标。

11.1.2 万元礼品，等你来拿

2016年里约奥运会既是全球体育界的盛会，也是非常不错的营销理由，毕竟这么重要的日子，体育赛事不断，特别是冠军得主花落谁家成为大家期待的热点。为此，汽车4S店联合浙江当地日报社开展线上竞猜冠军得主的促销活动，竞猜活动在每项赛事前半小时截止。

在这之前，参与者可先关注官方微信公众号，根据提示进入竞猜活动页面，在系统给出的备选答案里选择自己中意的选手。比赛结束后公布正确答案。后台会从猜中结果的网友中随机选择6名幸运网友，每名幸运网友可获得由相关品牌商赞助的一个万元大礼包。之后，客服人员会主动与中奖者联系。另外，中奖名单会在随后的微信相应版面刊出，以防有诈骗人员借机诱骗网友。

参加竞猜活动赢万元礼品，参与流程简单，还可以推荐自己的亲朋好友参加，互动性强，这也是一种礼品促销活动。除上一小节提到的满赠促销活动外，礼品类促销还包括参与活动获得赠品或参与抽奖等。当然，这些赠品并不是无条件赠送，而是需要消费者满足特定条件，才有机会获得赠品或礼包。

但赠品或礼包本身就是商品附带的特殊商品，主要目的是吸引消费者的注意力，进而提高销量。例如，某家用电器网上商城举行购物抽奖活动，凡一次性购物满999元的消费者在指定日期内输入订单编号即可参与线上抽奖。

奖项设置：特等奖一名，奖品格力变频空调一台；一等奖一名，奖品高级电饭煲一台；二等奖两名，奖品多功能儿童车一辆；三等奖三名，奖品精美厨具一套。这就是常见的网上抽奖的促销活动，一般都会有品牌赞助商，也是促销活动当中被宣传的主力。

虽然赠品的获取方式以及赠品种类、价值都不一样，但综合来看，附带赠品的促销活动都属于礼品类促销，所以，商家要对礼品类促销有整体的把握，不能盲目开展促销活动。另外，为充分发挥赠品在促销中的价值，商家或营销策划人员要对赠品制订详细的营销计划，如图11-2所示。

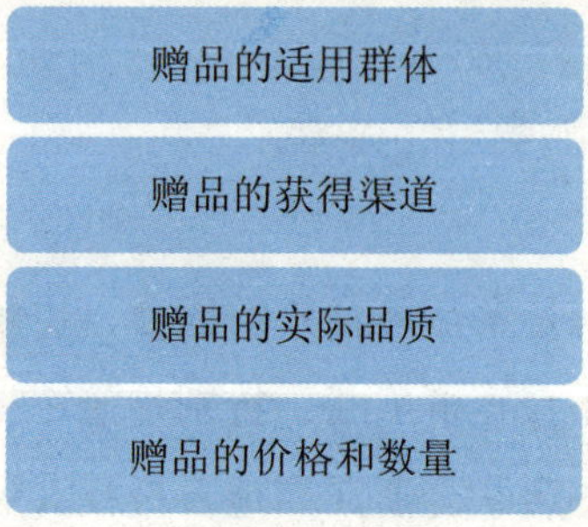

图11-2　礼品类促销活动中的赠品

1. 赠品的适用群体

赠品的适用群体指的是赠品要对哪些人或哪类群体产生影响力，比如，一套护肤化妆品的适用群体就是女性消费者，而剃须刀赠品就是针对男性消费者。虽然男性也会买化妆品送给自己的妻子或母亲，女性也会需要剃须刀，但不是主流消费群体，所以不必过于考虑这些情况。

2. 赠品的获得渠道

通常情况下，一个促销活动是在多地同时进行，范围广，时间集中，所以，商家要提前规划好赠品的获得渠道，包括货源获得方式和运输方式。而赠品在分配到各个促销点的同时也会产生成本，所以，要将这部分投入算入营销经费中，合理规划经费。

3. 赠品的实际品质

特别是一些家电类大型赠品，要保证赠品的实际品质，即质量和售后服务，采购正规产品。如果没有严把质量关，发生售后消费者投诉问题，将会直接影响品牌商的声誉以及后期促销活动。

消费者对好的赠品可能没有过多的赞美之词，但对劣质产品一定会给差评，从而对产品或品牌商造成不好的印象，而且这种不利的影响是长久的，可能很难扭转。

4. 赠品的价格和数量

一般来说，赠品的价格和数量是根据促销活动的规模和目标确定的，赠品是让促销活动锦上添花的部分，也是重要的组成部分。而商家选用什么价位的商品作为赠品，赠品的数量是多少，如果发生变动如何及时更正等，这些问题都是关系促销活动成败的关键因素。所以，商家或营销人员要提前合理规划。

除实物赠品外，随着移动互联网、智能手机、4G网络的深入发展，电子类赠品成为热门礼品，比如，电子优惠券、电子代金券、电子充值卡等。赠品可大可小，促销活动的类型和规模也各不相同，但作为赠品的商品品质不能有差别。

11.2 惠赠式促销

买一送一，买什么送什么、购物返红包、赠双倍积分等，都是惠赠式促销的方式，通过附赠相应的优惠条件，使消费者获得额外利益。买一台加湿器赠送一台原装机，划算又实惠。另外，买一送一的“送”也可以是与主题商品相匹配的赠品，比如，买羽绒服赠羽绒服洗液，买女式风衣赠胸针等。

与附送赠品相比，不玩套路直接送红包则更加直白，红包里有现金、优惠券、折扣券，满足不同消费者的需求。当然，像法拉利15元代金券、欧洲游10元抵用券这样的红包还是少一些比较好。

积分促销则更强调通过长期的消费引导培养消费者对品牌的忠诚度。同时，商家要创新积分促销的形式和内容，不断地激发消费者的新鲜感和好奇心，甚至使其主动推荐朋友成为其会员。积分促销也可以与其他营销手段相结合，从而达到更好的营销效果。

11.2.1 买一送一，买什么送什么

秋季到来，天气逐渐转凉，空气也越来越干燥，皮肤容易出现干裂，喉咙干肿等症状，所以，家中置备一台加湿器是十分需要的。为此，趁京东618大促销活动，北京的王女士在京东商城购买了一台智能加湿器，买一送一，还是送原装机。“买一送一，买什么送什么，相当于打5折优惠”，王女士说，“太划算了！”

虽然看似一样，但买一送一的促销活动和直接打5折的优惠还是有区别，比如，一件100元的服装，现在买一赠一，即100元两件，而5折优惠则是消费者只需50元即可拿走一件服装。对商家来说，前者一次性卖出两件商品，而后者只卖出一件，也就是说，买一送一能够直接增加销量，而5折活动只能一件件地卖。

同时，买一送一的促销活动不一定指的是买商品赠原样商品，也可以

是买一件羽绒服赠一瓶羽绒服洗液，这种惠赠式促销活动也是以“赠”吸引消费者注意力。惠赠式促销的要点是消费者在购物以后能够享受到不同的优惠，赠送礼品、买一送一都是。这种方式直接避开了打折降价活动，还能够刺激消费者重复购买，提高客单价。总体来说，惠赠式促销活动有以下三点好处，如图11-3所示。

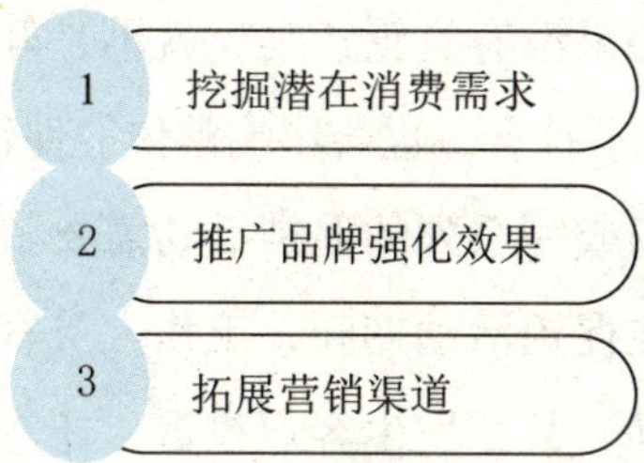

图11-3　惠赠式促销活动的好处

1. 挖掘潜在消费需求

在没有进行惠赠式促销活动前，消费者可能不知道该品牌还有其他产品，而通过惠赠促销的宣传让消费者了解到更多的产品系列，进而挖掘潜在的消费需求。例如，有人可能只知道妮维雅的男士洗面奶，但通过惠赠促销，买男士洗面奶赠润唇膏等，让消费者了解到妮维雅还有其他产品。

2. 推广品牌强化效果

某个品牌已经成为行业的老大，所以，就不需要做促销活动了？当然不是。即使是行业第一也需要开展各种各样的营销活动，以持续推广品牌，强化效果。因为在一个行业内，不只有一家企业一个品牌，第一以下的品牌也在奋起直追，而且消费者的时间和注意力也是有限的，所以，企业要时刻保持竞争意识。

所以，这就是开展惠赠式促销的第二个好处，能够持续提升品牌效应，拉近与消费者的关系。

3. 拓展营销渠道

促销活动不是孤立存在的，事实上，商家通常会将促销活动组合应用。而惠赠式促销活动的好处就是拓展了营销渠道，将主题商品与赠品联系起来。同时，即使赠品在细分行业内处于领先优势，企业也不一定会加大投入单独宣传，而惠赠式促销正好成为赠品最有利的曝光机会。

例如，网店卖家可以多关注一下畅销类宝贝，与这类宝贝的店铺谈合作，帮忙推广，这样也能降低卖家的促销成本。

当然，惠赠式促销活动也不是非常完美，也有其自身的难点，体现在赠送设置、执行力度以及消费者反应等方面。对消费者来说，购物附赠的东西包括实物和电子形式，如果没有真正让利，就不是好的促销活动。比如，赠品过于廉价，与主题商品不符合，也会影响整体的促销效果。

在执行力方面，一场或一系列的促销活动需要整个团队多方协作，如果前期培训不到位的话，在促销活动期间，工作人员容易产生这样那样的细节问题，让消费者产生不满，甚至发生客户投诉。还有由于促销人员的疏忽，出现部分消费者第二次重复领取赠品的事情。这些状况都是促销活动中常见的情况，只要执行到位都可以避免。

有时消费者对所赠实物或惠赠礼品不满意，要求调换或折现等，如果促销人员无法满足要求，消费者可能转身离开。有时总体规划到位，但消费者反应平平，这些情况也是商家在开展惠赠式促销活动时要注意和避免的情况。

11.2.2 不玩套路，直接送红包

2016年春节，“咔咔咔”“咻咻咻”成为猴年开春最动听的红包祝福，五福红包、抢红包、发红包，即使是1分钱，抢到了也特别开心，这就是电子红包的巨大魅力。商家也不甘示弱，纷纷洒起了“红包雨”，引得众多网友尖叫狂抢。既然大家如此喜欢红包，那商家就趁机开展一场“不玩套路直接送红包”的惠赠式促销活动。

例如，知名的护肤品牌在新浪微博向网友广发红包，无门槛抢红包，最高可得109元。另外，还可以通过@好友、转发评论微博增加抢红包机会。总之，自己抢邀请好友一起抢，网友们玩得不亦乐乎。品牌商也为自己做了免费推广宣传。

当然，选择在微博进行是因为微博更适合这种大开大合、不限参与人数的营销活动。相比之下，微信可能就成为相对封闭的社交链。

同时，借红包开展促销活动也有三点比较突出的优势，一是红包可以激发用户的兴奋点，增加节日气氛，即使只抢到1分钱也会获得心理满足；二是红包活动能够带来极大的流量，增强用户活跃度，覆盖面广，而引流和用户活跃度的提高都是衡量促销活动效果的重要指标；三是获得成本较低，相对大规模广告投入，一场红包营销就可以获得可观的用户数量或流量。因此，可以将红包营销看作是一种促销手段。

虽然，在现实场景中，也有商家会通过现场发派现金红包进行促销活动，但相对来说，将红包转化为实物或电子等值优惠券可能会惠及更多的消费者群体。这也是移动互联网环境下红包营销的优势。

当然，送红包的惠赠式活动以红包为媒介，连接了品牌商和无数的用户，但给用户发优惠券红包也有引来吐槽的。比如，2016年猴年春节抢红包大战中，有人运气欠佳，只抢到了一张“法拉利15元代金券”或一张“欧洲游10元抵用券”，让人哭笑不得。如果该用户正好有能力且有计划去一趟欧洲抢购商品，试想，10元的抵用券会对其产生多大的吸引力？怪不得引来网友接连吐槽。

红包促销洒的是钱，收获的是营销效果和消费者的信任，所以，商家在开展红包系促销活动时要遵循以下三点原则，如图11-4所示。

图11-4 红包系促销的原则

1. 真实回馈

在这里，真实回馈指的是企业要真正拿出适量资金作为红包反馈用户，毕竟用户是企业最大的支持方，同时，辅以相关数据说明，让用户明白企业发红包不只是说说而已。因为没有人会相信对用户非常“抠门”的企业会真正地做大做强，长久兴盛。

2. 配合主题

发红包要配合适当的主题及巧妙的宣传文案，既能烘托气氛又能够为用户创造宽松的环境，让其主动参与，并获得实际利益。主题可以由企业自身设计，也可以迎合当下的背景和大环境，比如，春节、奥运会、双十一等，充分运用社会资源，最终实现营销目标。

3. 多方联合

红包里除了有真金白银外，还可以附带其他资源一起打包赠送给用户。同时，依据移动互联网的优势，结合多种社交平台，让红包促销发挥联合作用。例如，微博与微信、线上与线下等。

从营销角度来说，红包是个可以包含多种促销手段的法宝，将神秘礼物藏在其中，吸引越来越多的用户围观和参与。企业运用得当则四两拨千斤，小比例投入获得丰厚回报，既增强了用户黏性，又扩大了覆盖群体。

11.2.3 今日购买，送双倍积分

有些电商平台规定，每个周六日购物赠送双倍积分，比如唯品币、京豆、天猫积分等，以此刺激消费者购买商品。一般来说，消费者每次消费、购买后发表评论都会获得相应的积分，在消费的同时会计入积分，例如，1元=1积分。积分可用于促销活动期间的兑换。积分是消费者作为会员完成消费时，商家赠送的附加价值，也可以看作是一种变相的惠赠式礼品。

积分所代表的功能不仅仅是礼品，更是商家的营销手段，按照通常惯例来说，会员在指定场合内消费以后，会立即得到积分奖励，而积分又可以成为会员等级升级的通行证明，高一级的会员资格自然可以享受更多的优惠和打折，进而刺激消费者的消费欲望。

这就是会员与积分对消费者的双向刺激作用，而对商家而言，当然是希望消费者能够有更多的重复性消费，更高的客单价，甚至可以通过口碑影响周边的亲朋好友去消费。在前面的第2章会员制促销部分已经讲述过会员制度的积极作用，此处不再赘述。本小节主要针对积分在营销过程中的角色和作

用加以分析。

商家通常把消费者消费行为的累计记录作为积分依据，每次积分可以间接影响消费者的消费决策，引导消费者的偏好选择，培养其对品牌的忠诚度，这是商家能够在市场竞争中超越同行的有利因素。

同样，在积分促销方面，商家要积极引导消费者重复购买。而且，积分促销活动可以有效增加消费者的兴趣，进而增强用户黏性。既然了解到积分促销的好处，那采取什么样的积分形式能够最大限度激发消费者的购物热情？如图11–5所示。

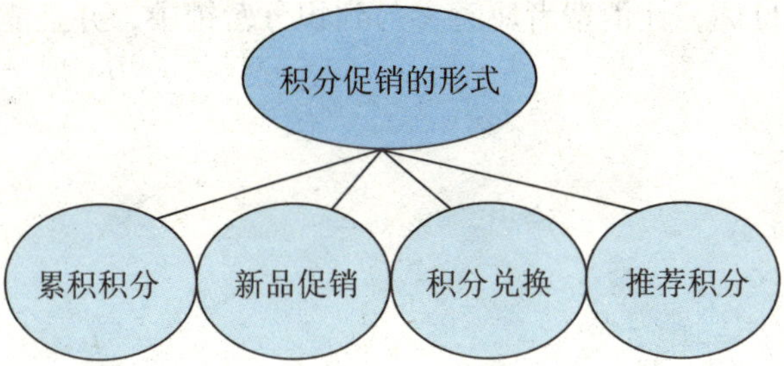

图11–5　积分促销的形式

1. 累计积分

累计积分是积分促销的主要形式，即一张会员卡累计消费达多少元可以享受对应的积分等级。例如，累计消费达0~1000元，对应的是1元=1积分；消费达1000~3000元，对应的是1元=1.5积分；消费达3000~5000元，则1元=2积分。以上只是简单举例，商家可以根据自身需要灵活设置积分累计规则。

2. 新品促销

例如，某科技企业推出一款新型电饭煲，为顺利推向市场，与各电商平台达成促销协议，消费者在指定时间段内购物赠送积分，并允许用积分换购，交易成功后，除按照消费者实际支付价格返积分外，还额外赠送100积分。这样做的目的是扩大新品销量，提高消费者的购买热情。

3. 积分兑换

在指定日期内，可以使用会员卡内积分换购特价商品，无须加价，比如，1500积分可兑换一条精梳棉毛毯。商家可以根据积分和商家的实际需求来制定详细的积分兑换规则。

4. 推荐积分

主要是鼓励消费者推荐亲朋好友。比如，介绍一名消费者成为会员，推荐者可以获得一定积分奖励，如果被推荐者再邀请其他人，也可以获得积分奖励。商家没有设置重复积分奖励，但可以根据实际情况设置推荐积分机制。

积分可以成为一种促销方式，也能够结合其他的促销策略进行组合营销。同时，商家要注重设置与其相匹配的积分条件，以增强用户黏性、提高用户忠诚度为目标，让消费者愿意参与到积分营销中，并且能够获得一定的切实利益。

第12章 指定促销

12.1 指定产品促销

12.2 指定对象促销

指定促销，顾名思义，就是在特定条件或范围内开展促销活动。本章重点探讨两种类型：一类是指定产品促销，另一类是指定对象促销。

指定产品促销是将产品作为限定条件，部分产品或产品线参与促销活动。其优点是用产品界定消费群体，同时，可以对比其他同类产品的营销效果。如果商家使用指定产品促销，就要重视哪些产品参与促销活动，促销主题是什么，如何突出促销产品的优势、赢得消费者信赖。

指定对象促销则是将消费群体进行界定，比如，借助八一建军节，军人家属可在特定时间段内享受5折购物优惠，这就将非军人家属区别开来，还可以突出店铺的拥军氛围。还有针对新老客户采取不同的促销手段，老客户可享受折上折，新客户注册就打折或是送新人大礼包等。

指定促销就是针对特定产品或对象开展的优惠促销活动，对商家来说，有利于其区分不同客户、优化客户结构、充实客户资源。

12.1 指定产品促销

将特定的产品归入促销行列，依据不同的促销目标制订详细的营销方案，可归为指定产品促销。指定产品促销的特点是指向性、集中性和系统性，因为它是专门为某些或某类产品开展的促销活动，所以，产品以及消费群体都可以锁定在一个比较小的范围内。

例如，专业的手机旗舰店网上商城中三星系列产品在本周举行特价促销活动，店铺里的面膜类产品全场8折等，这些都属于指定产品促销的范围。商家要从产品延伸到市场、目标受众以及营销方案，甚至是对网店未来营销策略的影响。

同时，不建议促销直接与降价挂钩。如果降价成为常态，一旦恢复原价就很难再赢得消费者认可，甚至会影响网店与产品的整体营销策略。

12.1.1 特价产品全场6折起

“季末清仓甩卖，特价产品全场6折起”“女装棉服类指定款特价88元”“指定款运动鞋买一双赠优质棉袜”。特价商品、指定款式参与打折活动，虽然在电商平台常见，但也确实能够吸引不少消费者，就像商场内店铺总会设置一个特价货摊，将一堆特价商品集中放在一起，让消费者随意挑挑看看。

特价商品本身就属于指定款的类型，一般打折力度比较大，这样就与店铺内的原价商品、打折力度比较低的商品形成了价格梯度——由高到低，拓宽了消费者的选择余地。

特价商品用于丰富店铺的产品线，以吸引不同消费水平的客户，这是特价产品的作用之一。但指定产品不只是低价打折的代名词，也可以成为商家获得保护性销售的通行证。

比如，奥运会期间，国内各大品牌商为了抢占奥运会绝佳机遇，都铆足了劲，争当奥运会指定产品赞助商或供应商，如恒源祥、格力、361°、华江等，借奥运会的东风将借势营销做到了极致。

商家当然希望产品销量能够节节攀高，业绩稳步提升，全系列的产品线不一定都吃香，但主推产品或拳头产品却能够独领风骚，这就是指定产品促销的好处。如果商家将指定产品与促销结合在一起，就需要从以下四个方面做好详细规划，如图12-1所示。

图12-1　开展指定产品促销的规划

1. 折扣范围

既然是促销活动多半要与降价打折联系在一起，所以，商家要对打折让利的幅度和范围有所把握，以什么样的优惠达到什么样的促销效果，要做到既能吸引消费者，又能获得利润。

2. 产品特色

指定产品的促销需要突出产品的特色：为什么是指定这款加入促销行列；和其他基础款式相比，这些指定产品有什么特色和购买价值，让消费者明白购买指定产品可以获得哪些好处。站在消费者角度思考问题，就容易获得消费者的信任。

3. 折扣理由

凡事都要“出师有名”，指定产品促销也是这样。要给促销一个合适的理由，比如，元旦、春节、五一、十一、母亲节、情人节等。再配合合适的促销主题或社会热点事件等，进一步深度挖掘促销价值，将会产生更好的促销效果。

4. 时间范围

一般来说，促销活动都会持续一段时间，少则一天，长则一个月，甚至更长，但不建议促销时间过长。要结合促销目标和购买群体的特点，一般控制在7~15天，太短无法达到营销目的，太长降低了消费者立即购买的决心。商家可以在时间范围内寻找最合适的时机，达到理想的营销效果。

指定产品促销是对产品中的特定类型和款式作出促销方案。同时，商家也要注意将促销商品与非促销商品区别开来，突出指定促销产品的特色和优势，这样才能更好地引导消费者购买。

12.1.2 官方指定产品

昆仑山雪山矿泉水作为中国高端矿泉水的领导品牌，具有高海拔、零污染的特级品质，以实力和品质成为2016北京国际长跑节大赛官方唯一指定用水。

昆仑山一直倡导国民饮水升级，此次与北京国际长跑节的强强联合，既助力北京长跑节，又能够向外界传递出昆仑山高端、健康、时尚的品牌价值。

像昆仑山品牌这样成为官方指定用品，用于各项活动赛事，一方面，可以提高产品在消费者中的印象；另一方面，也是一种营销策略，借用官方赛事开展指定促销。

官方指定产品本身具有唯一性和排他性，属于某一品类独家赞助的商业性质。在市场经济中，商品价格是由市场的资源配置来决定，而指定性产品能够在价格、供应等方面，为客户提供最优服务，不受其他因素影响。

同时，官方指定产品也常常出现在综艺视频类节目中，比如，产品冠名权由某品牌独家代理等，全方位合作才是当下品牌产品拓展营销渠道和深度的捷径。湖南卫视的超人气明星综艺真人秀《爸爸去哪儿》赞助商999感冒灵以及第二季的伊利QQ星，指定产品促销频繁出现在节目中，借助综艺节目的火爆，这些赞助商当然也赚得盆满钵满。

同时，网店卖家抓住店内有些宝贝的这种特性，让其成为促销方案的一大亮点，促销效果更显著。

12.2 指定对象促销

特定人群可享特殊优惠，在建军节当天，某服装类网店内所有指定人员上传有效证件可享受服装全场5折优惠，这就是指定对象促销。将限时优惠大促销派发给指定对象，以吸引消费者。而指定对象促销的步骤也是从目标受众着手，考虑受众的真实需求，再结合产品和市场情况，开展指定对象类的促销活动。

还有老客户和新客户的循环开发，以及针对新老客户的优惠促销活动，比如，老客户享受折上折、新客户优惠注册就打折等。在老客户维护方面，商家要充分考虑老客户的营销维度，而对新客户，商家要从吸引新客户资源入手，比如，开展专门针对新客户的优惠打折活动——新人大礼包等。

12.2.1 军人家属全场5折

为热烈庆祝中国人民解放军建军89周年，某服装类网店特别策划了一场主题为“军民情深 福润大酬宾”的优惠促销活动。活动规定：在建军节当天，凡军人家属、现役军人、退伍军人、转业干部等人员上传相关有效证件（个人重要信息可遮盖涂抹），均可享受服装类全场5折优惠，以此向广大现役官兵、预备役军人和军人家属致以节日的祝贺。

在建军节当天向现役军人、军人家属等特殊消费群体开展优惠促销，是指定对象类营销活动。指定对象是将各类消费群体区分开来，仅对部分符合条件的消费群体开放优惠条件，指定对象促销的原理不是非常复杂，但运用在具体促销活动中就需要考虑各方面的因素。

指定对象促销当然要考虑目标受众、目标受众的真实需求、商家如何满足这些需求、怎么样保证盈利等问题。接下来，为大家讲述一下开展指定对象促销的四个步骤，如图12–2所示。

图12-2 开展指定对象促销的步骤

1. 细分市场

指定对象促销第一步是细分市场，确定目标受众。有些行业的目标受众不是十分明显，但有些行业竞争激烈，行业巨头占据绝对位置，这时企业要想突出重围，就要细分市场，确定目标受众。因为再大的行业巨头也不可能覆盖所有的行业分支，而且规模越大越容易寻找突破口。

比如，一个大型教育集团专做课程培训，覆盖小、初、高所有的主流学习阶段，那另外的同行想要在市场细分中占据有利地位，肯定不能硬碰硬，直接对抗。所以，另一家教育培训初创企业专攻0—3岁宝宝的启蒙开发，既避免了与竞争对手的直接冲突，又凭借自身的强大实力成为该地区婴幼儿启蒙类细分市场的前三甲。

商家在确定好要打拼的市场以后，就要尽可能接触更多的目标受众，将其发展为自己的客户。尽管化妆品也可以卖给男人，但男人不是市场的主流受众，所以，商家还是要在细分市场的前提下，寻找占比最多的目标客户群体。

2. 确定需求

确定需求是指定对象促销的第二步，在这里要考虑两个问题：受众需求的相似性和差异性。一般来说，同一类目标受众的需求都是相似的，比如，年轻的爸爸妈妈可能需要为宝宝置办一台婴儿车，以便外出，婴儿车的使用人群就可以确定为婴幼儿；二是差异性，虽然同是婴儿车，但不同的人会有不同的需求，比如，安全性、宝宝年龄、出行条件、功能特色以及价格等方面考虑。

即使是同一类目标受众，具体需求也是有差异性的，所以，商家要仔细分析，结合市场和消费群体等情况确定合适的指定对象销方案。

3. 换位思考

换位思考是指定对象促销的第三步，也是最重要的内容。前面已经确定了市场和消费群体，接下来，商家要换位思考，站在消费者角度考虑。比如，食品类的商家要考虑，领导或员工们是否会购买自家的产品呢？如果答案是否定的，那商家就要思考到底是哪里出现问题。自己的员工都不买，消费者会认可吗？

4. 售后服务

产品销售出去以后，不是交易活动结束。如果消费者对产品或服务有质疑向客服人员反映，商家或店铺就需要明确问题来源、消费者有何种疑问和要求。明晰责任，给消费者一个满意的答复。售后服务工作也可以拉近与消费者的距离，让指定对象成为产品的忠实粉丝。

对商家来说，自己的产品适合什么样的人群比较好判断，但如何让目标群体成为自己的客户，重复购买产品或服务却是难题，而这也是换位思考的意义。就像有人在微信一直坚持转发心灵鸡汤类文章，是因为转发者自己认为有用，但浏览者可能不这样认为，严重的话还会被屏蔽拉黑。

所以，指定对象能够适当减少广告、资源、渠道等的投放比例，但有质量的营销却非常重要，最主要的是亲身感受目标受众的真实需求。产品品质过关，营销方案精准、渗透力强，这样才能收获不错的营销效果。

12.2.2 老客户享受折上折

浙江金华一家专业的清洁服务公司在某家政类电商平台上于2016年10月开展了“抽油烟机清洗大作战 乐享优惠”的促销活动，为期一个月。该活动还针对老客户特推出抽油烟机深度清洗8.9折特价。另外，老客户还可使用现金抵价券享受折上折优惠，平均清洗一台抽油烟机即可省40元。

公司承诺：本次促销活动报价透明、无叠加费用、不收上门费、不推销附件产品。该清洁公司收费透明合理，服务态度良好，创造了连续三年服务零投诉的优秀业绩。为真诚回报老客户，该公司还特别推出微信扫码送百元现金抵用券活动。客户只要扫描微信公众号，输入指定时间段内公司开具的小票特殊编码，即可获得抵用券。消费者还能够在公众号上预约上门清洁、维修服务。

一项产品或服务在推向市场到成为行业品牌的成长过程中，老客户功不可没。研究表明，每开发一个新客户的成本是维护一个老客户的5~7倍。例如，一个服装品牌开发一个新客户需要60元，而维护老客户只需10元。老客户能够重复购买产品，成为新产品的第一批客户，还可以主动宣传产品和品牌。可见，老客户是商家重要的客户资源。因此，维护老客户的工作也是十分必要的。

商家都能够认识到老客户资源的维护和营销是非常重要的工作，但为什么重要？其价值体现在哪里？接下来，从需求、数量以及产品方面介绍一下老客户的营销维度，如图12–3所示。

图12–3　老客户营销的三个维度

1. 需求维度

一个客户会有多方面需求，而需求可以从一个方面拓展到多个方面，进而为客户建立立体化的需求格局。比如，客户近期在减肥，那她会不会对减肥茶、低脂绿色食品、营养套餐、健身器材等有消费需求？即使这些都没有，那与减肥有关的还有很多，商家可以仔细联想，而这就是营销的需求维度。

2. 数量维度

很多人会认为：店铺生意惨淡，客户数量少，也没有多少老客户，当然就不用做老客户营销工作。这种观点是不正确的。新客户转化为老客户需要时间沉淀，更需要商家主动出击，从已有数据中挖掘客户资源。慢慢积累才能无障碍开展老客户营销工作。

3. 产品维度

有些商家认为：老客户维护工作就是只要有新品就向其推荐，再加上一些优惠促销使老客户尽可能多买产品。这样的老客户营销规则简单，但容易引发老客户反感。所以，商家要开拓营销思路，为老客户“提前谋划”。

比如，婴儿用品，奶粉、纸尿布、婴儿辅食等都属于可重复消费品，母婴店铺可以根据客户购买产品情况，为老客户建立信息档案。推测客户上个月购买的奶粉大概在什么时候用完，提前一周发送店铺链接。

研究老客户的营销方案要从多方面入手，包括客户本身的情况以及产品特性等，让老客户在优惠活动中享受更贴心的购物服务。商家要建立相应机制引导老客户宣传口碑，以老带新。当然，也要避免单纯的商业化推销，否则，容易引发客户反感。

12.2.3 新客户优惠，注册就打折

新注册客户可享受注册就打折，全场新品9.5折，特价商品1元抢，这是某旅游类APP对新客户的优惠活动。在营销活动中，为吸引更多的新客户，商家会采取一系列的优惠措施。尽管新客户开发的成本要高于老客户的维护成本，商家也必须重视挖掘新客户资源，这样才有持续不断的动力源支持企业或店铺发展。

新客户开发工作是营销工作的重要环节，商家或营销人员要借助新客户补充流失的老客户资源，优化客户结构，提高客户体系的总体质量。

例如，一家中式餐饮店铺，为提高业绩借助团购网站等进行促销活动的同时，也充分发挥本身的独特优势。主要客户对象是居住在附近的人，所以，店铺会和其他商家联合，互通客户资源。还对较受欢迎的菜品进行特定周期打折活动，新菜品免费试吃等。如果是由老客户介绍而来的新客户还可以享折上折优惠。这样的话，即使有流失客户，也可通过新客户迅速补充。

新客户不同于老客户，可能不会对指定对象促销产品立即产生太大的兴趣，只是一次常规性的购买，却因商家的服务质量很好而留下深刻印象，进而发展为回头客。接下来，为大家简单介绍一下开发新客户的步骤，如图12–4所示。

图12-4　开发新客户的步骤

1. 以老带新

根据已有资料分析老客户来源，再拓展到新客户开发方面。比如，有的客户是因为本店铺有其他店铺没有的商品，进而从一次购买到重复性购买。而这个客户又转介自己的朋友到店消费，这就是以老带新。事实上，以老带新的方法也是客户营销中的主要方式。

2. 营销策略

商家可以针对新客户推出特别的优惠活动，能够根据市场和客户需求的变化及时调整营销策略。争取高价值客户，激发沉睡客户，尽可能留住更多客户。当然，即使再优秀的营销策略也不可能没有任何的客户资源流失，商家不必过于担心，客户资源的流动有助于提高营销的总体质量。

3. 客户管理

年轻的妈妈第一次在某个大型母婴购物网站下单购买了5包纸尿布和一个奶瓶，网站后台会自动记录该客户的消费行为，用于消费分析，这就是最简单的客户管理。客户管理除了要记录客户的基础个人信息外，还要尽可能准确地分析和预判消费者行为，进而促进更多的客户向老客户方向转化。

4. 优化结构

有时候小店铺的服务量很高，但整体销售额却很低，这种反比现象使得商家的营销工作非常辛苦，还没有太多业绩。所以，适时优化客户结构，根据二八法则，大力开发优质客户。

以上是开发新客户的大致步骤，而在商业活动中商家要根据实际情况调整新客户开发营销策略，但根本上还是要把握客户的真实需求。

第13章 组合促销

13.1 搭配套餐优惠

13.2 捆绑式促销

13.3 连贯式促销

将不同类别的产品组合起来，搭配成套餐出售或者是将互补性商品捆绑销售，就是组合促销的形式。组合促销可以发挥商品的联合效应，加强对消费者的吸引力。

在搭配套餐促销方面，买完西装、皮鞋半价就是典型范例。“西装+皮鞋”的互补性商品组合在一起，可以提高客单价，增强消费者的购买欲望。

捆绑式促销则将产品和赠品搭配在一起，比如，买特斯拉汽车送充电桩，这样的组合搭配既能使消费者获得便利，又可以促进销售。如果没有免费的充电桩，特斯拉在中国的销量可能不会如此火爆。

连贯式促销的典型就是第二件半价的促销形式，一次性售出两件商品。当然，商家要提前规划好定价方面的问题，以免卖得越多亏得越多。相比一件5折的促销，第二件半价更容易产生好的营销效果，这样既可以增加销量，又可以使消费者获得实惠。

13.1 搭配套餐优惠

在麦当劳或者肯德基外卖首页中，大家常常可以看到套餐类的创意搭配，比如，可乐（中杯）+汉堡+薯条，三种食品的套餐价格要比单个买便宜不少。消费者往往对这种套餐比较认可，认为买套餐更划算，而这也显示出了商家的“良苦用心”。

搭配套餐比购买单品的价格低，其目的就是促使消费者一次性购买更多的商品，比如，买完西装，皮鞋半价。虽然商品没有变化，但价格变动的背后隐藏了经济学原理：价格歧视。同时，商家要对参与搭配套餐的相关要素也要有全面的考虑。另外，搭配套餐式促销也更加考验商家对定价问题的把握，定价过高或过低都不适宜。

13.1.1 买完西装，皮鞋半价

正值双十一，淘宝某西装店铺推出了搭配组合套餐活动，即“西装+皮鞋”，参与活动的西装全场9.5折，皮鞋半价。如此优惠的打折促销不禁让人心动！相比一件件卖货，这种搭配套餐优惠方式既能够多卖货又提高客单价，同时提高了访问深度和转化率。搭配套餐营销的关键是对产品进行合理组合，进而产生不错的营销效果。

以淘宝店铺为例，如果店铺参加了淘金币、聚划算、折800等推广活动，就会带来大量的流量；如果店铺顺势推出搭配组合套餐优惠，做好关联销售，将会拉动店铺的整体销售额。

所以，搭配套餐的组合促销方式具有很强的营销优势，运用得当可以扬长避短，增强企业的竞争能力和应对紧急突发状况的能力。

而且，企业的整体营销需要各部门的紧密配合，协调联动，这样，搭配套餐的组合促销工作才更有成效和意义。接下来，为大家介绍一下搭配套餐促销涉及的三大要素，如图13-1所示。

图13-1　搭配套餐促销的三大要素

1. 产品组合

既然是搭配套餐肯定是产品间的优化组合。比如，功能相近的产品组合，手机与手机壳、耳机，洗衣机和洗衣粉；风格相近的产品组合，游泳衣和沙滩帽等。一般来说，产品组合的数量都是两款，单品太多会影响套餐的转化率。

2. 数据监测

商家可以根据数据统计工具，监测客户行为。比如，客户进入店铺以后，浏览了某款商品后，又打开了另一款产品，或者是客户一次性购买了哪些商品。这些都可以分析出客户在某些方面的消费偏好以及消费习惯。

3. 优化组合

初步确定产品套餐组合以后，要对套餐进行优化，以不断接近客户期望值。当套餐价值大于客户期望值时，有助于提高转化率。例如，平均客单价是280元，两件服装的套餐组合价最好在240~260元之间，这样可以使客户认为自己真正享受到实惠。当然，商家要根据产品的实际成本进行核算，避免卖得越多亏得越多。

以上就是搭配套餐的组合促销的三大要素，从产品选择到组合优化，目的是尽可能接近消费者的期望值，提高转化率。

套餐组合的重点内容是产品的搭配，但商家要避免“信息过载”的问题，即过多的套餐信息让客户眼花缭乱，误导消费决策。如果掩盖重点突出的产品组合，就容易造成客户资源流失。要知道，“贵在精而不在多”才能有效吸引客户的注意力。

此外，商家在进行搭配套餐组合促销时，要善于利用数据工具分析指导促销活动，因为很多时候理性的数据要比经验更准确，比如，量子统计。根据数据结果对套餐价格、产品款式等进行优化。

13.2 捆绑式促销

车主入手特斯拉汽车，赠送充电桩，并有上门安装的升级服务，这是特斯拉在开拓中国市场时，在人性化服务方面的探索。当然，消费者不会排斥免费的服务，而这也是捆绑式促销的好处。

捆绑式促销将产品打包以优惠价格出售给消费者。比如，在购买原价589元的鞋子后加价1元，消费者就可以再买一双原价低于589元的鞋子，相当于花590元一次性入手了两双鞋子。捆绑式促销可以带来营销效果，但商家也要以创新思维开拓营销思路。比如，除了捆绑产品外，捆绑式促销还可以与借势营销组合在一起，根据社会热门事件制造舆论氛围，传播自身品牌，但要把握好借势、用势的力度和界限。

13.2.1 买特斯拉汽车，送充电桩

特斯拉作为能源汽车的龙头老大，一直是电动汽车发展的风向标。同时，为加快能源汽车在中国的普及速度，特斯拉在官方网站上推出：凡购买特斯拉汽车的中国车主均可配送充电桩，而且还为车主免费安装。自2016年10月1日起，特斯拉在全国24个省份及直辖市提供免费上门服务，对之前安装的充电桩进行升级。

在充电服务方面，特斯拉为中国车主提供“3+1”的充电解决方案，即以家庭充电桩为主、超级充电为辅、目的地充电为补充和移动充电器为应急的全方位充电模式。而且，特斯拉车主免费使用超级充电桩和目的地充电桩。超级充电桩大多设立在交通便利区域或城市繁华地段，可实现十分钟快速充电的快充效果。

特斯拉为车主提供免费上门安装充电桩服务，是为了给消费者提供更顺畅的出行体验，这也是一种捆绑式促销。捆绑式促销是将两种或两种以上商品组合起来打包或以套餐形式出售的营销手段，消费者能够在捆绑式促销中

一次性购买到比较优惠的更多产品。

在生活中，大家常常能够看到捆绑式促销的身影，比如，航空公司为旅客提供的免费食品及行李托运服务，汽车和车载音响设备等。但从消费者角度看，这些服务或产品都是一个整体，所以就会忽略其捆绑式促销的实质。

对商家来说，捆绑式促销有一定的积极作用，但要讲求营销技巧和策略，那开展捆绑式促销活动要考虑哪些核心要素呢，如图13-2所示。

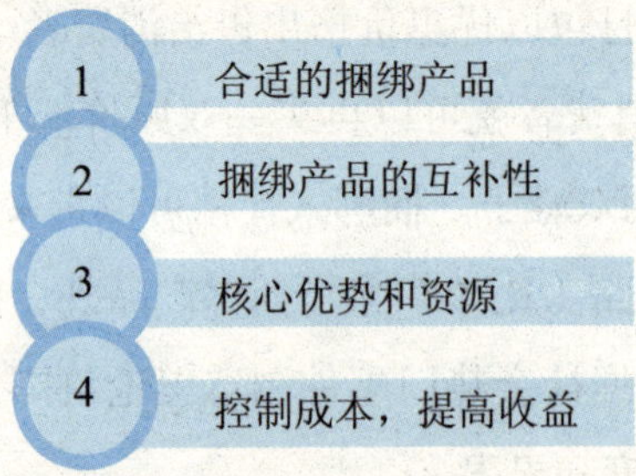

图13-2　捆绑式促销的核心要素

1. 合适的捆绑产品

不是所有的产品都需要捆绑式促销，比如，一些单品爆款或畅销产品，单独销售即可创造很好的收益，基本不需要和其他产品捆绑在一起。而某些产品处于滞销状态，单品的优惠促销效果不大，这时商家可以采取捆绑式促销，增强产品的市场竞争力。

2. 捆绑产品的互补性

捆绑式促销往往是两个或多个产品组合在一起销售，所以，产品间的互补性就比较重要，最好是在某些情况下可以单独使用的产品。比如，半身裙和蕾丝上衣，可以捆绑销售。但是，要避免将一些互为替代品的商品捆绑在一起。

3. 核心优势和资源

进行捆绑式促销的产品可能来自不同企业和品牌，所以，商家要着重分析各方的核心优势和资源，优化配置，形成具有共生关系的促销组合。

4. 控制成本，提高收益

因为捆绑式促销涉及多个产品，其投入成本肯定要多于单个产品的费用。所以，商家要控制成本，提高收益，详细估算捆绑式促销需要付出的成本，确保最低收益。

捆绑式促销成功的重点是产品组合能够合理满足消费者的消费需求，如果一方是奢侈品，另一方是低档品，则很难同时满足消费者需求，而且，在价格方面商家也很难协调。所以，要尽量避免这种情况。

捆绑式促销，商家要想从该营销方式中获得理想的营销效果，要明确捆绑式促销到底要将哪些产品捆绑在一起。通常来说，参与捆绑式促销的产品有以下两个特点：

一是知名度，参与捆绑的产品中至少有一种已经占据比较广泛的用户群体基础；二是关联性，即捆绑在一起的产品能够为特定的用户解决某些问题。比如，之前提到的买特斯拉汽车赠充电桩，汽车和充电桩本身就是解决用户的出行问题，具有特殊的关联性。

捆绑式促销之所以有成效也是因为该营销手段有其优点。比如，为消费者提供更多的消费选择，也加强了参与捆绑促销的企业间的联系和互补性，有助于提高企业的抗风险能力。

捆绑式促销是一种组合促销手段，有利于提高客单价和销售业绩。同时，商家也可以通过增加捆绑产品附加值的办法提高产品售价，避免陷入价格战的困境。

13.3 连贯式促销

搭配套餐以优惠价格出售，买商品赠送配套设备，搭配套餐和捆绑式促销都是组合促销的应用，二者都是企业或商家已经提前设定好了产品组合，消费者没有太多的选择空间。而第二件半价的连贯式促销则可以赋予消费者较宽泛的选择。

在实际商业运作中，第二件半价的促销方式在很多行业和领域确实取得了不错的效果。究其原因，更多的还是促销方式本身带给消费者的消费优势，比如，优惠透明、折扣明确、搭配组合选择余地多、参与品类齐全等。

13.3.1 第二件半价

天猫双十一、京东618店庆、国美在线418网购节等，一波波平台自创购物节给消费者带来前所未有的消费刺激。但随着电子商务行业竞争的白热化，企业也是挖空心思激发消费者的购物热情。各式各样的促销活动让人眼花缭乱，而消费者更关注所谓的购物节是否能够真正给自己带来实惠。

在众多促销活动中，第二件半价便脱颖而出，成为最受消费者欢迎的促销方式之一。购物享受第二件半价优惠，也成为各大电商平台以及线下商超的主题促销口号。比如，湖北武汉一家家电网上商城在2016年借国庆节举办了“国庆狂欢豪礼送不停，第二件半价”的主题优惠促销活动。

“半价”的优惠信息能够有效吸引消费者眼球，而“第二件”的优惠条件，既告知消费者需要买两件才能享受优惠，又拉动了商家的销售业绩。

具体的活动细节如下：

第一，活动预热。消费者要提前进入网站领取活动入场券，才能进入活动当日享受优惠。商家要注意入场券是有偿领取，可以设定为5元或10元，活动当日可以直接抵扣消费款项。

第二，活动规定。凡在活动当日购买任意两件家电产品，第二件（价格低的那件）可享受半价优惠。

第三，附加优惠。允许消费者在拼单专区寻找另一位只想买一件家电的消费者拼单，第二件依旧半价，这可以让消费者有更多的选择空间。

在消费者看来，第二件半价活动可以以低价购买商品，还可以动员亲朋好友一起参加活动，即使只想买一件也能够享受半价优惠，多么划算！对商家来说，第二件半价的促销模式激发消费者的购物热情，活动当日购买或浏览的人越多，越能够带动销售，这也是商家最希望看到的结果。

接下来，我们从营销角度分析为什么第二件半价能够取得比较好的促销效果，如图13-3所示。

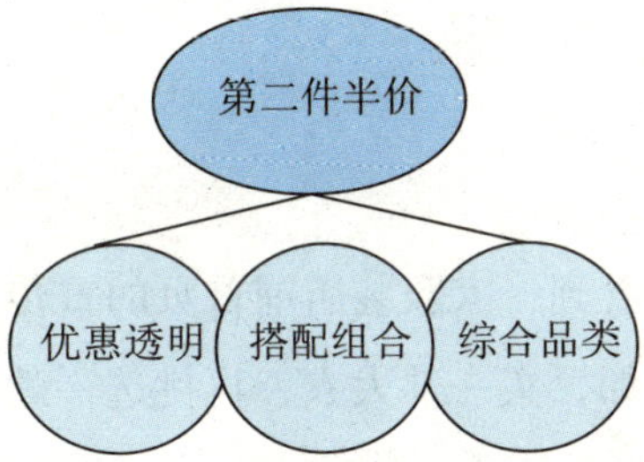

图13-3　第二件半价火爆的原因

1. 优惠透明

相比赠送优惠券、抵用券之类的促销活动，第二件半价能够让消费者明明白白消费，而且，“半价”本身就对消费者很有吸引力。而且，第二件的前提条件非常明确，消费者一看即懂，透明的优惠条件也比较容易打动消费者。

2. 搭配组合

商家要想在第二件半价促销活动中取得不错的成绩，就需要在产品组合方面下功夫，比如，两件商品的价格有一定梯度，不同型号产品组合搭配，也可以让消费者自主选择指定产品。既提高了销售业绩，又让消费者获得实惠。

3. 综合品类

既然是第二件半价，那商家就需要在“第二件”上花费心思，可以是全品类的大型电商，也可以是单一品类的商家。同时，品牌商之间也可以进行跨界联盟，突破品类制约。而从活动氛围来看，参与品类越多，商家的销售业绩也会随着提升。

但是，商家也要注意一个非常重要的问题——成本问题。简单举个例子，一件服装100元，第二件半价的话，消费者可以用150元购买两件服装，相当于打了7.5折。也就是说，商家要保证参与打折的商品在7.5折售价的基础上，减去人工、房租等成本，还能够盈利。

第二件半价的促销活动属于连贯式促销的范畴，在单次销售中以产品为主线，商家与消费者建立了连续性的买卖关系，如果没有第二件半价活动，消费者可能只购买一件商品就转身离开了，但第二件半价活动可能会使消费者多看一看，看自己是否还需要其他产品，这也是品牌商家看中第二件半价活动的原因之一。

13.3.2 第二件有赠品相送

徐小姐逛淘宝，她看到一家服装店铺首页的宣传页上标明“买第二件送赠品”的促销活动。比如，买一件大衣，再挑选一款半身短裙，就可以获赠毛绒玩具一件或精美丝巾一条。

徐小姐本来只想买一件大衣，但看到网店内展示的一张张漂亮丝巾的图片，非常心动，所以，她就又挑选了一条短裙。这样本来只想买一件衣服，因为赠品的存在，徐小姐一次性购买了两件服装，这就是赠品的魅力。

买东西送赠品是常见的促销手段，并不稀奇，重要的是充分发挥赠品的作用，才是真正有实效的促销。虽然赠品不是消费者购买商品的主要原因，却可以让消费者买得更多、更高兴，消费决策做得更迅速。

鉴于以上信息，网店卖家在制订连贯式促销的赠品方案时，要充分发挥赠品的魅力，也就是突出赠品的三个特点，如图13-4所示。

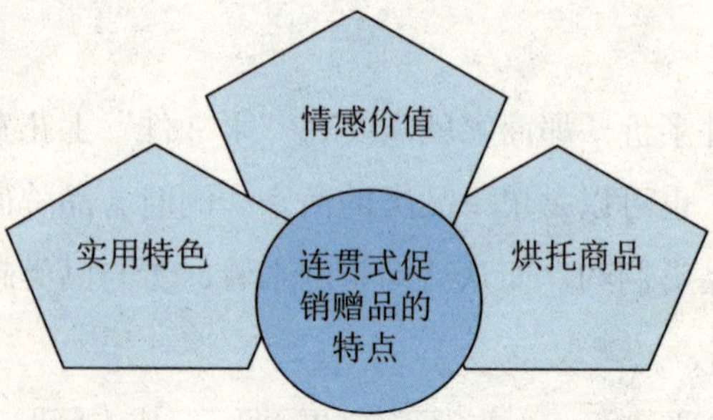

图13-4 连贯式促销中赠品的三个特点

1. 实用特色

连贯式促销中，赠品起到刺激消费者购买的作用，只有赠品有足够的吸引力，消费者才会连续购买两件商品。营销人员就要突出赠品的实用特色。

比如，同样的面膜赠品，20岁左右的年轻女孩就要突出美白效果，而30岁到40岁的女性消费者就要突出补水功能。同样是赠品面膜，也要对应不同消费者的需求。

2. 情感价值

赠品的存在可以放大主题商品的价值，同时，赠品本身也可以附加情感价值。比如，在消费者生日当天可以享受第二件有赠品相送的促销优惠，因为符合条件的消费者并不多，所以，要将赠品设定得高大上，这样才能真正吸引消费者的注意力。

这样做的好处是，虽然消费者购买了商品，但不符合生日优惠的条件也不能拿到赠品，而且这样做可以对消费者形成购买驱动力，赋予情感价值。

3. 烘托商品

赠品要能够起到烘托主题商品的作用，让消费者能够通过赠品联想到主题商品，联想到店铺是卖什么的，避免喧宾夺主。如果促销活动中，大家都送同样或类似的赠品，很难起到烘托主题商品的作用。

鉴于以上情况，商家在开展连贯式促销活动时，要将赠品与主题商品进行连接，使消费者能够通过赠品联想到主题商品，只有这样才能充分发挥赠品在销售方面的促进作用。

第14章 附加值促销

14.1 服务性促销

14.2 故事性促销

14.3 承诺性促销

14.4 口碑式促销

14.5 排名式促销

14.6 品牌型促销

商家除了通过产品本身的使用价值获取盈利外，还能够通过增加产品的附加值获取额外收入，比如，服务、品牌故事、商家承诺、消费者口碑、排名、品牌等。如果这些因素都以正能量附在产品当中，那肯定是受消费者欢迎的质高价高型产品。

商家可以以此为切入点，以产品为核心，开展全方位的附加值营销，从商家的服务到消费者的口碑，多方位塑造品牌形象，提高产品销售业绩和市场份额。

14.1 服务性促销

9.9包邮、全场包邮、一件也包邮，“包邮”这个给予消费者优惠的服务性促销条件，成为众多消费者挑选产品的标准之一，甚至不包邮不买。所以，商家可以在包邮方面注入更多的营销元素，依据不同的情况确定包邮条件。

同样是服务性促销，以旧换新的促销方式则是以产品更新为主题，实现营销目标。另外，商家在开展以旧换新促销活动时要注意一些问题。比如，参与品类的价值要高，可以以中高档耐用品为主，增强客户对品牌的忠诚度，同时尽可能规避潜在风险。

14.1.1 全国包邮

“9.9包邮”“全国包邮”“一件也包邮”，包邮这个对买家具有吸引力的促销手段，相信绝大部分卖家都使用过。而且已经成为很多在线店铺的“标配”，卖家认为大家都在提供包邮服务，如果自己没有，买家很可能就跳转到其他卖家那里了。同时，如果有“全国包邮”这项服务，买家会认为自己赚到了便宜，增加购买概率。那从消费心理学分析，为什么“包邮”对买家来说非常重要呢?

第一，邮费是除商品本身外的额外费用，如果买家承担邮费无形中增加了消费支出，所以，如果卖家包邮的话，买家就省去了一笔开支。

第二，卖家提供包邮，可以给买家心理安慰。比如，买家花100元购买了一件商品，如果卖家承担10元的邮费，相对来说卖家的利润就降低了。而如果买家自己承担，那就是花100+10=110元买到了100元的商品，无形中就降低了商品的性价比。

以上是从买家角度分析包邮带来的好处，因为买家喜欢卖家承诺包邮，所以，很多商家就将商品设置为“全国包邮”，希望以这种服务进行软性促销，进而提高业绩。事实上，包邮也确实为买家带来了一种优越的心理体验，买家认为自己花钱购买了商品，由卖家出邮费，自己既能得到商品又可以降低商家利润。

社会生产力的日益提高使得消费者不必为产品种类过于担忧，面对质量等同的商品，消费者更看重的是价格和服务以及附带的优惠条件，这就是天猫双十一可以创造中国电子商务史上奇迹的原因。接下来，为大家列举四种包邮的情况，如图14–1所示。

商品单价范围

一般商品包邮

关联销售包邮

全场顺丰包邮

图14–1　商家包邮的四种情况

1. 商品单价范围

商家提供包邮服务的商品单价最好控制在20元以上，如果商品单价过低再承诺包邮的话，成本难以控制。另外，商家将店铺产品以捆绑组合的形式出售时再承诺包邮，这样既可以提高销量，又可以控制成本。

2. 一般商品包邮

一般商品包邮的方式非常普遍，消费者只要购买本店商品，商家就提供包邮服务。在这里，商家可以选择价格优惠的快递公司。同时，商家要注意快递公司的时效性和派送范围，避免买家因为物流问题而给商品中差评。

3. 关联销售包邮

如果商家是经营的是休闲食品、日用品、护肤品、服装等快消品时，可以将产品进行搭配组合销售。例如，饼干和巧克力组合；洗发水和沐浴露等，单件商品不包邮，但组合套餐在包邮范围内。这时，消费者很有选择单价高的组合产品。

4. 全场顺丰包邮

相对来说，顺丰速运比其他快递公司起步价高、时效快、服务好，所以面对同等商品，消费者肯定选择全场顺丰包邮的商家。而且认为，该商家非常土豪，是个实力派，从而增加对产品的信任度。

除了以上四种情况外，商家还要根据店铺和商品的实际情况来选择包邮方式和条件。全国包邮的服务性促销属于一种附加值营销方式，商家要充分利用“包邮“这个营销方式，间接提高销售业绩。

14.1.2 以旧换新

2015年12月22日，小米宣布正式推出以旧换新服务，并与专业的电子产品回收处理平台——爱回收合作，回收范围是自家的小米产品系列。但回收的价格却遭到众多网友的吐槽，比如，小米1的回收价只有10元，而乐视给出的回收价是40元。

原来“小米1只值10元”的回收价惊呆了米粉，让大家自动对比乐视回收价。要知道，当年米粉们为买到小米1费了番功夫，而现在却贬值到了10块钱。尽管随后小米官方在小米1的回收价额外赠送了100元的手机现金券作为补救措施，但还是让米粉们有了不小的心理落差。

乐视迅速开启以旧换新服务，根据乐视官方数据显示，2015年12月28日开始以旧换新服务，在3天时间内吸引了10万余次日均询单量，三成多来自小米手机。

而且，对标小米的回收价，乐视给出的小米产品的回收价格大多都比小米官方高，而且回收品类丰富，电视最高能抵4000元，手机最高抵6000元。

曾经在街头巷尾流行的以旧换新如今也走进网络，成为品牌商角逐的新战场。如果只有小米一家开启以旧换新服务，即使价格再低网友们也就忍了，但乐视的加入让这场以旧换新服务有了更多的对比。同一型号的旧手机，小米10元、乐视40元，网友们倾向哪头，自然不用多说。

从心理学角度看，以旧换新服务不仅仅是一场促销活动，更给了消费者一个根据回收价衡量旧物的机会。人都是情感动物，东西用久了即使旧了、坏了，也有感情。现在超低的回收价带来的心理落差，使得消费者觉得还不如在家放着划算。

对商家而言，当然是希望消费者能够赶快抛弃旧物买新的，加速产品生命周期循环。所以，商家在开展以旧换新的服务性促销活动时，要注意以下三个问题，如图14-2所示。

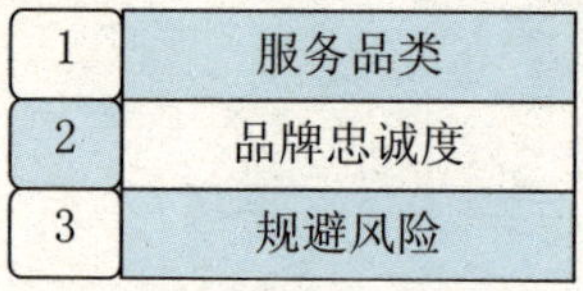

图14-2 以旧换新促销活动的注意事项

1. 服务品类

参与以旧换新服务的产品品类最好是价值比较高的中高档耐用消费品，比如，汽车、电视、手机等，因为这些产品的使用寿命长、回收价值高。一台电视机的使用寿命一般很长，但样式和功能会随着科技进步而落伍，所以，可以以此为促销卖点，引导消费者换购新的电视机；也可以开拓消费市场，加速产品的生命周期循环，有利于新产品上市。

2. 品牌忠诚度

以旧换新的服务性促销多是品牌产品的回收营销，而在营销过程中又可以运用旧产品为品牌进行忠诚度培养。比如，某品牌的旧冰箱能够参与以旧换新促销活动，消费者可以用该品牌的旧冰箱换购该品牌的新产品。品牌没有变化，但商家对消费者进行了一次忠诚度培养。

3. 规避风险

以旧换新服务是一项促销成本比较高的营销活动，回收、摆放、运输、处理等都需要额外费用，而且，开展以旧换新促销活动本身也要付出广告推广费用。所以，商家要提前规划好回收流程，确定回收商品的品类和营销目的，最好与专业的回收公司合作，合理规避风险。

以旧换新的服务性促销是一种针对产品附加值的营销活动，活动投入比较大，商家要协调好新旧产品的交替，同时注重培养消费者的品牌忠诚度。

14.2 故事性促销

一篇长长的学术性论文和同样字数的故事性文章，哪一个更吸引你？当然是后者。没有人喜欢长篇大论的说教，有故事才更有意思，营销也是这样。故事性促销抓住某个主题，自然延伸到产品，不会让人感到过于生硬，接受起来也比较容易。

有人说，罗永浩的锤子手机不是手机，而是“情怀”，所以，即使现状不容乐观，罗永浩的锤子手机依旧高调打出“情怀”牌。支持的人表示支持，不支持的人表示不理解，或许这就是纯商业形态下“讲情怀”必然要面对的尴尬处境。

相比之下，可口可乐配方的故事反倒收获了业绩和声誉，这也显示出故事性促销的好处，具体内容请看本节的第二小节。

14.2.1 锤子手机罗永浩卖情怀手机

长达两年时间才生产出一款手机，罗永浩带领下的锤子科技是靠“情怀”起家的。罗永浩曾经在锤子手机发布会上说：“尝试努力去把这个世界变得更好，是我们启动这个公司的初衷。通过处心积虑地改善人类的生活品质来获取利润，而不是通过处心积虑地获取利润来获取利润。”随后，大屏幕上出现一幅图片，一个中年胖子在工作台前埋首钻研，旁边字幕：我不是为了输赢，我就是认真。

锤子手机CEO罗永浩的这段话和这幅图片可能就是对“锤子版”情怀手机最好的注释，在各大手机厂商拼价格、讲配置、追销量的时候，锤子手机倒是“淡定自若”，似乎研制一款手机根本就不是为了赚钱，而是给粉丝们一种情怀。

罗永浩曾在新东方任职，后创办牛博网、开办英语培训学校、演讲出书，过往的生活经历中没有任何的科技背景。所以，当初罗永浩宣布创办锤子科技公司，研发智能手机，很多人并不看好，似乎只有他的忠实粉丝才能理解罗永浩的想法吧。

而进入竞争激烈的智能手机市场，其困难程度远比想象的要高。截至2016年10月，锤子手机已经先后获得4轮融资，但锤子手机的销量和赢利成为最大问题。锤子科技财务数据显示，2016年上半年锤子科技亏损1.92亿元，2015年全年亏损4.62亿元，资产负债率高达99%。

持续的惨淡业绩告诉我们，高调打出“情怀牌”的锤子手机明显低估了当下智能手机市场的残酷性。同比小米、华为等，锤子手机在产品设计、工艺、配置等方面的差异化不足，是导致手机销量不佳的主要原因。

抛开商业上的输赢和业绩不讲，罗永浩的情怀式营销还是值得大家学习，毕竟一个初创品牌没有太多的历史沉淀，却能够将故事性促销做到如此成功，还是难能可贵的。“情怀”本身就是重要的附加值，甚至超越了锤子手机本身。综合来看，一个成功的故事性促销要具备以下三个核心要素，如图14-3所示。

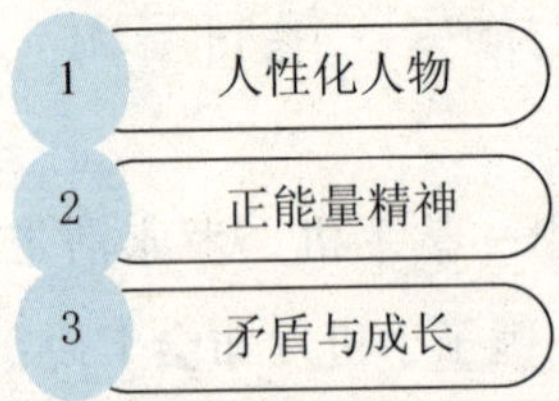

图14-3　故事性促销的三个核心要素

1. 个性化人物

再精彩的故事也是需要人传递出来，而企业的领导者或一把手就是产品的最佳第一人，就像小米的雷军、格力的董明珠、阿里巴巴的马云以及锤子手机的罗永浩，这些活跃在媒体视野中的公众人物不仅是品牌领导者，还是为大家讲故事的那个人。所以，领导者的个人风采在故事性促销中占有重要地位。

2. 正能量精神

当下社会的热门话题中，正能量具有举足轻重的地位，似乎在任何公开场合，鲜明而励志的故事总是让人热血沸腾，包括梦想系、青春系、文艺系等。所以，赵薇的导演处女作《致我们终将逝去的青春》才能够叫好又叫座。

企业的故事里要有正能量精神，只有这样，即使业绩惨淡也依旧是某些人心中的英雄。

3. 矛盾与成长

任何故事都有冲突和矛盾，也是故事情节能够发展的根本原因，而在这个过程中企业和品牌才能成长，粉丝才能越来越忠诚和坚定。特别是一个历史悠久的品牌故事，更是在岁月积淀中为人们传递出经久不衰的品格特性，这样的故事注入到产品中，也能够使产品与高品质对等。

当然，故事性促销不是一味地打煽情牌，而是在品牌建立与推广过程中注入一种人性情感，以贴近消费者，让粉丝为之自豪。同时，产品的品质一定要优良，而且，要比同行竞品更出色，才能够在激烈的市场竞争中占据行业前列位置。

14.2.2　可口可乐配方的故事

2016年10月，全球最大的综合性品牌咨询公司Interbrand发布了《2016年全球最佳品牌报告》，报告显示，苹果、谷歌和可口可乐分别占据最有价值企业排行榜的前三名，三家公司的品牌价值分别达到了1781亿美元、1332亿美元和731亿美元。这是可口可乐连续四年排名前三甲，也是全球当之无愧的快速消费品品牌冠军。

事实上，仅从遍布世界各地的一瓶瓶棕色碳酸饮料就可以看出，可口可乐品牌的力量毋庸置疑。一百多年来，可口可乐品牌在激烈的市场竞争中始终屹立不倒的关键，就在于其独特的“保密配方”。

在业界盛传，可口可乐拥有世界上独一无二的绝密“配方”，正是这个配方让小小的棕色碳酸饮料能够风靡世界。往往越神秘的东西越能引发人的好奇心，可口可乐配方就是如此。

消费者会认为，既然可口可乐对该配方如此保密，生产出的产品质量肯定不错，怪不得可口可乐喝起来味道总是那么特别，当然，配方价值肯定不菲。而关于可口可乐“保密配方”的故事要从20世纪20年代说起。

可口可乐官方信息显示，最早的配方写成于1919年，而在此之前配方都是口口相传，之后配方被写在纸上，秘密封锁在美国亚特兰大的某家银行。86年后，可口可乐公司以此配方为核心开展了故事性促销。秘方被放置在亚特兰大的博物馆中，又加设了重重保险措施，外界根本无法接触。

可口可乐对配方如此重视，又高度保密，一直成为外界议论的焦点，从营销角度看，这种故事性促销主要有两点好处，如图14-4所示。

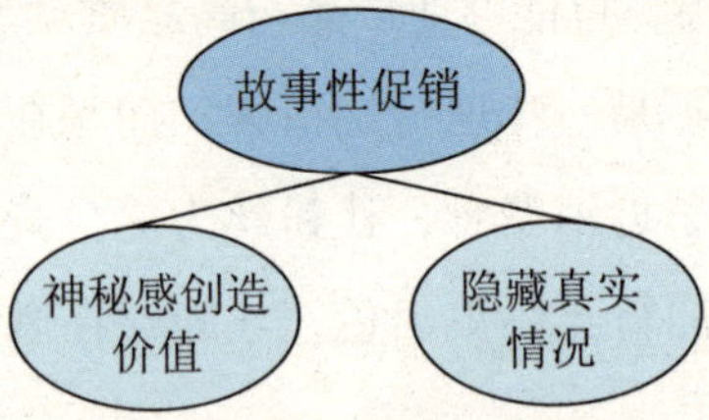

图14-4 可口可乐故事性促销的两点好处

1. 神秘感创造价值

可口可乐公司对配方越是保密越能激起人的猜想，到底是什么样的配方使得可口可乐百年来畅销世界，创造巨额财富价值，使得同行业饮品一直难以超越。

2. 隐藏真实情况

因为不对外公开配方，其产品的真实成本也就无从得知。所以，有人怀疑可口可乐除配方外，原材料极其简单，再加上遍布世界的高额销量，这也就是可口可乐能够取得快速消费品品牌冠军的重要原因。

故事性促销的优势就在于，没人喜欢教科书式的讲道理，而小故事总能引发人的兴趣。纵观当下的成功品牌，其背后总有一个精彩的故事，营销者最擅长将品牌与历史、内涵、精神等结合起来，向消费者娓娓道来，让其在潜移默化中接受品牌理念。可以说，成功的营销就是讲好一个故事。

对企业或商家来说，营销并不总是简单的促销手段的总和，有故事的营销可能更容易打动人心。讲什么样的故事、怎么讲，都需要商家或营销人员仔细琢磨，将故事与品牌概念有机结合起来，消费者听着才有意思，也才能增加对产品的好感。

14.3 承诺性促销

买了保证让你不后悔、七天无条件退货，是商家给消费者的定心丸，以此增强消费者的安全感。除了情感需要外，安全感在经济活动中同样有重要作用，越是大额消费，越需要安全感。商家的承诺无疑使交易得到了保障，同时，消费者也比较认可这样的附加值促销。

所以，商家开展承诺性促销既是对消费者的安全负责任，也是获取更好的营销效果的附加条件。同时，具有其他重要的意义，比如，提高客户满意度、塑造品牌形象等。

14.3.1 买了，保证让你不后悔

山东青岛的叶女士周日在家无事拿着手机随意刷屏，这时她在一家网店看中一条标价98元的羊绒麻花围巾，但觉得价格有点高，所以让领居王女士给参谋一下。王女士看之后说："叶姐，这条围巾性价比挺高的，我朋友也有一条，戴上很舒服，而且现在正值促销活动，价格很划算。所以，叶女士最终以98元的价格买了这条围巾。

在这场交易中，产品的高品质成为重要卖点，以王女士朋友的切身感受，向叶女士传递一个信息："买了，保证让你不后悔"，以承诺的形式给买家多一份安全感。

作为买家，叶女士希望自己能买到物美价廉的商品，这也是众多消费者共同的心声。同时，从消费心理来看，安全感是人们购物过程中的重要心理需求。比如，商品质量有保证、分量足、售后有保障等，都可以给消费者带来安全感。而商家也以此为切入点，顺势开展承诺性促销活动。

安全感为什么如此重要？从心理学上讲，是源于人类对安全动机的渴求，特别是经济安全感的追求。美国著名的心理学家马斯洛曾提出过需求层次理论，该理论认为人有五种需求层次，分别是生理需求、安全需求、社交

需求、尊重需求和自我实现需求。其中，安全需求是仅次于生理需求的重要需求，如图14-5所示。

图14-5　马斯洛的需求层次理论

马斯洛认为，“安全感是决定心理健康最重要的因素”，当人的生理需求被满足后，对安全需求的欲望随即增强。表现在物质方面，就是人类渴望自己拥有人身安全、环境安全、经济安全、职业安全等。

同时，人的本能是倾向于保证安全感，并且尽量降低或排除不安全因素，所以，商家要对消费者作出一定的承诺性服务，比如，货到付款、七天无条件退货、假一赔十等，来保障消费者的经济安全。货到付款就是将电商平台中的交易行为延伸到现实世界中，现场验货出现问题，消费者有权拒绝签收、拒绝付款等。

特别是大额交易，比如，家电、手机等，消费者对安全需求越强烈，而且对支付风险的承受能力随着数额的上升而下降，数额越大越希望有安全感的货到付款。

一方面，承诺性促销为消费者提供了一定的心理安全感和制度保障，使购物无后顾之忧：另一方面，承诺性促销是对当前市场经济下的诚信缺失的补救，市场经济越发达，越需要诚信经营。当真正为消费者提供高品质产品时，企业即使提高价格消费者也能接受，因为价值决定价格。事实也证明，没有任何一个经营长久的企业是靠假冒伪劣聚集财富而发展起来的。

14.3.2　七天无条件退货

近日，陕西西安的甄先生在淘宝购买了一款吉列剃须刀，标价500多元，使用优惠券以后，实际价格为430元。在支付页面，有明显的文字说明：“七天无理由退货”。看到这个温馨提示，赵先生购买剃须刀有了一个心理保障，可以先试用一下，反正七天之内可以无条件退货。

其实，甄先生的心理安慰肯定不是来自可以退货的优惠政策，买剃须刀就是为了发挥其使用价值，而不是享受退货的“乐趣”。但电商“七天无理由退货”的承诺性服务却给甄先生吃了一颗定心丸。

从心理学上看，消费者看重退货的心理更多的是为了获得某种承诺和保障，以降低自己可能要承担的潜在风险。心理学中的“禀赋效应”理论，是由美国行为金融学奠基者、芝加哥大学教授理查德·塞勒（Richard Thaler）提出的。该理论认为，人对拥有某件物品后的评价要明显高于未拥有之前。而且，时间越长，人对之前的负面影响评价越小。所以，相比严苛的退货政策，宽松的退货政策下消费者对商品的评价反而更高，其退货率会更低。

同时，退货现象与行业类别和时间节点有明显关系，特别是在衣物鞋帽所在的零售行业，消费者退货率显著高于其他行业。

零售业咨询公司Customer Growth Partner数据统计，在2015年节日期间，主要是11月和12月，美国产生了超过600亿美元的退货商品。相比实体购物，网购退货率似乎更高。总之，买得越多退货越多，因为消费者在购买前并没有亲身体验或试穿、试戴。

退货增加自然会导致商家处理退货的成本上升，一系列的连锁反应让退货成为电商平台或运营者急于解决的问题。所以，依照塞勒教授的“禀赋效应”理论，商家可以为消费者制定较为宽松的退货政策。同时，对消费者来说，频繁退货并不是件划算的事情，毕竟为此付出的时间成本或许远比商品本身值钱。所以，有的消费者即使买到不满意的商品也懒得退货。

七天无条件退货是承诺性促销的具体表现，而商家开展承诺性促销具有重要的意义，如图14-6所示。

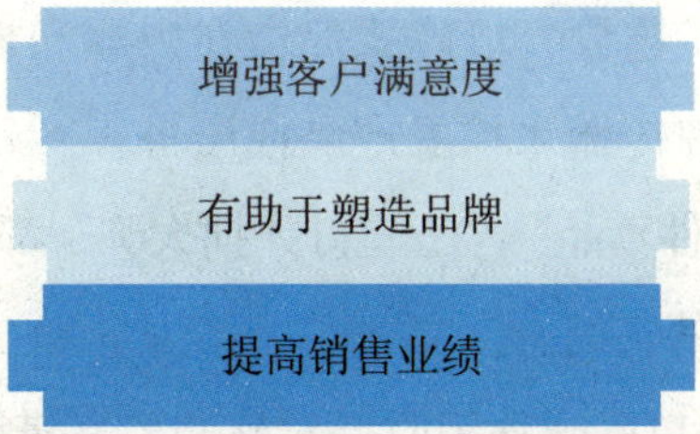

图14-6 开展承诺性促销的重要意义

1. 增强客户满意度

开展承诺性促销，预先给客户超出心理预期的承诺，并准时兑现，可以增强客户的满意度，有利于留住新客户、维护老客户，从而创造更高的客户价值，推动企业产品发展的营销效果。

2. 有助于塑造品牌

企业的品牌是通过消费者的认可和支持而建立和积淀的，开展承诺性促销能够快速建立沟通消费者的有效捷径，让消费者感动，进而提高其对企业和品牌的忠诚度。

3. 提高销售业绩

销售业绩是衡量企业营销效果的最直观方式，也是开拓和占领市场的重要指标，而承诺性促销可以增加企业和品牌的诚信曝光度，为赢得市场和消费者提供有力支持。

综合以上信息可以看出，承诺性促销的作用和意义非常明显，有助于塑造企业的品牌形象，但凡事都有利有弊，所以，商家要控制好承诺性促销的各个环节，量力而行。如果无法做到就不要盲目承诺，一诺千金的承诺同样适用在市场经济运行中。

14.4 口碑式促销

口碑式促销，顾名思义，是客户通过口耳相传的方式为产品传播美名，结合当下移动社交的新趋势，口碑式促销在内容和形式上都有全新升级，但本质上还是通过口碑传播来扩展产品或服务。“用好了，请邀请你的朋友”“好评有礼”“件件真品”“五星好评抽大奖”都是商家运用口碑式促销拓展营销范围和影响力的实例。

同时，商家在开展口碑式促销时要对核心要素进行全面规划，最大限度完成或超越营销目标，调动客户、渠道以及主题等内容。比如，给予五星好评以后，可以赋予客户一次抽奖资格，或者好评有礼等，用奖励机制驱动客户作出好评。但前提是产品质量过关，客户作出的都是真实评价。

14.4.1 用好了，请邀请你的朋友

现在很多的客户端APP都有邀请功能，如果你觉得哪个游戏比较好玩，就可以邀请你的朋友一起参加，而受邀请的朋友当然也可以邀请其他的朋友加入。邀请人可以获得一定奖励，以激发其邀请他人的动力。如此反复，进而拓展为无限人次的网络，这就是口碑式促销的力量。

而且，有些社交产品或实用工具规定，只有获得别人的邀请才能够下载注册，而这种邀请制度的背后也隐藏了特殊的营销技巧。

首先，只有获得邀请才能获准使用，设置门槛，相应地增强了用户的好奇心；其次，鉴于邀请人与被邀请人的社交关系，可以互相沟通产品使用技巧，免去了一部分企业的宣传环节，有什么不懂的，问你的邀请人就可以；最后，加强社交形态下的人际网络，现实中的朋友可以在在线产品互动中加强人际关系，而产品也可以得到更好的传播。

用户之所以愿意推荐身边的朋友使用你的产品，当然是因为你的产品有价值，或好玩，或实用，或有趣。尽管产品类型可能千差万别，但根本的价值理念还是相通的，没有人喜欢一款既没太大用处又复杂枯燥的产品。

另外，驱动用户为产品自觉邀请和推荐的动力是奖励机制，即邀请他人以后，自己可以获得奖励，如优惠券、返现金、精美礼品等，同时，免费使用也是用户推荐的重要理由。而上升到口碑式促销的范畴，好的产品固然可以增加被推荐的概率，但适当合理的营销也是必不可少的。

比如，小米的口碑式促销，用一系列产品营造强有力的产品攻势：我的产品性价比最高，产品体系完整，丰富的产品可供选择。用户面对这样的品牌有理由拒绝吗？这也是雷军的高明之处。全系产品上市更新速度快，业绩发展迅猛，平民价格，土豪配置，当然让米粉们欢呼雀跃。

同时，口碑式促销需要为用户创造条件去实现好的口碑传播，接下来，

为大家介绍口碑式促销需要把握的三点内容，如图14–7所示。

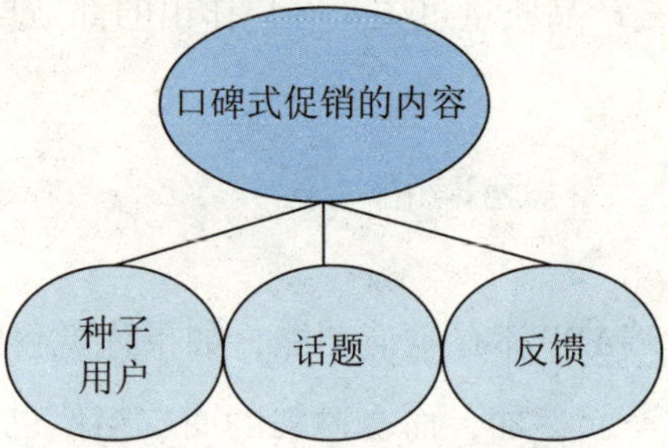

图14–7　口碑式促销的内容

1. 种子用户

口碑式促销需要有传播者，特别是忠实的粉丝，而种子用户是产品的初级传播者，像涟漪一样一层层扩展开去，逐渐形成口碑效应。尤其是新产品上市，消费者对其有所顾虑，而种子用户正好可以成为最有力的口碑宣传人，也是企业的重要客户资源。

2. 话题

人与人之间的交谈总是围绕话题展开，口碑式促销也不例外，社会热门事件、产品价格、形象代言人、宣传活动等都可以成为话题，供用户探讨，甚至包括潜在客户的吐槽。这些话题和探讨本身就形成了一种舆论氛围，吸引群众围观。同时，也需要营销策划人员有讲好故事的能力和水平。

3. 反馈

营销的效果不只是销售业绩和财务报表，更多的还可以从用户反馈中体现出来，总之，用户的声音包括骂声也都是企业要重视的反馈意见。反馈信息收集来源可以是数据监测、专业咨询公司以及企业本身的反馈渠道等，进而由回馈内容引导公众舆论。

实际上，用户对企业或品牌的口碑来源于产品，但又是独立于产品以外具有附加值的产物，商家要善于以产品或服务为据点，切入更多的话题，这就是当下社会热门事件能够快速占据舆论排行榜首位的重要原因。当然，话题不代表噱头，商家要对产品体系，企业运作有全方位的把握，其中，品质永远占据第一位置。

14.4.2 好评有礼，件件真品

众所周知，卖家都非常重视买家的评论，希望买家对产品有个好评，所以，为了有更好的销售业绩，卖家会承诺“好评有礼”，只要买家根据产品情况详细描述真实感受，给予好评，就可以给买家相应的“礼”作为回馈。同时，还会给出“件件真品”的承诺，让买家放心购买。

产品是真品，再加上服务态度、物流速度等都比较满意，一般来说，买家都会给出好评。有了越来越多的好评累积，自然就有了好口碑，进而可以吸引更多的买家进店选购，这也是卖家开展口碑式促销的理想结果。

口碑式促销的原理并不复杂，其本质就是通过最传统的口口相传告诉更多的人，让大家喜欢或慕名前来购买商品或服务。但实施起来并不容易，最难的就是让消费者愿意消费你的产品，并且主动为你传播。接下来，为大家介绍一个案例，可以从中受到某些启示。

美国的一家比萨店，每周在其官方网站上都会喊出“名字”，邀请五名幸运民众到店铺的厨房免费制作比萨，然后拍一张照片发到网上。而这些幸运民众的名字正好是网站喊出的“名字”，比如，10月15日是“Kylie”，10月16日是“Sarah”等。

这些名字都是曾经去过比萨店的人提供的，通过投票决定下周谁会是被邀请进店的幸运儿。比如，今天照例有五个幸运民众被选中，一个叫Michael的男性朋友是通过自己的朋友推荐成为幸运民众，此前他从来没有来过该比萨店。

事实上，每天能够按时来到店中的可能没有五个人，但如果你知道自己被选为幸运儿，会不会告诉身边的朋友，甚至鼓励他们参与进来，即使你今天有事不能亲自参与这个制作的过程。

这家比萨店的精妙之处在于用客户织就了一张关系网，通过口口相传无限拓扑，客户带领客户为其宣传，加上互联网宣传，这就是口碑式促销。没有过多的促销方式，只是简单的“喊话”和邀请，即可创造出意想不到的营销效果。而此时，比萨是否免费倒成为次要问题，人们似乎更关心谁被选中，以及不断地推荐自己的朋友。

由此看出，口碑式促销并不复杂，简单的推荐和邀请就可以制造轰动的效果。所以，商家在为自己的产品或服务进行口碑式促销要把握以下三个原则，如图14-8所示。

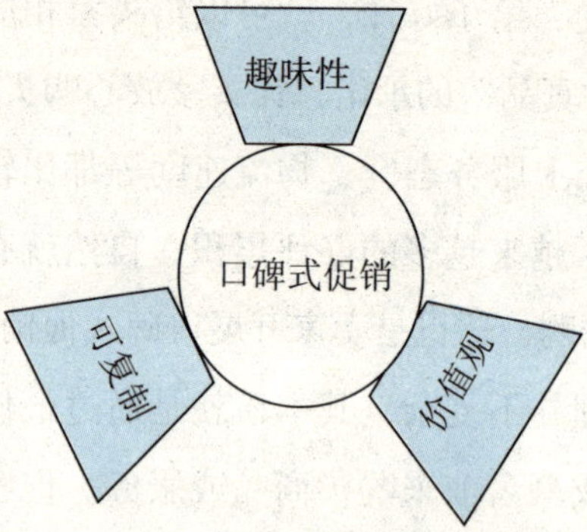

图14-8　口碑式促销的原则

1. 趣味性

就像故事性营销一样，口碑式促销也需要有趣味性，简单有趣，这是口碑式促销的基本原则。没有多少人喜欢在日常生活中向朋友推荐用一堆复杂的数学公式来计算真正价值，生硬枯燥而且不容易记忆。最重要的是人天生倾向于简单有趣的事情。

2. 价值观

正能量的事物能够鼓舞精神，口碑式促销的中心思想是通过传播一种价值观让更多的人获得快乐，就像比萨店选幸运客户那样，在趣味中传递了制作美食、尽情享受生活的价值观。

3. 可复制

口碑式促销是一种触发客户自愿传播的营销机制，但客户很忙，可能无暇顾及帮你宣传，所以，需要给口碑式促销一个可复制的理由，就像将接力棒传给下一位选手那样简单，瞬间完成。可复制性也是口碑式促销的重要原则。

总之，口碑式促销是件既简单又复杂的营销工作，只要抓住核心法则，做起来就会事半功倍。当然，产品能够有不错的口碑不仅仅是因为高品质，也需要营销人员为其注入口碑式促销的引子，方便消费者主动传播。

14.4.3 五星好评，抽大奖

“给五星好评，获抽奖资格，赢神秘大礼”，这是一家网上干果类店铺给消费者的优惠条件，给五星好评即可获得抽奖一次，最高可赢iPhone 7一台。商家希望消费者给店铺和产品一个好评，不只是这位消费者对产品的肯定，也能够影响后来消费者的消费决策。

而抽奖的奖励设置又能够激发消费者对奖品的好奇心和占有欲，希望自己非常幸运抽到大奖，口碑式促销＋抽奖促销双效激励，引导消费者传播成为口碑式促销的一环，进而影响更多的消费者。反过来，口碑式促销的重要影响力之一就是营销方式本身就是最常用的获客手段。当然，前提是商家的产品和服务等都是真实可靠的，能够让消费者自愿给予五星好评。

那有人会问，如果具备了口碑的趣味性、价值观、可复制的原则，那么在口碑式促销的实施阶段，还有哪些环节是商家需要把握的？接下来，为大家介绍一下口碑式促销的三个重要端点，如图14-9所示。

图14-9 口碑式促销的重要端点

1. 消费领袖

既然是“口口相传”式的传播必然要有一个领头人，成为好口碑的第一人，为以后的传播者提供范本和案例。比如，格力的董明珠，既是格力的绝对领导者，又是格力的代言人，这种来自企业内部的高级领导本身也可以成为消费领袖，带领大家购买格力产品。

第一个吃螃蟹的人被赞为勇敢的人，被后来者效仿，运用在口碑式促销中也是如此，可能一款新型产品大家不了解，无法建立信任链条。而消费领袖就能够为大家提供一种消费指引，而这也是品牌商频繁邀请一线明星代言的重要原因。

2. 客户体验

好的口碑是一点一滴积累起来的，只有消费领袖的摇旗呐喊终究无法形成排山倒海的气势，而一致的好评却能够成为一股不可忽视的力量，这也是要重视客户体验的主要原因。从每一位客户做起，尽管进店的人不一定会购买你的产品，但你的表现却会影响这些人的消费决策。

所以，服务好每一位客户，就能够大大增加他们为你主动传播的概率，真诚可以由感动转化为购买决策和主动传播的动力。

3. 真实可信

产品是连接商家与客户的桥梁，也是商家获取盈利的根本环节，没有产品，口碑式促销也就无从谈起，但只有优质产品，也只是从商家—产品—客户的单一链条，无法建立多层次、立体化的营销生态体系。所以，商家要引入第三方渠道，为产品和品牌背书。

比如，官方的权威证明、品牌商的授权证书、政府等官方机构的认可等，都是能在无形中增加口碑式促销的有利因素，有助于产品取得客户的信任，毕竟自说自夸的促销方式并不能吸引所有的客户。

以上三点是从加强口碑式促销出发，论述了消费领袖、客户体验以及真实可信的品牌背书的作用和力量。同时，商家也要充分发挥隐藏在目标群体中的消费领袖的作用，通过某些渠道来激发和刷新特定目标群体的最新认知。对口碑式促销进行重点布局，就一定取得能够不错的营销成绩。

14.5 排名式促销

学习成绩有排名，行业有排名，销售业绩有排名，排名榜的存在激励人们向着更好的方向和目标前进，而在营销中，获得好的排名依然有重要意义。比如，淘宝类目排名第一，对消费者来说，同一个类目下有太多的品牌和店铺，而第一却让人印象深刻，销量当然也要遥遥领先。因此，尽量进入靠前的排名对商家的整体销量有很重要的影响力。

商家要在做好业务的同时，运用更多的促销方式在排名榜中获得好名次，全方位提升营销能力和团队实力，同时，进行资源整合和结构优化，对产品和业绩都有很好的营销效果。

14.5.1 淘宝类目排名第一

淘宝平台上的产品琳琅满目、成千上万，不同类目下的品牌也非常多，如果商家想要好的展示和排名，就可以从类目着手。淘宝类目分为很多项，比如，零食、3C、众筹、珠宝、床上用品、女装、男装、鞋类、箱包等。商家能在类目中取得靠前的名次是非常重要的，比如，淘宝类目排名第一的品牌其销售业绩和知名度当然是领先对手和竞品。在搜索结果展示中，当然也最靠前。

以零食类目为例，三只松鼠、西域美农、百草味、友臣、费列罗等都是排名靠前的品牌。2016年8月1日，李维嘉在淘宝直播与农产品类目知名电商西域美农开展了直播合作，在一小时的直播时间内，观看总直播人数13.3万+，点赞互动数159万+，边看边买人数（单日订单数）创食品类目淘宝直播第一。直播+卖货的模式不是最新的，但西域美农此次以电商农产品的身份，和知名主持人李维嘉的合作，创造了新的电商经济模式。

西域美农打破“图文+视频”的传统商品介绍的宣传模式，引入直播元素，立体化塑造最新的淘品牌。还邀请著名主持人为品牌背书，推出优质内容，以内容引导消费者决策和升级，这是电商运营者需要思考的重点。

淘品牌有了类目排名前三甲的支持，不是营销的最终和最好的结果，而是在平台流量分配模式日益转变的大趋势下，探索出新的运营渠道和战略，才能够在激烈的平台竞争中夺得先机。

而对众多中小卖家来说，没有三只松鼠、西域美农那样强大的实力，也无法投入太多的资金用于品牌宣传，必须要走出一条适合自己的道路。获得一个好的排名，从内功着手，争取外部资源，“里应外合”才能够超越对手，排到靠前位置。除了淘宝外，其他电商平台的卖家也可以依照此战略做好内功，用好资源。

同时，要想在排行榜中取得较好的名次就需要了解排行榜的打分标准，电商类网站的排名多是从关键词优化、转化率、店铺单品等方面着手。接下来，以淘宝店铺为例，介绍三条关于提高店铺排名的小技巧，如图14-10所示。

1	产品优化组合
2	打造爆款
3	整体营销

图14-10　提高店铺排名小技巧

1. 产品优化组合

电商运营者可以将不同的产品搭配在一起组成套装，这样才能有更多的产品来吸引消费者，比如，多买多优惠。否则，没有产品，消费者就没有任何选择，也就无法产生很好的营销效果。

2. 打造爆款

刚刚开业的新手店铺可以从单品爆款方面着手，特别是产品数量较少的店铺。前期可通过低价引流监测产品的受欢迎情况。然后，确定好要打造的爆款，通过店招、左侧通栏、掌柜热卖等区域展示，让消费者第一眼看到主推产品。最后，有计划性地推出后续其他潜力产品。

3. 整体营销

一个淘宝店铺的营销，要善于融合其他社交营销方式。在店铺内，优化关键词，采用包邮、七天无理由退换货、优惠券、促销折扣等方式引流；在店铺外，可以运用贴吧、论坛、微博、微信朋友圈等实现整体营销，提高店铺曝光度。

销量和转化率有提升，综合排名情况也会有较大的改善。同时，要遵守电商平台的相关规定，以免被系统拉入黑名单。排名是整体营销的结果，需要开展从产品到链接全方位工作。

14.5.2 行业第一，用户首选

2016年3月21日，第六届“BrandZ最具价值中国品牌100强”年度排名榜发布，该排名是由全球最大的传播服务集团WPP和全球领先调研机构华通明略公司（Millward Brown）联合调查的结果。

排名数据显示，虽然中国经济总体增速趋缓，但中国最具价值100强企业的品牌总价值年度同比增长了13%，达5256亿美元。其中，腾讯在此次榜单中力压群雄，一举夺冠，品牌价值增长了24%，达821亿美元。其他中国品牌还有阿里巴巴、中国移动、中国工商银行、百度、华为、京东等。

在此次品牌评估中，BrandZ采用独具特色的品牌估值法，结合消费者调查以及严谨的财务分析，所以，能够登上该榜单的品牌绝对是行业翘楚，BrandZ的年度排名榜也是全球最精确、规模最大的品牌估值报告之一。

事实上，绝大部分行业都有自己的行业第一，或者是行业领军品牌。而且，也有专门的机构或组织对特定行业进行年度排名、价值排名等，权威性越强，说明其评估标准也越严格，所以，能够登上行业权威排行榜，本身就说明该集团或企业具有相当强的实力。

如果一个品牌能够做到行业第一，或者是行业前十名，伴随而来的是消费者心中能够为行业预留优质品牌的形象。比如，买空调会第一时间想到格力，买巧克力会想到德芙、费列罗，买抽油烟机会想到老板等，这都是成为行业第一、用户首选的作用。

所以，越来越多的企业或营销人员重视自己的品牌或产品在排行榜，特别是权威排行榜中的排名，因为权威公正的排名本身就有相当大的话语权，能够让用户信服，这就是排名式促销的巨大作用。

如果你网店内的宝贝是行业第一，有很大的影响力，这时你就可以利用行业第一这个头衔，结合之前所讲的对比促销、口碑式促销等方法，做一些促销活动，这样效果肯定很好。

14.6 品牌型促销

品牌是商家的无形资产，同时具有实际的经济价值，也是消费者认知产品的重要标识信息，比如，看到宝洁的品牌标志，大家就会想到帮宝适、玉兰油、碧浪、SKII等一系列日用及护肤产品。可以说，塑造和维护品牌形象是商家的重要功课，也是产品增值的必然渠道。

而优质产品的背后是强大的高新技术支撑，就像用技术说话的格力品牌。格力电器旗下众多的研发实验室就是最好的证明。同时，商家在开展品牌型促销时也要注意一些问题，在产品、定位、传播等方面都要有着力点以及品牌在营销过程中的渗透，最终目的是让消费者认可产品、重复购买产品，进而形成消费依赖。

14.6.1 格力品牌，用技术说话

格力电器作为家电行业的领军企业，在“第十届中国品牌价值500强榜单”以及“第六届中国行业标志性品牌”排行榜中，以1463.01亿元的品牌价值位列家电行业第一，并且荣获行业内唯一的“空调行业标志性品牌”殊荣。此次，格力电器以行业双料第一的优异成绩向外界证实，格力在行业内的领先地位。

经过2015年的大休整后，格力电器在2016年获得触底强势反弹。2016年第1季度财报显示：格力电器实现营业收入246亿元，同比增长0.56%；归属于上市公司股东的净利润约为32亿元，同比增长13.85%。利润率三年翻了近一倍，从7%上升到了12.55%；同时，市场占有率也进一步提高，市场份额已经接近50%。

对于格力电器如此强势的势头，格力电器董事长、总裁董明珠表示，格力电器的成绩主要得益于多年来的创新实践和创新能力。格力电器一系列优质产品的背后是强大的技术团队力量。

国家重点实验室、8000多名科研人员、2个国家技术研究中心、7个研究院、632个实验室、20824项技术专利、7391项发明专利，这些研究中心和一系列技术发明专利为格力电器的发展提供了强大的技术支持，也是格力创新的最强原动力，是董明珠敢于和小米的雷军打赌的底气。

格力电器的成绩是有目共睹的，其品牌价值也赢得了一定程度上的肯定，“格力，让世界爱上中国造”的品牌口号让格力的品牌营销将格力与技术、中国智造联系在一起。从营销角度来说，董明珠并没有以格力的某个产品或某个产品线，而是以“格力”之名塑造企业品牌，看重的就是品牌营销的价值。

品牌型促销是一种营销策略，它将商家的形象、知名度、美誉度以及声誉等打包展示给消费者，在消费者心中形成对商家品牌的固有认识，然后再通过降价、赠品等方式吸引消费者购买。商家在开展品牌型促销时要注意以下四个要素，如图14-11所示。

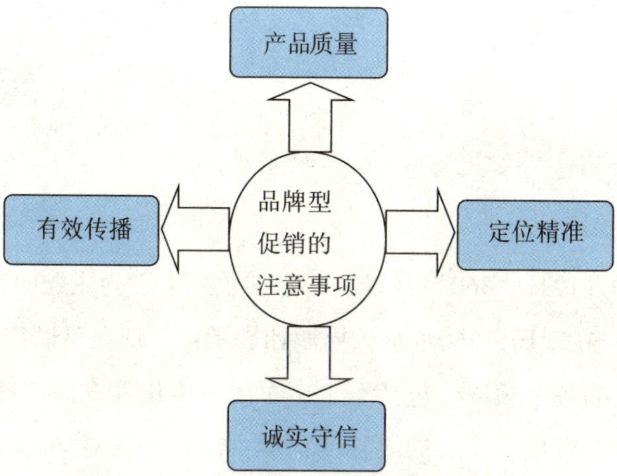

图14-11 开展品牌型促销的注意事项

1. 产品质量

有良好口碑的品牌，其生产的产品必定是质量过硬、品质过关的产品，格力电器旗下格力空调、晶弘冰箱、大松电器三大产品线，都是在强大技术支持下生产的优质产品品牌。产品质量靠谱才能让消费者放心。所以，网店卖家在促销活动中，一定要选择质量过关的宝贝做促销。

2. 定位精准

一个品牌的创立和沉淀需要时间的积累，只有脚踏实地朝一个目标前进才能走得更远，所以，方向要对，定位要精准，专心致志才能将品牌与消费者真正连接起来。所以，网店卖家要专注于某一类宝贝，不能为了做全而做全，网店应追求小而美。

3. 诚实守信

网店卖家要保证促销活动是实事求是的，不能把促销活动当噱头，否则促销活动会事倍功半，甚至会影响店铺声誉。

4. 有效传播

品牌型促销需要传播才能让更多的人了解和认同，但不是毫无目的地宣传投入，而是要做到有效传播，将品牌及产品信息及时传达给需要的人。

商家要想让某类宝贝从无到有、从小到大、从大到强需要一个过程，在这个过程中，品牌的价值也逐步体现出来。但是，商家要在初期就要有意识地塑造宝贝的品牌，以对抗同行的竞争。只有这样才能在市场角逐中占据有利地位。

14.6.2 360用安全为用户保驾护航

2016年10月12日，360举办以“数字创领未来”为主题的2016 MASTER 360营销盛典。在现场，360董事长周鸿祎表示：“现在可以负责任地说，在国内网络安全的各个领域，包括军工、军民一体化等方面，奇虎360都已具备相应的资格和资质。”从周鸿祎的话中可以看出其对360品牌产品的高度自信。

360作为国内领先的互联网和手机安全产品及服务供应商，旗下拥有众多商用网络安全产品，包括360安全卫士、360杀毒、360安全浏览器、360安全桌面、360手机卫士等，这些系列产品线为用户的网络安全保驾护航，成为中国网络安全的第一品牌。

而且，面对互联网时代越来越多的安全威胁，比如，木马、病毒、流氓软件、钓鱼欺诈网页等，360都有全方位的网络安全解决方案。同时，360还为用户提供免费的基础安全服务，比如，360安全卫士、360杀毒等。

全方位、立体化的网络安全防护墙，丰富了360产品线的同时，也成为360进行品牌营销的重点对象。比如，360提出四条“安全防线”，构建网络世界的安全体系，如图14-12所示。

图14-12 360的“安全防线”

1. 个人安全

从PC端到移动端，360为个人用户提供全方位的安全防护，截至2016年10月，360每个月为全国用户拦截平均30亿次的骚扰电话，为用户营造一个相对洁净的网络环境。

2. 社会安全

2015年，360成立专门的企业安全集团，组建专门面向企业的安全业务团队，以“互联网+”的新思维向企业安全市场进军，对外发布全球首款基于大数据的未知威胁感知系统。从战略和技术的双重层面构建企业安全防护网。

3. 国际安全

360投资成立360国际化安全集团，主要服务于欧美以及日本、韩国的用户，所以，加速国际化路线也是360四条“安全防线”的重要内容。

4. 智能产品

360用一系列的硬件产品，搭建用户智能生活的安全防护体系，形成“万物互联”的网络世界。

从以上四条“安全防线”可以看出，360不仅仅是为用户提供网络安全产品服务，而且，还将目光瞄向国际安全市场，加速360走出国门的步伐。而在品牌型促销方面，360的一系列产品足以为其争夺市场的绝对话语权。

强大的实力，丰富的产品体系，本身就是品牌的核心组成，也是品牌型促销的有利条件，360用安全为用户保驾护航，用实力获得用户信赖，使得360成为中国网络安全的首选品牌。

实质上，安全也是360品牌型促销的核心概念之一。推出一系列安全产品，使360这个品牌在用户心中留下深刻印象，挤占竞争对手产品的市场缝隙，这就是360的品牌型促销战略。

第15章 回报促销

15.1 免费式促销

15.2 回扣返利销售

15.3 拼单折扣

将实惠真正给到消费者，商家从产品、价格、服务等多个维度进行回报促销，比如，免费试用、第一次免单、满500减100、拼单、团购等。透明化折扣信息既让消费者看得到实惠，又能够增强商家的品牌知名度。消费者本身就对免费、返利、拼单折扣等优惠信息非常感兴趣，以此为营销切入点，确实能起到不错的营销效果。同时，商家也要注意营销是投入资源进行宣传、创收盈利的过程，需要平衡收支。

15.1 免费式促销

尽管天下没有免费的午餐，但却阻挡不了人们对免费午餐的追求和期待，所以，免费试用可以打动很多消费者的心，第一次免单也能够吸引不少人注册，还邀请朋友使用。当然，免费式促销有很多方面，以产品为核心，服务、平台、时间等都可以成为促销维度。本节将为大家详细介绍免费式促销的相关内容。

15.1.1 不买没关系，免费试用

淘宝有“免费试用中心”，众多商品买家免费试用，还是卖家包邮。实体商超中有免费试用装、免费试吃等，“不买不要紧，进来看一看吧，免费试用”，随着工作人员的热情引导，也许你只是路过，但很有可能不自觉地走进去看看，试吃、试用一下。商家通过免费试用活动得到可观的流量，同时可以提高自己店铺的营业额。

尽管天下没有免费的午餐，但人的意识还是对“免费的午餐”有种期待，而现在免费试用的机会就在眼前，不用花一分钱就能够获得产品，有什么理由要错过呢？所以，商家就运用了消费者的这种心理进行消费引导，让消费者既能体验产品，又无后顾之忧。

免费试用作为回报促销中的一种手段，其成功的关键点是利用“免费”和“试用”来吸引潜在消费者。一般来说，免费试用的商品都是新上市产品或者产品试用装。商家可以针对消费者对免费的期待心理，再结合自身产品特性开展免费试用活动。

除实体店铺外，现在很多电商网站也有免费试用活动。一般来说，开展免费试用活动要经历以下四个步骤，如图15-1所示。

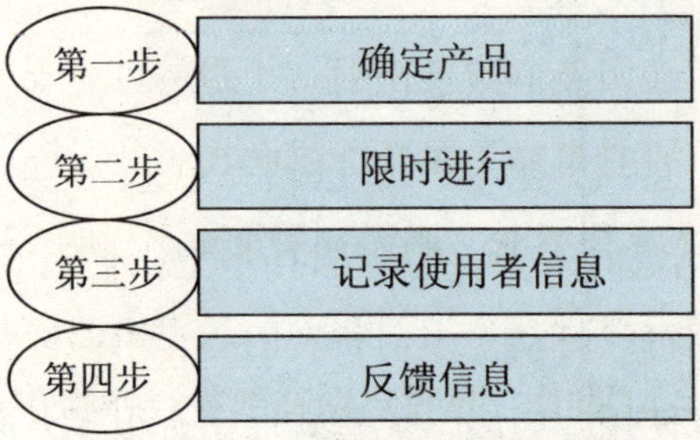

图15-1　免费试用活动的四个步骤

1. 确定产品

既然要参加免费试用活动，商家就需要确定哪个或哪类产品参加，包括产品规格、库存以及营销活动流程安排等。

2. 限时进行

商家可以将免费试用的活动时间设定在某节日的前后三天，这样有利于增加消费者的紧迫感，使消费者认为如此优惠的活动仅有三天，要抓紧时间参加活动。

3. 记录使用者信息

商家要记录申请免费试用的消费者的基本信息，例如姓名、手机号码、邮箱、收货地址等。一方面，商家可以掌握潜在消费者信息；另一方面，也可以避免部分消费者重复申请试用。

4. 反馈信息

一般来说，成功申请到试用品的消费者要在规定时间内填写试用反馈信息，例如，产品图片和好评文字等，这样有利于商家收集自己产品的真实信息，掌握活动节奏。

对商家来说，只需要提供少量的指定性商品参加免费试用活动，就能对消费者的后续购买行为产生引导作用，既可以宣传自己的产品，又可以收集客户信息，一举两得。

15.1.2　优步第一次使用免单啦

尽管在2016年8月优步与滴滴出行合并，但开始时优步与滴滴为争夺网约车市场打得难舍难分，补贴战虽然烧钱但双方都没有退缩之势。当初优步还推出“第一次使用免单”的特别优惠政策。

比如，优步新注册用户输入优惠码，即能得到30元优惠券。之后分享优惠码给别人，对方使用了优惠码，也能享受优惠。30元优惠券可直接用于支付打车费用，如果乘车里程是5公里，实际花费没有超过30元，用户就可以免单。

优步免单的优惠政策确实吸引了不少用户注册，而且，总体来说，优步的费用要明显低于传统出租车费用，省时省钱，随叫随到。但是，优步与滴滴出行合并之后，用户端大规模的补贴政策缩水，官方说法是补贴将向司机端倾斜，网约车行业也逐步走向规范化道路。

免费式促销确实能够吸引消费者，特别是价格敏感型消费者，可能平时不会购买高价商品，经济能力确实不允许，但对免费试吃试用的产品则不一样，反正不用花钱，自己不会有什么损失，用一下也无妨，而这正是商家要达到的营销目的。

作为商家，不能因为消费者只试用一次而没有买产品懊恼，因为免费的往往是最贵的。商家可以针对“免费”制定不同的营销策略，产品、服务、时间等都可以成为免费的切入点，如图15-2所示。

图15-2　免费式促销的切入形式

1. 体验型免费

当消费者第一次面对某个产品时，因为无法立即建立信任而犹豫到底要不要买时，商家可以用体验型免费让消费者亲身感受一下。

比如，美容院在春节期间开展免费点痣的体验活动，当消费者进入店铺以后，可以为其讲解点痣的相关内容，引导消费者在免费体验之外，享受某些优惠的付费项目。

2. 第三方免费

一家销量不错的电子杂志社，手中的资源就是订阅客户，而广告商需要向杂志社付费刊载广告。这样，对广大消费者来说，自己可以免费获得电子杂志社，但同时也要接收广告信息，而其间付出的时间成本就成为比杂志本身更贵的价值，所以，免费的往往是最贵的。

3. 功能免费

产品自带的某些功能可以免费提供给消费者使用，同时，附载在产品上的其他功能可以采取付费模式。比如，智能手机会自带短信、相机等免费功能，但下载在其中的视频APP却要会员付费才能观看更多的视频资源。

4. 产品免费

客户可以免费使用商家的产品、服务以及其他增值服务，但商家要参与客户通过产品获取的利润分配，从中获取盈利。比如，印刷厂可以为店铺提供打印机，但店铺要将打印机创造出的部分利润分给印刷厂，以抵扣成本。

现实营销活动中，商家有更多的免费试用的形式，其目的是获取更多的客户资源，创造利润。但商家不宜一味地开展免费式促销活动，因为商家能够生存的基础是获取利润，也是商业活动的本质要求。如果单纯靠免费促销，无法真正吸引到忠实客户和粉丝，所以，商家对免费试用活动要量力而为，把握好力度和范围。

15.2 回扣返利销售

消费者在购物以后可以得到一定的返利，这就是回扣返利销售，一次性消费满500元立减100元，当作折扣返还，可以使消费者少掏钱，消费者当然认可这种看得到的实惠。还有推荐朋友注册，成功以后自己可以获得现金返利，多么划算的交易，所以，借贷宝APP能够在极短时间内占据应用下载排行榜的前列。

商家也可以从这些返利折扣优惠活动中找到适合自己产品的营销方式，以回扣返利吸引消费者的眼球，引导其完成购买，最终实现营销目标。

15.2.1 满500减100

2016年母亲节当天，淘宝某中年女装淘品牌推出一系列优惠活动，“满500减100”“买4免1”等，还有为妈妈们准备的美容养颜、鲜花首饰、实用小工具等贴心小礼品，让每一位妈妈在母亲节都会收到不一样的祝福。

例如，店铺主推的一件中长款毛呢外套，售价529元，符合满500减100的优惠条件，消费者在付款结算时，价格会自动更新为429元，相当于近8折的优惠，另外商家还赠送一款精美的白色珍珠胸针。

满500直减100的促销方式属于回扣返利销售，即直接在售价中减掉，不附带其他条件，真正让利给消费者。类似于返利网站，购物直接返利，可用于现金消费或积分系统。现金可以直接提现至银行卡、支付宝。购物买东西，还能够拿优惠返利。

这种返利营销模式深得“一切从俭”人士的追捧，而且，省钱省时又省力。以专业的返利网站返利网为例，返利网和各大电商平台合作，设定了极具诱惑力的最高返利比例。例如，淘宝网的最高返利可达36%。

对那些爱好网购的人来说，在网上购买的东西越多，得到的返利可能就越多，所以，没有理由不通过返利网购买东西啊！从商业本质上来说，商家永远都需要宣传推广，而消费者对优惠打折活动永远不会拒绝，这也成为返利网成功推出返利优惠的主要推动力。

毕竟有需求就有市场，也符合返利网的口号——“用返利 购聪明”。返利网是国内最早发展返利营销的电商平台，至2016年已有10年的成长历史。后来，市场上还出现了很多类似返利网的返利网站，例如，淘粉吧、爱e品、米折网等。

返利固然可以吸引消费者，提高成交额，但商家在运用回扣返利促销时，也要注意以下三个问题，如图15-3所示。

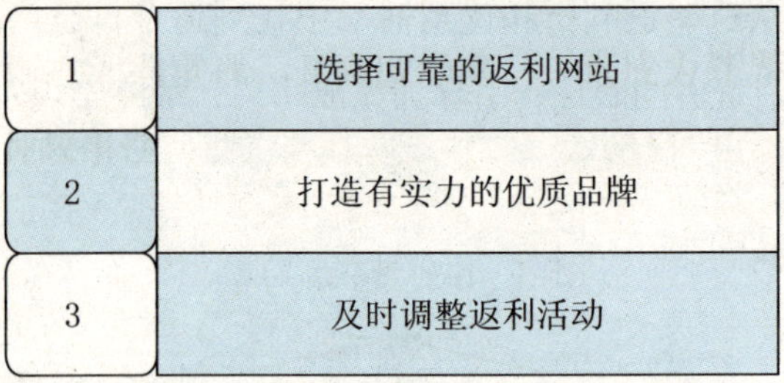

图15-3　运用回扣返利促销的注意事项

1. 选择可靠的返利网站

商家必须选择可靠的返利网站进行营销推广，一般来说，规模大、信誉度高、运转良好的返利网站确实能够增加引流，促进营销。同时，有利于降低电子商务的交易成本，拓展商家的营销渠道。

2. 打造有实力的优质品牌

商家自身要做好内功，专注打造有实力的优质品牌产品线，只有这样才能够得到合作商城、返利网站和消费者的信赖，构建良好的营销运行体系，提升客户体验。

3. 及时调整返利活动

商家要明白，开展回扣返利活动是个动态过程，返利比例和消费者接受程度不确定。为了更好地吸引消费者，需要及时调整返利的具体活动细则。优化店铺，可以结合当下社会热点营造营销气氛。

回扣返利活动能适当满足消费者对省钱目标的追求，支付商品价格以后还能获得额外返利，尽管不多但也足以吸引消费者。最重要的是控制成本，把握折扣梯度。

15.2.2　推荐朋友注册，返现20元

2015年6月，一款专注熟人间借贷的借贷宝APP正式上线，且突然风靡

起来。借贷宝是九鼎控股旗下的互联网金融公司人人行科技推出的APP，引人注目的是“新用户注册”邀请条件，即“拉上好友抢现金、轻轻松松玩出钱”的在线营销方式。

老用户通过短信、微信、微博、QQ等平台邀请新用户，新用户接受邀请并成功注册借贷宝，即可获得20元现金奖励。这种注册即返现的营销活动迅速引爆朋友圈。新注册用户输入个人信息，绑定银行卡操作以后，老用户也可以获得20元现金奖励。

而且，相关的奖励呈“金字塔”形状，如果甲成功邀请了1000位新用户，即可获得20000元现金奖励，这1000位新用户每个人再分别邀请100位用户，甲即能获得100万元。

如此返利吸引了很多人参与，借贷宝曾一度因系统服务器超负荷而出现拥挤排队的现象，可见其火爆程度。有人质疑借贷宝的奖励资金来源，对此，母公司人人行科技称，借贷宝平台狂砸20亿元，通过“拉好友抢现金”的奖励模式进行宣传推广，其20亿元的推广资金渠道正规，没有违规和传销嫌疑。

尽管有质疑声音，但借贷宝还是在2016年下半年启动借贷宝企业版，助力解决中国众多中小企业融资难题。截至2016年10月，借贷宝已经完成两轮重磅融资，融资总额达到45亿元。有了雄厚资金支持的借贷宝霸气布局万亿级企业借贷市场。

从借贷宝的初期发展轨迹来看，背后强势的金融支持是其快速发展的主要原因，但注册返现也是用户主动争当推销员的推动力。当一个产品达到大家争相为其宣传的时候，其成为行业焦点甚至改变行业风向就看似顺理成章。

可以说，注册推荐即可获得20元的返利，而且，“金字塔”状的奖励模式更具有诱惑力。从营销角度来说，大手笔的推广投入当然可以吸引用户的注意力，特别是直接返现，优惠看得到，但不是每个商家都能如此霸气。所以，我们可以借鉴借贷宝的返现模式制定营销计划。

返现营销活动是通过让利给消费者进而获得流量，但是，商家要注意返现营销不是一次性活动，而是要运用返现活动的特点实现更好的营销效果。

回扣返现促销活动主要有两个特点，如图15-4所示。

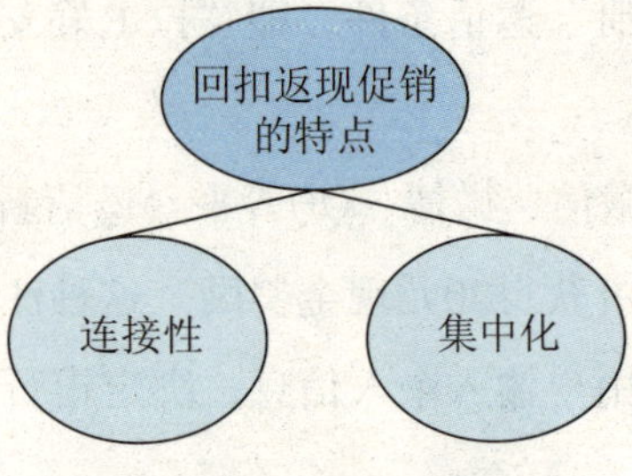

图15-4　回扣返现促销的特点

1. 连接性

返现促销活动要将用户与产品连接起来，才能发挥产品的后期效应，不能说用户只为了拿返现，获得以后就离开，这不是商家开展返现促销的最终目的。好的返现活动应该是：通过返现吸引消费者进入，然后产生关联度，进而将消费者发展成忠诚用户。

比如，银行会在用户开通相关业务时扣除一定费用，用户只有使用此卡消费一定次数和金额以后才会返还。这就增加了消费者与产品的连接度和黏性。

2. 集中化

商家要根据返现促销的目标设定返现条件，将用户聚集起来，从而有利于培养种子用户或铁杆粉丝。

可以说，没有驱动力就没有用户资源，而这也是返现促销活动能够有如此强大魅力的根本原因，所以，只要商家合理运用，激发用户对返现的欲望，就能够通过产品或服务与用户建立联系，增强用户黏性。

15.3　拼单折扣

一件原价，多买有折扣，但自己又不需要那么多，怎么办？拼单来帮您。两个互不相识的消费者因为想享受折扣优惠而组合拼单，一件只打9.8

折，但拼单各买一件就能够享受每件8折优惠。同时，团购也从集体性购买拓展到个人消费领域，一件也是团购价，让消费者获得了实惠。而商家要想有盈利，就要核算好成本问题，巧妙组合，以拼单促销提高销售额和知名度。

15.3.1 满三件送一件

“新品上市，优惠促销大酬宾，满三件送一件”，这是淘宝一家女生潮流饰品店铺的详情展示页文案内容之一。凡购买指定款饰品，满三件直减一款的价格，比如，消费者挑选了三件手链，分别是29元、35元、45元，拼单折扣以后就是35+45=80元，与三件原价相比，相当于打了3.6折。

两件（包含两件）以下原价，满三件即送一件（最低价）的价格，消费者这样的购买方式可以直接享受拼单折扣，商家也是为了鼓励消费者更多的消费，提高客单价。从营销角度说，从个人扩展到团购，从日常用品到工业生产，都是拼单的扩展。例如，比较常见的就是拼单买水果。

刘小姐近日关注了小区里一家水果超市的微信公众号，该公众号每天都会在微信朋友圈推送拼单信息，比如，越南红心火龙果拼单一斤5元包邮、布里吉塔蓝莓免费试吃半斤包邮、拼单试吃美国车厘子一斤10元包邮。刘小姐正好想买点火龙果，拼单需要的参与人数是5人，当天参与了拼单，晚上就达到了拼单准则。第二天早上上班前，水果超市的派送小哥就将水果送到了刘小姐的家里。

拼单可以以比较便宜的价格吃到实体店铺中售价较高的水果，还免费包邮到家，如此优惠的条件当然吸引了很多人参加，有些拼单折扣一出来，就立即被抢光。如果没有达到拼单人数，系统会在3个工作内将钱返还到消费者的微信钱包，不必担心钱到货没到。

一个人购买可能要原价，但拼单却能够以低价吃到进口水果，虽然分量不多但确实有优惠，消费者也是看中这点，而商家的拼单促销也对各方面的信息进行了把控。比如，拼单人数、拼单价格以及配送范围。小区类水果超市的服务范围比较小，可以将配送范围缩小到社区内，既能控制送货成本，又能保证配送效率。

另外，限定5人拼单，每人以10元的价格获得一斤车厘子，商家的目的当然不是赚钱，而是赚人气。也就是说，将推广费用直接用于消费者优惠，消费者能够得到实实在在的优惠，商家也能提高知名度，拉动产品销售。

商家开展拼单促销的本质是获得营销价值，而营销活动的效果如何，多数情况下取决于商家对拼单促销方案的设置和执行，而消费者是实现拼单促销的主体，所以，调动消费者积极性显得格外重要。另外，商家在进行拼单促销时要注意以下两个问题，如图15–5所示。

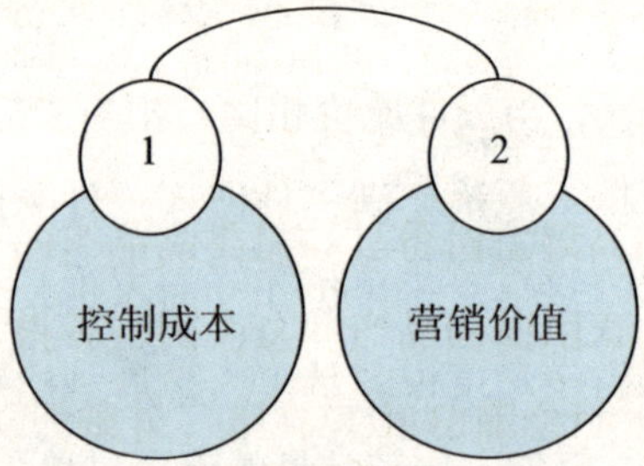

图15–5　拼单促销的注意事项

1. 控制成本

拼单的商品价格肯定要低于原价，甚至在5折以下，可以说，拼单人数越多，商家需要付出的投入也越多。所以，成本是第一问题，不能越卖越亏。比如，原价2元一斤的圣女果，拼单折扣价1元一斤的圣女果。10人拼单，商家可以获得10元，同时送出10斤，其利润大幅收窄，还要包括配送成本等。所以，商家要核算拼单成本，控制拼单风险。

2. 营销价值

低价优质的拼单当然可以吸引消费者的眼球，即使没有参与拼单，获得信息的消费者也会成为商家的潜在客户。

而商家要将拼单带来的促销效果扩展到营销价值层面，除了拼单实惠外，商家还给消费者带来了什么，极致的客户体验，便捷的生活方式。这些都是商家要考虑以及需要探索的营销价值。

拼单折扣作为一种回报促销，表层含义是将真正的实惠给到消费者，深层内涵是升级拓展营销价值，将消费者发展成为忠诚的粉丝级客户。

15.3.2 优质正品，团购价

“优质正品，一双也团购”，这是淘宝一家买袜子的皇冠店铺打出的优惠信息，团购价本身就是比单独购买便宜，所以，买一双袜子也能够享受团购价。团购活动之所以有如此大的吸引力，是因为有以下两点好处，如图15-6所示。

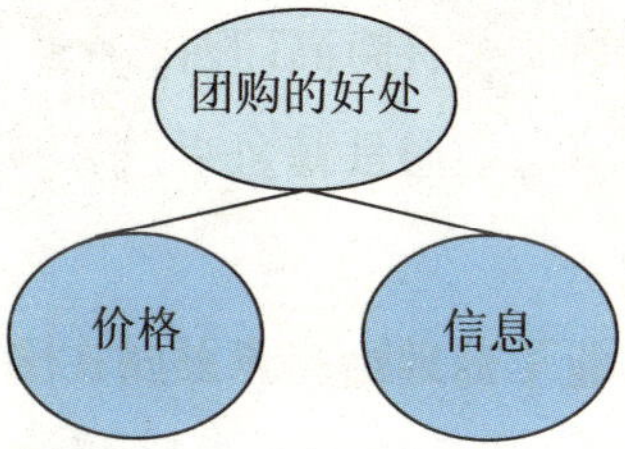

图15-6 团购的好处

1. 价格

这是消费者能够最直观感受到的优惠，团购的实质相当于批发，大家使用团购价格买东西等于用批发的模式获得商品。特别是个人消费，批量购买商品不现实，因为不需要那么多，但又想享受更多优惠。所以，团购成为购物时尚趋势。

2. 信息

以往商家掌握商品信息主动权，即使熟悉某一行业或领域的消费者也不大可能知道所有商品的实际价格，在网络上搜索相关信息又太耗费时间，而商家直接给出团购价格，消费者能够更好地了解产品的规格、性能、合理的价格区间等信息。最大限度地买到优惠产品，可能价格不是最低的，但却是质量过关、服务到位、价格合理的产品。

随着互联网的深入发展，互联网思维下的生活方式也发生了深刻变化，表现之一就是团购网站的兴起和发展，比如，美团、百度糯米、大众点评等。

实体商家通过接入团购网站，以团购优惠吸引消费者在网站下单，然后到实体店铺消费。比如，在美团团购一个两人套餐，直接到店消费是原价189元，美团团购价只需139元。消费者只需要在团购网站点击下单即可省50元，有什么理由拒绝？这是从客户体验角度分析团购网站带给消费者的优惠。

从商家营销角度看，加入团购网站参与团购优惠，确实能提高客流量，但对店铺的接待能力也是一个大的考验，所以不建议商家盲目接入太多的团购网站端口。否则，店铺客流量过多，服务质量必然下降，因为店铺的升级扩展却需要时间融合，产生的服务差异很可能会损失客户资源，那对商家来说，就得不偿失了。